高尔夫球会管理

Golf Facility Management

吴克祥 袁铁坚 著

南开大学出版社
天　津

图书在版编目(CIP)数据

高尔夫球会管理 / 吴克祥，袁铁坚著. —天津：南开大学出版社，2009.1（2020.5重印）
 ISBN 978-7-310-03069-9

Ⅰ.高… Ⅱ.①吴…②袁… Ⅲ.高尔夫球运动—体育组织—管理 Ⅳ.G849.36

中国版本图书馆 CIP 数据核字(2008)第 206309 号

版权所有　侵权必究

南开大学出版社出版发行
出版人：陈敬
地址：天津市南开区卫津路 94 号　邮政编码：300071
营销部电话：(022)23508339　23500755
营销部传真：(022)23508542　邮购部电话：(022)23502200
＊
昌黎县佳印刷有限责任公司印刷
全国各地新华书店经销
＊
2009 年 1 月第 1 版　　2020 年 5 月第 7 次印刷
787×960 毫米　16 开本　15.125 印张　2 插页　276 千字
定价：35.00 元

如遇图书印装质量问题，请与本社营销部联系调换，电话:(022)23507125

序

改革开放30年，我国经济得到飞速发展，人民生活水平显著提高。人们越来越关注生活的质量，而反映生活质量的各项指标，大部分内容同人的休闲活动有关。健康有益的休闲活动将成为人们闲暇消费的主流。高尔夫运动作为欧美国家最普及的休闲活动之一，越来越多受到国人青睐，近年来，参与高尔夫运动的人呈快速增长趋势。

与此同时，我国的北京、上海、广东、海南、云南、山东等省市把高尔夫运动设施列为高端时尚休闲项目来投入，在满足当地人们的休闲需求的同时，也成为地方吸引海外游客的重要旅游产品。我国目前已有高尔夫球会300多家。这些高尔夫设施的完善，改善了人们的休闲环境和休闲质量，也为旅游产业的升级和发展打下良好的基础。

随着我国高尔夫球场的快速发展，球会急需各类专业的管理人才，来保证向球手提供高品质的球场和服务。暨南大学深圳旅游学院为适应中国高尔夫产业发展对管理人才的需要，高度重视引进和借鉴高尔夫专业教育的国际经验，在我担任深圳旅游学院院长期间，与欧洲著名的苏格兰爱姆伍德学院建立国际合作与交流关系，并选派专业教师到国外进修，完善教学内容和体例。本书的作者是首批被派往国外学成归来的专业人士。他们的刻苦努力得到英国老师的充分肯定，获得苏格兰教育监管局授予的高尔夫球会管理教师资格证书和由英国皇家古远俱乐部颁发的高尔夫球会管理专业证书。书中作者之一的袁铁坚曾担任深圳华侨城高尔夫俱乐部董事长、总经理，并以业主方代表主持了被誉为深圳"地标球场"的东部华侨城云海谷高尔夫球会的整个筹建、规划、施工和管理过程，现担任云南华侨城高尔夫项目筹建负责人。邵莹莹2001年加入朝向集团，曾担任大连金石滩高尔夫球会运作总监，现担任天津帝景高尔夫球会总经理。吴克祥、张弛长期从事高尔夫管理的理论研究与教学。吴克祥担任高尔夫产业研究中心主任，并利用兼任高尔夫球会和相关企业顾问的机会，深入国内知名球场调研，总结高尔夫企业成功的管理经验，并把中国高尔夫球会的管理特点融入到教学内容中，实现"国际化"与"本土化"的探索和结合。

我院高尔夫与休闲管理专业的教学和实践得到了高尔夫业界的知名球会管

理者的支持。特别要感谢的是深圳名商高尔夫俱乐部的常向前总经理、深圳高尔夫俱乐部的郁小平总经理、朝向集团陈朝行总经理、亚龙湾球会陈亚雄总经理的大力支持。他们成功的管理经验和运作管理实践为高尔夫球会管理理论的提升提供了宝贵的营养。

《高尔夫球会管理》一书就是在这样的条件下完成的。本书强调了球会管理知识的全面性，对球会各主要业务功能进行了系统的阐述；突出了实用性，注重知识的应用，以帮助迅速熟悉球会管理业务，提高管理能力。

希望此书能受到高尔夫业界、高尔夫与休闲管理专业师生和其他读者的喜爱。

张整魁

2008 年 9 月于深圳华侨城

目 录

第一章 高尔夫球会管理概论 1
    第一节 高尔夫球会管理模式 1
    第二节 球会利益相关者 8
    第三节 球会的经营定位 13
    第四节 球会营运管理内容 18
    案例：高尔夫球场建设的政策环境 21

第二章 球会经营理念 23
    第一节 球会经营理念 23
    第二节 球会管理思想 28
    案例：朝向高尔夫管理公司的经营理念 43

第三章 高尔夫球会制度 45
    第一节 高尔夫球会的组织构建 45
    第二节 球会管理制度的作用 51
    第三节 球会管理制度的类型 55
    案例：管理井然的深圳高尔夫俱乐部 62

第四章 接待管理 64
    第一节 预订与接待管理 64
    第二节 信息传递管理 74
    第三节 营业收入管理 77
    案例：天津帝景强化日常营业收入管理 81

第五章 竞技服务管理 83
    第一节 竞技服务管理内容 83
    第二节 球童管理 89
    第三节 球会赛事服务 100
    案例 上海同想 Touchigator 球场运作管理导航系统 103

第六章 会籍设计与销售 105
    第一节 会籍品种 105

第二节　会籍价值与价格⋯⋯⋯⋯⋯⋯⋯⋯⋯⋯⋯⋯⋯⋯⋯⋯⋯⋯⋯109
　　第三节　会籍销售与营业推广⋯⋯⋯⋯⋯⋯⋯⋯⋯⋯⋯⋯⋯⋯⋯⋯113
　　第四节　入会程序管理⋯⋯⋯⋯⋯⋯⋯⋯⋯⋯⋯⋯⋯⋯⋯⋯⋯⋯⋯122
　　案例：观澜湖球会会籍类型与权益⋯⋯⋯⋯⋯⋯⋯⋯⋯⋯⋯⋯⋯⋯124

第七章　客户服务管理⋯⋯⋯⋯⋯⋯⋯⋯⋯⋯⋯⋯⋯⋯⋯⋯⋯⋯⋯⋯127
　　第一节　会员服务作用⋯⋯⋯⋯⋯⋯⋯⋯⋯⋯⋯⋯⋯⋯⋯⋯⋯⋯⋯127
　　第二节　会员档案管理⋯⋯⋯⋯⋯⋯⋯⋯⋯⋯⋯⋯⋯⋯⋯⋯⋯⋯⋯131
　　第三节　会员的权益⋯⋯⋯⋯⋯⋯⋯⋯⋯⋯⋯⋯⋯⋯⋯⋯⋯⋯⋯⋯134
　　第四节　会员服务质量管理⋯⋯⋯⋯⋯⋯⋯⋯⋯⋯⋯⋯⋯⋯⋯⋯⋯138
　　第五节　顾客投诉处理⋯⋯⋯⋯⋯⋯⋯⋯⋯⋯⋯⋯⋯⋯⋯⋯⋯⋯⋯142
　　案例：云海谷球会会员理事会⋯⋯⋯⋯⋯⋯⋯⋯⋯⋯⋯⋯⋯⋯⋯⋯144

第八章　球具经营管理⋯⋯⋯⋯⋯⋯⋯⋯⋯⋯⋯⋯⋯⋯⋯⋯⋯⋯⋯⋯146
　　第一节　球具经营概述⋯⋯⋯⋯⋯⋯⋯⋯⋯⋯⋯⋯⋯⋯⋯⋯⋯⋯⋯146
　　第二节　专卖店进货管理⋯⋯⋯⋯⋯⋯⋯⋯⋯⋯⋯⋯⋯⋯⋯⋯⋯⋯152
　　第三节　商品陈列管理⋯⋯⋯⋯⋯⋯⋯⋯⋯⋯⋯⋯⋯⋯⋯⋯⋯⋯⋯155
　　第四节　球具店服务与销售⋯⋯⋯⋯⋯⋯⋯⋯⋯⋯⋯⋯⋯⋯⋯⋯⋯158
　　案例：肯吉逊球具品牌战略⋯⋯⋯⋯⋯⋯⋯⋯⋯⋯⋯⋯⋯⋯⋯⋯⋯161

第九章　练习场管理⋯⋯⋯⋯⋯⋯⋯⋯⋯⋯⋯⋯⋯⋯⋯⋯⋯⋯⋯⋯⋯163
　　第一节　练习场功能与定位⋯⋯⋯⋯⋯⋯⋯⋯⋯⋯⋯⋯⋯⋯⋯⋯⋯163
　　第二节　练习场主营项目⋯⋯⋯⋯⋯⋯⋯⋯⋯⋯⋯⋯⋯⋯⋯⋯⋯⋯165
　　第三节　练习场服务⋯⋯⋯⋯⋯⋯⋯⋯⋯⋯⋯⋯⋯⋯⋯⋯⋯⋯⋯⋯167
　　案例：华侨城练习场的经营⋯⋯⋯⋯⋯⋯⋯⋯⋯⋯⋯⋯⋯⋯⋯⋯⋯172

第十章　餐饮服务管理⋯⋯⋯⋯⋯⋯⋯⋯⋯⋯⋯⋯⋯⋯⋯⋯⋯⋯⋯⋯175
　　第一节　球会餐饮的功能⋯⋯⋯⋯⋯⋯⋯⋯⋯⋯⋯⋯⋯⋯⋯⋯⋯⋯175
　　第二节　产品质量控制⋯⋯⋯⋯⋯⋯⋯⋯⋯⋯⋯⋯⋯⋯⋯⋯⋯⋯⋯180
　　第三节　餐饮服务管理⋯⋯⋯⋯⋯⋯⋯⋯⋯⋯⋯⋯⋯⋯⋯⋯⋯⋯⋯183
　　案例：名商球会国宾楼经营⋯⋯⋯⋯⋯⋯⋯⋯⋯⋯⋯⋯⋯⋯⋯⋯⋯189

第十一章　球场质量管理⋯⋯⋯⋯⋯⋯⋯⋯⋯⋯⋯⋯⋯⋯⋯⋯⋯⋯⋯192
　　第一节　球场草坪的质量⋯⋯⋯⋯⋯⋯⋯⋯⋯⋯⋯⋯⋯⋯⋯⋯⋯⋯192
　　第二节　球场草坪的专业养护管理⋯⋯⋯⋯⋯⋯⋯⋯⋯⋯⋯⋯⋯⋯194
　　第三节　球场景观管理⋯⋯⋯⋯⋯⋯⋯⋯⋯⋯⋯⋯⋯⋯⋯⋯⋯⋯⋯204
　　第四节　球场标识物管理⋯⋯⋯⋯⋯⋯⋯⋯⋯⋯⋯⋯⋯⋯⋯⋯⋯⋯208
　　第五节　球童的球场维护工作⋯⋯⋯⋯⋯⋯⋯⋯⋯⋯⋯⋯⋯⋯⋯⋯211
　　案例：云南第19怪："春城球场果岭快"⋯⋯⋯⋯⋯⋯⋯⋯⋯⋯⋯213

第十二章 安全管理 215
第一节 高尔夫安全管理范畴 215
第二节 球场上安全管理 218
第三节 设备的安全使用 222
第四节 餐饮服务安全 227
案例：球车事故频发的思考 229
参考文献 231
后记 233

 218
　 222
　 227
　 229
参考文献 231
后記 233

第一章 高尔夫球会管理概论

第一节 高尔夫球会管理模式

一、高尔夫球手需求

（一）社会地位象征需求

长期以来，英国社会崇尚加入俱乐部来显示社会地位的传统，使得高尔夫球场一直是英国上层社会的社交场所。高尔夫休闲运动作为舶来品进入中国，对我国参与高尔夫运动的人们的行为有一定的影响。人们加入球会首要是获得社会地位的象征。因为俱乐部的会员能获得被认同的归属感、更多的人文关怀和精神满足。在我国和谐社会的建设过程中，社会各阶层的人相互包容，各自都有自己的休闲活动方式和场所。尽管高尔夫球场现阶段主要成为社会精英的休闲场所，但从西方发达国家的历史看，高尔夫会逐渐成为大众参与的运动。

（二）高层次休闲需求

社会经济的发展和生产力水平的提高意味着闲暇的生产和增长。高尔夫休闲运动是在人们日益增加的休闲需求基础上产生和发展的。工作节奏越快，人们越是希望获得一种身心的平衡，休闲的欲望就越是强烈，这就产生了有闲阶层的消费。越来越多的人们关注生活质量的提高和追求身心健康。我国经济正在从以制造业为主转向服务业，奢侈品消费向上攀升，人们在休闲、教育、保健、社会保障项目上的花费在增加。越来越多的有闲有钱阶层在现实生活中不断地寻找自由、挑战自我、丰富自我体验，并参与到高尔夫运动中来。高尔夫运动作为高端休闲消费与个人或家庭经济能力、休闲观念等联系在一起，即人们有能力且愿意参与此项运动。人们的爱好和兴趣成为高尔夫运动发展的内驱力。高尔夫休闲运动成为人们满足自我发展、提升个人价值、促进精神自由，张显个性等的最佳途径之一。

（三）身心健康的基本需求

高尔夫作为户外运动，在领略大自然的风光美景，享受阳光、空气、有氧的环境中，改善神经系统功能，调适人的心理，使人的身体和精神都得到休息、放松，增强机体对外部各种环境的适应能力和抵抗力，促进人体健康。高尔夫运动是运动量适宜、强度适中的休闲运动。为了锻炼身体、保持身体健康，人们便长期参与高尔夫运动。

人们在球场上4个小时，不是通过比赛追求成绩，而是享受参与过程，以积极的生活态度，保持良好心理状态和精神状态，通过竞赛来获得感受或经历，达到放松和消遣的目的。高尔夫运动追求的是一种高层次精神享受和贵族式消费的体验活动。

高尔夫运动不仅满足了人们基本的健身需要，而且球会高标准服务行为规范，给人们提供了安全、高雅的环境，并给人们以文化、社会等方面知识，开阔人们的视野，增加人们的阅历。另外，人们在享受参与高尔夫运动过程的同时，也满足了身心方面的需要。

参与高尔夫运动的人们称为高尔夫球手。购买会员证加入球会的人，称之为会员，而会员所携带的球手为会员嘉宾。到外地球场打球的人可称为高尔夫旅游者。所有的高尔夫消费个人或群体都被称为高尔夫球会顾客。

二、高尔夫产品

高尔夫运动的消费需求特征对球会提出了相应的要求。人们加入高尔夫球会就是为了获得较高档次和质量保证的休闲产品和服务。球会提供的产品必须满足高尔夫爱好者对高品质产品和服务的需要。

（一）高尔夫产品

高尔夫产品是球会为满足球手高尔夫运动需要出租给球手的场地和提供的服务，包括满足球手休闲需要的球场、会所以及休闲设施、球具店、餐厅等有形产品及竞技服务和会员服务等无形服务产品。高尔夫运动是球手与球童在球场共同参与、消费过程中完成的，球会产品具有很强的可塑性。因此，球会产品的质量是由有形的球场、会所等实物的质量和无形的员工服务质量所决定的。

1. 高尔夫产品的构成

核心产品是场地的出租，包括球场和会所。这是高尔夫产品的基本形态，具有满足高尔夫爱好者的运动需要的效用和价值。根据高尔夫运动的特点，高尔夫产品是满足高尔夫运动需要的各种要素的组合，如竞技服务、球具、服装用品及球技培训等。这种完善的产品可以满足球手的多重需求的实现。

2. 高尔夫产品的内涵

①高尔夫产品主要用来满足人们高尔夫休闲运动的需要。

②高尔夫产品是一种服务产品。

高尔夫球会的一般功能就是用来满足人们的休闲运动需要。球会是以服务来使参与者获得具有较强的互动参与性和娱乐性价值体验。球会通过服务使顾客认识球会并且购买球会的产品。人们购买球会会籍成为会员，实际上是获得一种服务承诺。在竞技过程中，会员是通过体验和感受来对整个服务产品做出评价的。

③高尔夫产品依赖土地资源，具有地域性。

土地成本决定球会产品价格；球场自然资源条件影响球会的维护费用；地理位置决定人们参与的程度和参与的方式。

（二）高尔夫球会

高尔夫球会一般指球场和会所的总称。这是会员活动的两个基本场所。高尔夫球场是由供球手下场打球的球道构成，通常18个球道为一个标准球场。一个标准球场由4个3杆洞、10个4杆洞、4个5杆洞组成。高尔夫会所是球场为客人下场前或打完球后提供休闲服务的区域，也称高尔夫俱乐部。一个球会可能有好几个球场，如观澜深圳球会有5个球场。当球会只有一个球场时，球场和球会的概念就容易混用。球手大多数情况下都会使用这两个基本场所，但也有只使用会所的情况，如举办商务会议，或餐厅用餐等。

球会是面向市场经营的经济组织。在我国，因南北差距、地区差异，不同地区高尔夫球会的设施、服务项目、经营定位、服务理念等均存在着差异。所以，高尔夫球会一般以市场作为平台，采用独立的、自主的、动态的经营。独立地面对市场参与各种经济活动。自主经营，自负盈亏，独立地行使自己的法人权利和义务，并对自己的行为负责。

三、高尔夫球会的模式

根据国内外的高尔夫球会经营现状，球会主要采用会员制经营。会员制就意味进入球会存在一定的门槛。常见的经营模式有以下三种。

（一）会员制球会（Members Clubs）

这类高尔夫球会作为私人的休闲场所与西方国家众多俱乐部的功能是一样的，成为会员间交流的平台，只为会员和其所带嘉宾服务，拒绝非会员消费。这类球会主要在西方发达国家比较常见。苏格兰大约有四分之三的球会为私人球会。传统上，英国绅士以拥有知名俱乐部的会员资格来体现社会地位，所以，高尔夫俱乐部仍然是当今西方国家一个重要的社交场所之一，他们在自己的俱乐部与人交往。球会会员至今仍然保留着绅士般的道德修养、优良的操守及对生活高雅品味的追求。球会的建造成本和运作费用由会员分担，通常由基本的入会费和年费组成。入会费的多少与年龄、性别相关，这是因为他们享有的权益不同。每年支付费用的多少，由球会管理委员会（理事会）决定。成员支付的费用，能满足当年的经营成本和备用金即可。这样的球会不以盈利为目的，所以，没有税收。这类传统的私人型球会因营运成本的压力，一些球会正在逐渐转变为半开放式的经营型球会。

（二）商业性球会（Commercial Clubs）

由公司或私人投资建造，以盈利为目的的高尔夫球会。西方国家早期的商业高尔夫球会主要是由酒店公司、房地产公司投资兴建。在20世纪80年代后，新建的大多数商业球会都与酒店公司有关系。这类球会配套设施比较全，主要的客源市场除当地居民外，更需要吸引高尔夫旅游者。我国的商业球会一般都配有别墅，为了实现利润最大化，采用吸收会员与接待访客相结合的方式。会员的数量或规模决定了球会未来的收益。商业性球会在经营过程中，要在不断提升球场的品质的同时，经营好周边环境，使球场真正成为高尔夫爱好者的休闲度假地。商业性的球会和其配套设施相互促进，一般可以提高15%出租率。球会发展会员只是让他们提前购买了消费的权益，会员购买的会籍种类不同，所享有的消费待遇也不同。这种商业性球会的会员明显有别于所有权会员制的会员。商业性球会的果岭费用比较高，并随着市场需求的变化而经常调整。在我国，商业性球会用地容易导致当地农民对土地使用性质变化的担心。

（三）公众球会（非会员制球会 Municipal Clubs）

公众高尔夫球会一般是由地方政府为方便市民的健身需要利用城市周边的荒地、垃圾填埋地以及不易耕种的山坡地投资兴建的。在苏格兰公众球会占所有球会的12%。我国仅有深圳的龙岗、光明、云海谷3个公众球会。因政府出地建造，球会只需要收取球场养护和会所运作费用即可，所以，球会的果岭费也相对较低。公众球会主要面向本地居民开放，而且价格具有一定的优惠，如深圳云海谷公众球场，只需出示深圳市民证，就可以享受每场球100元的优惠，同时也接待外地来访者。一些养护较好的成功经营的公众球会成为吸引旅游访问者的主要场所，其市场潜力巨大。世界知名的老球场就属于公众球场，因其历史的原因，每年吸引成千上万世界各地的高尔夫爱好者。

四、会员制球会的类型

随着经济发展，我国产生了以会员制俱乐部为交际平台的服务组织。高尔夫球会就是在这一趋势下发展起来的，并成为现代社会的一种消费方式。

(一) 按经营目标划分

1. 盈利性球会

商业性会员制的高尔夫球会大都是盈利性的。这类球会必须在工商、税务和当地体育部门登记注册。这种经济组织的目标就是在不违反社会道德和法律法规的前提下,把盈利作为球会的最大的驱动力,盈利组织中的服务对象是顾客。为了让顾客消费其球会的产品或服务,要仔细研究和定义他们的产品或服务的消费人群,研究这些消费人群的特点和需求,就能从满足他们的需要中获取经济回报。盈利型球会把会籍数量作为重要而稀缺的资源,通过各种方式进行市场推广。要么严格限制数量,提高会籍价格,走高端市场途径;要么,数量不严格限制,走中低市场之路,吸引更多的高尔夫爱好者,通过规模获得效益最大化。盈利性俱乐部有明确的远景和使命,有成熟的管理体系和球会战略,有受过良好的专业知识教育和经验丰富的管理层和员工。因以盈利为目的球会对会员的进入或退出条件不会非常严格,会员与球会的关系大多数都属于商业契约关系。

2. 非盈利球会

非盈利球会以特定民间团体或组织形式在民政部门登记,它不以盈利为目的,当然就没有税收问题。在一些发达国家,非盈利组织早已成为人们生活的一个重要组成部分。西方传统的私密性高尔夫球会属于这一类,以服务会员为目的,建立交流和联系的平台,一般不会进行市场宣传和推广。我国目前尚没有一家非盈利的高尔夫球会。

(二) 按会员限量划分

1. 封闭式会员制球会

全封闭式俱乐部有较严格的名额限制,入会者要通过一定的资格审查,由于会员都接受过资格认可,因而消费水准多属同等层次,会员在个性、品味、爱好等方面有很大的认同感,可以建立彼此的交流联络和商业合作。

封闭式高尔夫球会不仅要求球会的硬件设施高档,而且服务水准也是一流,并全天候为客人提供服务,不仅是球场设施的使用,还提供机场接送、服务活动安排等。俱乐部的成员真正在精神和物质方面享受到"贵族"式服务。

2. 开放式会员制球会

我国高尔夫球会大多数是面向社会、服务对象宽泛、层次多样的开放式平台。球会把盈利作为主要目标,所以,球会会根据市场和社会需要的变化,灵活快速有针对性地进行市场开发。通过终身会籍到平日会籍等形式推出不同种类的会籍,从而使球会设施利用率最大化。

五、高尔夫球会的特点

高尔夫球会，会员与球会的关系是一种家人间的关系。会员会围绕球会形成一个稳定的圈子。球会具有以下特点：

（一）综合性

球会设施包括高尔夫球场、会所、球具及高尔夫服饰、用品等为会员提供了集竞技运动、餐饮、娱乐、社交、联谊等多功能于一体的综合设施。球会服务项目除了竞技服务外，还拓展到娱乐、家庭朋友聚会安排等多方位服务领域，满足人们社会交往、情感交流、个人发展等多方面的需要。

（二）排他性

会员是球会的主要客人，他们是具有一定的共性，具有相似的消费水平和消费偏好的人群。球会设施如球场场地、会所设施、会所服务项目和活动内容，只为会员及会员嘉宾提供服务，一般不对外开放。会所服务的排他性是保证会员权益的重要机制。高尔夫俱乐部的排他性，还表现在对加入俱乐部的会员有一定的规矩和限制条件。加入高尔夫俱乐部会员必须接受和遵守高尔夫球会的规矩和礼仪。这就保证了球会吸收社会精英加入，也就是说，作为一个会员的行为、语言应该符合俱乐部的规定。会员不一定是高收入阶层，但一定是有修养、懂礼仪的人，他们在俱乐部和球场上的言行应具有绅士风度。高尔夫球会这一平台已经成为会员发展事业的支持条件。会员是球会最重要的资源，球会必须依赖会员才能生存。

（三）稳定性

人们参与高尔夫运动表明消费的质量与其地位相称。正如索尔斯坦·维布伦在其《有闲阶级论：关于体制经济学研究》中指出的："消费新一代更完善的产品，说明一个人拥有足够的财富，因而值得人尊敬。"高尔夫球会的会员与球会之间建立了长期的关系纽带。这种关系是基于双方长期利益满足基础上形成。高尔夫运动对很多人来说是最佳的业余爱好，不仅满足了人们健身的需要，而且能使个人个性得到充分发展。会员成为球会长期的固定客户。

（四）服务个性化

现代社会科技手段的现代化，人的活动半径得到延伸，但人与人之间的直接交流减少。人们是有情感和个性偏好的。人们参与高尔夫运动增加了直接交流的机会，扩大了人际交往的范围，减少了孤独感。球会根据会员的个人爱好、习俗、脾气及消费特点，针对性提供有人情味的服务，使会员每次都有愉悦的消费经历。球会就是会员的家，通过举办各类活动，促进会员与会员之间的相互情感交流、思想沟通，使会员间能相互协作、支持和帮助。球会充满人性化的服务，给会员一种宾至如归的感觉，让会员产生认同感和归属感，会员也会爱护球会的一草一木，及球会的声誉。

（五）饱和性

高尔夫球会以高雅的环境、高品质的场地及豪华的服务来满足会员的物质和精神需要。球场设施、草坪的承载力使球会会员人数受到限制。高档私人球会一般控制在 300～400 人之间。商业性球会最多也只能容纳 1000 人左右。而且球会还要为会员嘉宾留有空间。所以，球场超过既定人数限制必定对球场硬件设施构成破坏，从而导致会员整体体验质量的下降。

（六）私密性

为会员提供相对私密的服务是由封闭性的特点所决定的。不仅要求对会员的个人资料保密，不外泄，而且服务也要限定在会员的范畴。

（七）增值性

球会的经营目的就是为了维护会员的利益。会员对会所的产品和服务非常了解，会员在参与服务生产过程时，感到更加安全，从而获得快乐体验和愉快的经历，对服务质量更加满意。会员对球场的产品就能有较强的认同感，继而充当球会信誉的保护者。增进会员满意度也会对球会产生积极的外部影响，赞誉之词流传开来，将提升球场形象，从而使会籍增值和会员社会地位提升。

案例：奥古斯塔球会的传统

世界著名的奥古斯塔是纯私人性质的球会。只接纳男性会员，会员名单对外保密。目前有会员约 300 人，主要是美国最顶尖的政治、经济界精英。只有经过会员推荐，才能申请获得会员资格，当现有会员退出或去世后，申请者的资格才能转正。到目前为止，美国微软大王比尔·盖茨也在等候者名单中。

在奥古斯塔的规章中，人们找不到任何明确限制女性会员的条款，可事实上，这家球会自开张以来，还没有一位女士收到过加入俱乐部的邀请书。球会的单一性别引起争议，甚至有人认为奥古斯塔的做法有歧视女性行为，是沿袭过去高尔夫是社会名流和性别排斥的做法。美国妇女组织理事会（NCWO）主席玛尔塔·布克曾在《纽约时报》对一直不接受女性会员的奥古斯塔球会发起了攻击。另外，在 2003 年 11 月，大批抗议者到奥古斯塔球会举行抗议示威。这些抗议者包括美国民权运动领袖杰西·杰克逊、菲尔·麦克尔森、美国著名音乐家肯尼·G 等。

球会方面称，既然我们仍是一家私有实体，我们就有权自行选择会员。国家俱乐部的主席与他的委员会一起决定将邀请谁参加俱乐部以及大师赛。美国提案委员会对妇女组织就奥古斯塔私人俱乐部的权力提出了 48 个调查问题，其中两个问题的回答是：一，奥古斯塔不同意布克要求是正确的，俱乐部应该自己决定是否修改条款（72%的人同意）；二，没有政府投资的私人俱乐部有权决定谁是会员，而不用考虑外来组织和个人的压力（66%的人同意）。《华尔街日报》例举大量事实，证明多数人赞成奥古斯塔的传统，其中也包括女性。

球会主席约翰森认为"世界上并不是只有我们一家单一性别组织，看看男童子军组织和女童子军组织，大学女生联谊会、共济会等，但与种族歧视和性别歧视无关。"

分析：私人球会发展与社会经济文化背景的关系。

第二节 球会利益相关者

一、球会与利益相关者的关系

球会作为独立的社会组织，在市场经济条件下，球会的一切资源配置主要来自市场，球会的生存和发展基础来自对市场需求的认识及满足这种需求的程度。无论球会采用哪种经营模式，球会的经营和管理应从传统单一以利润最大化为目标转向全面关注企业生存、发展，从只关注球会内部事物的管理，转向面向外部环境的全方位经营，正确处理利益相关者之间的利益关系。根据现代西方管理理论，股东、员工、顾客、供应商、社区及政府等个人和团体被视为球会的构成要素或内生变量。

球会管理者要意识到增强球会抗风险能力需要从只专注顾客转向全面平衡利益相关者。因为，球会的生产经营活动不是孤立进行的，而是在社会的大系统中相互作用、双向影响的条件下进行的。球会的经营具有广泛外部联系，球会必须提高适应外界变化的能力。球会应把这些外部的相关群体视为自己的合作者和利益相关者，同他们搞好关系，共同协调发展。所以，这些与球会产生利益关系的个人和团体被称之为利益相关者（Stakeholder），被纳入球会管理的范围。

利益相关者对球会的经营影响是双向互动的。一方面利益相关者凭借其对球会的专用性投资以及投入量的多少影响球会的决策，进而影响球会的经营状况。另一方面，球会的经营状况影响到各利益相关者的利益回报的大小。

球会的经营者必须了解各类利益相关者对球会经营产生的影响，把球会与股东、顾客、社区和政府等关系，作为内在、双向互动的关系，纳入广义的球会管理范围。这样，才可以谋求球会的长期稳定发展。目的是与这些利益相关群体达到协调发展，为球会发展创造良好的经营环境。球会要做到和谐发展，实质是要妥善处理球会与利害关系人的利益关系。

二、平衡主要利益相关者的利益

球会是多边契约关系的总和。股东和投资人、顾客、员工和供应商之间拥有正式的或契约关系，且缺一不可，各方都有利益，共同参与构成球会的利益制衡机制。如果试图通过损害一方的利益而使另一方获利，结果会导致矛盾冲突，不利于球会发展。因此，球会要以市场为导向，致力于利润的长期增长，让利益相关各方分享球会产品的价值，让各方都从球会的发展中得到自身应有的利益，让他们全力支持球会的发展。

（一）球会股东和投资人

球会的股东是球会的所有者，他们委托董事对其资产进行经营；为了保证球会的持久稳定发展，球会的经营管理者应为股东和投资人提供一个合理的投资回报率，保证投资的保值增值。另外，经营管理者受董事会的委托代理各项业务的执行管理。其最终目的是促进球会的发展，对股东负责。所以，球会的所有者对球会经营有重大影响，决定了球会运行的方向和社会责任感。

（二）管理者

球会与高层管理者之间是一种委托代理关系，即董事会将球会的日常经营管理职能委托高层管理者代理执行。管理者在董事会的授权范围内履行管理职能。但管理者作为一个有限理性的个人，在现实环境中，常常会出现委托人与代理人之间利益不一致的问题，即代理人所采取的行动违背了委托人的意愿或双方之间的协议，就会产生道德风险。如代理人的收益只与任期内的球会业绩相关的话，管理者常通过透支未来的业绩，来提高任期内的业绩。目前一些球会的管理者，通过销售"平日会籍"来提高其任期内的业绩，这种短期业绩的提高为球会未来发展留下隐患，可能对球会的信誉带来损失。董事会代表股东利益谋求球会的长远发展，而经理人主要是从个人利益最大化考虑。这就要求委托人与代理人之间建立既顾及到管理者任期内的业绩，又要与长远业绩挂钩的激励机制。一是报酬激励。报酬方案要有利于调动经理人的积极性，使经理人的报酬与业绩挂钩。让经理人拥有剩余索取权，这也是现代经济激励理论十分推崇的一种激励手段。因为利润是反映企业经营业绩的最重要指标，管理者的一切努力和贡献，包括所承担的风险，最终都反映到利润上来。管理者成为利润占有者，为了获取利润，必须竭尽全力去全方位的努力经营。另外就是通过社会地位的激励，提高管理者的职业经理人的声望。促使管理者既有动力把任期内的业绩做好，又考虑球会未来发展。球会经营的成功也是提高经营者能力、社会声望、地位及自身人力资本价值的主要途径。

（三）员工

球会与员工是同生存、共发展的命运共同体。实现球会的持续发展，保持其生命力，关键在于激发球会的员工。员工的利益和球会的利益是紧密联系在一起的，主要表现在三个方面：

第一，员工的能力和动机是不相同的，球会应根据员工的特长将员工安排在具有优势的工作或职位上，为每一员工提供生存和发展空间。球会吸引人才、留住人才的关键就是重视对人才的超常投资，注重从内部培养和提拔管理人员。

第二，球会要给员工创造安全的工作环境，提供符合安全的工作场所。

第三，球会的核心目标是追求经济价值，而员工的基本需要是通过付出劳动获得回报。因此，在球会经营过程中必须考虑员工的利益，经营好的球会，员工的薪酬水平应在行业平均水平之上。既要让员工分享收益，积极提升为球会工作的动力，又不会损害股东的利益等。

（四）顾客

球会的经营目标是追求利润，而一切的利润源自于顾客。球会给予顾客特别的关心，关心会员一人会影响一群，使球会与顾客建立良好的亲情关系，这样才拥有大批的忠诚会员。从顾客利益出发，了解顾客对球会产品质量的要求，站在顾客的立场上研究和设计产品，才能让顾客愿意购买，愿付出时间和精力到球会消费。真诚地为顾客服务，既给顾客带去实惠又给球会创造利润。球会不能只顾眼前的营业额和销售量，忽略对顾客情感的投入。

赛事组织者，在一定程度上也是球会的顾客，他们以最优惠的价格享受球会所提供的服务。而球会在获得一定经济利益的同时，还希望借助赛事所做的宣传，来提高球会的知名度和社会影响力，从而吸引更多的球手甚至会员。

三、协调次要的利益相关者关系

球会的经营直接受外部利益人包括政府、社区、媒体（社会舆论）和竞争者等的影响。因此，球会在谋求自身发展的同时，为利益相关者带来最优化的收益，从而提高这些群体对企业的支持度，促进经济资源的优化配置和合理充分的利用，降低交易成本，最终推动球会利润最大化的实现。

（一）政府

政府为球会提供了各种公共服务，并通过政策引导的方式来影响球会的经营。球会应关注政府的政治主张，接受并履行政府倡导的主流价值观。在现阶段，首先应为地方政府在招商引资方面发挥促进作用；其次，为改善地区形象和环境方面发挥应有的作用；第三，球会应在力所能及的情况下，回报社会，树立健康的公众形象。只有将自身的经营行为融入到社会发展的潮流之中，并主动为社会解难分忧的球会才可能真正获得长远的发展。如果球会偷税漏税损害国家利益，也许可以获得一时的短期利益，但是一旦曝光，最终影响的还是球会的发展。

（二）供应商

球会的供应商为球场、球车、会所等提供所需的原材料、零部件等。球会与供应商是一个有着共同利益的矛盾合作体，双方的矛盾主要是各自为自身的利益讨价还价，如球会为了最大限度的降低成本，可能转向报价更低的供应商。因此，有远见的球会采用与供应商达成某种协议的方式，在保证原材料质量的前提下，保持稳定的价格供应关系，增加互信，改变短期行为中的不确定性，从而形成利益共同体。球会应当与供应商建立良好关系：

1. 发展信任与合作关系，把自己的利益建立在对方的发展基础上，与供应商建立解决问题和争议的程序。彼此诚实守信、互利互惠。

2. 与供应商建立一种能共享数据的高度信任关系，并能促进其不断降低成本、提高产品质量的契约关系。

3. 选择供应商时，要考虑是否具有为顾客服务的思想和行动，在原材料供应时是否稳定、准时，以及公司的财务实力和信誉。

（三）竞争者

球会要与周边球会保持既竞争又合作的关系，关注他们的发展情况，包括他们的营运情况、生产能力、产品质量和服务水平。只有了解当今国内外最好的球会的经营定位及其产品在市场上的效果、反应，才能选择标杆来追赶、学习。球会之间共同遵守"行规"，达成共同维护地区球市的默契，通过合作与竞争，促进球会长远的发展。那种只顾眼前利益，搞低价促销或变相低价促销，只能造成整个地区球市的低迷，这样的球会是很难获得发展的。

（四）媒体

媒体的性质在于它的公共性。媒体报道什么，不报道什么，选择的余地很大，而且报道后影响力大，积极的报道促进球会的发展，反之，也会给球会发展带来许多负面影响。在目前国家禁止球场建设用地的背景下，个别球会滥占耕地问题受媒体和大众的关注度高，媒体一旦做出了对他们的批评或曝光报道，将对企业的声誉和形象产生较大的影响。

首先，球会为适应自身所处大环境，需要注重与媒体沟通。媒体和球会的社会责任是相通的。球会应向媒体介绍那些利用荒山、荒滩、荒地及城市周边废弃地建设球场、改善生态环境的典型案例，通过媒体让大众了解、监督并引导球场的规范建设。另外，球会以会员制的模式经营具有一定的超前性，大多数人短期难以认同，也成为球会发展的障碍。球会要树立自身的品牌和社会影响力必须在与媒体互动的基础上，建立起良性的媒体和企业关系，通过媒体报道、传播来获取社会的关注。球会通过媒体的引导能够实现球会的利益要求。因此，将球会对社区、对政府所做的贡献全面地、客观地介绍给媒体单位，让他们产生认同，并得到他们的支持。

其次，要有专门的部门或人员从事报道宣传或公关工作，与媒体保持经常的沟通关系。球会的重大活动，重要成果应及时通知新闻媒体来采访。坚持尊重事实的原则，提供的信息应真实可靠。

最后，要与媒体保持长期、密切的联系。经常性的沟通和提供新闻素材、定期的联谊活动等是与媒体记者建立友谊的有效方式。

四、球会与自然的和谐

球会的发展不能以损害自然环境、生态为代价。高尔夫球场要生存和发展必须使自己成为周边环境的一个合理组成部分，与野生动植物共存。这不应该只是社会大众关心的问题，更应该是球会管理者们关心的问题。西方国家对在哪里和怎样建球场有严格的限制，球场必须建在海边荒沙地、裸露的矿石地、采石场、沙漠荒地、荒废的矿山等不能耕种的土地、林地。球会建设必须顾及自然环境和生态的要求，在球场设计建造时必须考虑自然环境、生态的承受能力。球场及周边的园林、花草等植物本身能改善生态环境、增强生态上吸引力，给人们的身心、视觉带来触动。其次，在经营过程中，球会必须考虑自身产生的农药和水污染，像球场养护中的污染，如用水量、化学杀虫剂和化肥的使用，要花费代价去控制和处理废水。作为一个现代高尔夫球场的管理者，必须了解并采取一定的手段，减少对化学品的使用和节约用水。对自然环境的破坏不仅会影响周边地区人们的生产和生活，而且受害最大的最终会是球会。球会应重视环境保护，注重可持续发展，走循环经济之路。高尔夫球场与环境的有机联系是球场长期持续经营的基本条件。

利益相关者的每一种权利对球会的决策和行动,都有可能产生支持或抵制、积极或消极的不同影响。这要求管理者必须有回应这些不同权利和要求的能力与技巧，承担起对利益相关者的责任和义务。

第三节 球会的经营定位

一、高尔夫球会功能

球会功能不仅关注的是如何把握市场机遇，而且帮助球会更准确找到自己的竞争优势，更是对未来发展方向与目标的把握。

（一）高尔夫球场为住宅区的配套设施

这类球会经营定位就是使土地升值，对房地产的销售起到市场宣传促销作用。球场周边的房地产，一方面因为空气好、环境幽静和球道景观美丽，方便住宅居民的健身，而使价值升值；另一方面是高尔夫球会会籍将是房地产销售的重要促销手段。在国外一般是乡村高尔夫球场，而在我国则是现代化的高档住宅小区。球场成为住宅区居民的体育休闲场所。球会管理就是保证能在居民需要的时候以适宜的方式向他们提供满足需求的产品及配套服务项目。

（二）高尔夫球场作为度假村的配套设施

球场作为度假地新的旅游吸引物，与度假村的酒店及其他休闲设施配套，使会议、旅游与高尔夫休闲活动相互促进。球场的营运必须充分了解高尔夫旅游市场，根据旅游度假的周期性和季节性的特点开展经营。高尔夫旅游具有休闲度假的特征，且为当今世界旅游增长速度最快的项目。在我国海南省、云南省、珠江三角洲、长江三角洲和京津地区的一些旅游度假地，已经把高尔夫球场作为新的专项旅游产品来开发，成为吸引日本、韩国等国际和国内旅游者的主要产品，促进旅游产品的升级。高尔夫球场的环境，高尔夫运动的参与性和挑战性的特点，已成为旅游新的经济增长点。如海南三亚亚龙湾度假区的亚龙湾球场、红峡谷球场，大连金石度假区的金石高尔夫球场。

（三）高尔夫球场作为经济开发区的配套项目

发达国家和地区的企业高层管理人员都十分热衷于高尔夫运动。许多跨国公司选择在中国投资、办实业，特别关注所投资城市的整体环境，他们往往把当地高尔夫球会的多少、球场质量优劣作为一项指标。在我国开发区建设高尔夫球场主要是作为引进外资项目和吸引外商企业的投资者和高级管理者的重要生活配套设施。高尔夫球场成为招商引资的基础条件之一。正如《新财富》的一项统计数据，我国一些城市的外资引进数与当地高尔夫球洞数高度正相关，达到80%。高尔夫运动成为生意交往、促进商机的一个很好的平台。高尔夫球会的经营就需要使其成为吸引外资的重要手段，并以此平台挖掘中国和国际市场潜在商机。

（四）高尔夫球场作为单一的休闲运动设施

高尔夫运动在欧美国家是一项十分普及的休闲运动。国外的大多数球场，无论是私人球场，还是公众球场，大多数是单一休闲运动设施。在我国，因球场投资人主要是企业，投资的目的就是追逐利润，尽管有很多球场是以体育休闲公园的名义建造，但大多数球场都承担其他功能。

除了上面的四类外，还有很多其他功能的球场。球会的功能定位不同，经营目标不同，必然会带来经营和管理理念的差别。

二、球会经营定位内外环境

球会经营定位是球会经营长远发展的总体设想，是在球会功能定位的基础上确定的经营领域所采取的经营方针和策略。如果球会没有经营定位，球会资源配置就没有一个主体原则。

（一）经营定位的外部环境

球会经营如何找到最适合自己的位置是许多球会业主和管理者最关心的话题之一。

1. 高尔夫产业环境

高尔夫球会作为社会的基本经济组织，必须适应我国的社会经济环境，对外界的信息应及时反应，选择自身的发展目标和经营方式。正确分析球会所处的行业背景和特定环境，及行业在整个国民经济中的地位和作用。不但要分析现在，更应注意将来，对其远期的走向和趋势要全面把握。

2. 国家政策法规

国家的产业政策、行政法规（如税收政策）最直接影响高尔夫球场的建设、球场经营，从而对球具、服饰等用品的生产、高尔夫旅游的拓展、高尔夫房地产业的发展产生影响。要掌握国家对产业在宏观政策和法律上的方向性的动态。不但要了解现在政策，更要了解3年或5年后的政策取向。

3. 人文地理环境

考虑球会所处的地理环境、人文背景。经营定位一定要与当地文化观念相结合，即择地而居。只有能被所在地域接受时，定位才有市场。

4. 市场需求环境

经营定位要充分适应客户需求变化，包括消费观念、消费层次以及消费水平等变化。注重市场环境与外部关系。在世界经济一体化的时代，高尔夫运动会随着国际交往的加深，推动和促进我国高尔夫运动的发展和普及。从国内来看，人们的生活水平提高、居民生活习惯和工作方式的改变，休闲意识的增强，必然使人们参与高尔夫运动的需求增加，参与的人数越来越多。随需求的升级及时调整定位，去发掘新的消费群与消费需求，能使球会的潜在市场空间和规模成倍扩大。

（二）经营定位的内部资源

经营定位是球会自身实力和优势的综合反映。利用球会自身在人力、场地、地理位置、配套设施等资源上的优势，要突出核心能力，找准参与市场竞争的着眼点。为了达到球会的经营目的，必须将其拥有的资源要素合理地组织起来，以便在投入一定或者现有资源一定的条件下，使产出能达到最大。具体而言，球会应该保证能在顾客需要的时候以适宜的价格向他们提供高质量的产品。如果没有充分的能力，再好的定位也是难以实施的。高尔夫球会是为了满足参与高尔夫运动的人群的需要而建立的。球会里所有的资源，如场地、接待设施、球童及其他人力资源、餐饮以及财务等，都是围绕这一基本目标进行的。高尔夫球会管理就是对各种资源进行充分利用的过程。

1. 人力资源

高尔夫球场是一个由具有不同技能水平和特点的个人所组成的集体，包括管理者、球童、草坪养护人员、市场销售人员等。他们是球会的人力资本，为球会提供了智力和体力劳动，并为球会创造了财富。员工的服务技能、专业知识、外语水平、礼貌水准应具备和达到服务标准的要求。球会的经营、管理乃至竞争依赖于智力资本。这必然要求对人力资本的重视。球会管理就是要把各自具备不同知识、技能、特长的个人的力量通过某种方式结合起来，通过分工协作，形成集体化的行为和力量。对人力资本的开发要注重提高其专业素质、道德素质、人文素质和敬业精神。只有高尔夫球会拥有一批高素质的人才，形成一个有机体，高尔夫球会才能顺利经营。

2. 资金

高尔夫球会的营运必须保证一定的资金投入，资金的来源及构成要合理，并使有限的资金投入到关键的环节，如草坪的养护、草坪病虫害的防治、球会的基本营业费用等。如果缺乏基本的资金支持，球会经营就会陷入困境。

3. 时间

高尔夫球场的营运是以日均接待打球人数为基础的。高效率意味着以较少的时间和较少的代价完成较多的任务。但对球会而言，每天可利用的时间是有限的，并受季节、天气等自然因素的影响。如何有效利用有限的资源创造高效的时间价值是球场经营管理的重要问题。

4. 服务程序

高尔夫球会营运管理的过程也称为服务过程。从接待、打球、更衣、用餐到住宿服务贯穿顾客整个的消费过程，而且顾客需要参与运作过程中才能享受服务。所以，高尔夫球会的经营必须以科学的管理方法和管理程序为基础。随意性的管理不能持久。如球会的前台接待服务的程序是由预订、迎客、登记、打球等一系列的程序构成的，但这些工作如果不能系统组合在一起，就只是一些简单动作，会影响整个接待服务的效率和效果。快速对客人的需求做出反映和及时提供服务，是高尔夫球场服务方法和接待程序科学化的结果。

5. 信息

信息是组织保持与外部环境联系的中介，球会必须充分反映外部信息的要求，而球会内部的管理也要依靠信息沟通。信息必须按既定路线和层次进行有序、高效、准确传递，经营情况的各种各样数据的传递，如每天的营业收入、支出、客人下场的人数、平均消费水平、客源结构状况、客源需求趋向等，信息传递是否畅通、信息是否及时收集并处理，对高尔夫球场经营是至关重要的。

6. 设施

球会作为高档服务场所，良好的设施设备及所创造的环境氛围，是提供优质服务和经营的基础条件。设施的数量、种类是否满足经营的基本需要，会直接影响球会的经营效率。如以球车为例，数量多少、质量如何都会对接待能力产生影响。

7. 环境氛围

球会装饰布局、安全卫生、会员活动等所营造的环境是球会经营的重要资源，总体上应营造亲切、高效、豪华和整洁的氛围。

8. 原材料

球会经营所需要的材料，如球场养护中的各类材料的数量、种类等，应供应及时。

9. 能源

对球会直接产生影响的水电气等能源供应状况，特别是水资源。

（三）球会经营定位要适应球会发展需要

1. 球会未来总体的发展方向

球会是一个综合性运动休闲企业。任何球会都应根据市场需求的变化来确定企业未来的发展方向。

2. 球会未来的规模和发展水平

经营定位明确了在相当长的时期内球会的发展规模和水平，为球会管理者确定了在一个相当长的时期里主要干些什么，达到什么样的规模，在国内外同行业中应居于什么地位，是争取世界一流，还是国内一流。

3. 球会开拓市场的发展方向

市场的开发对球会经营是至关重要的。球会未来的服务对象是谁，目标市场在哪里，这些问题直接关系到球会经营的成败。球会战略要求在客源市场需求分析的基础上，结合自己的特点，确定自己的服务对象、服务标准及基本的营业方针。

四、球会经营定位

经营定位确立了球会在市场上的位置，勾画了球会的形象和提供价值的行为。球会经营定位实际上是为球会的顾客定位、产品定位、价格定位、服务定位等奠定基础。球会的经营必须着眼未来的方向和目标。明确的定位能使管理者的管理思想、行为方式等与经营目标相一致。

（一）顾客定位

顾客是球会经营的基础。由于球会所处地理位置不同，人们的收入水平和消费观念的差距，各地对高尔夫消费需求存在很大差异，这就要求球会根据球会自身经济实力和外部环境，进行客源市场细分和定位，明确定位客源市场，并对高端消费人群进行细分。球会要通过有效的经营管理塑造良好的形象，用优质的产品和服务吸引自己的目标客源群体。对于球会来说，其经营管理都是围绕如何满足高尔夫爱好者的差异化的需求，并能及时为他们提供个性化产品和服务。未来球会竞争的关键是会员拥有量的竞争。

（二）产品定位

高品质的球会产品是球会经营的保证。球会的产品定位首先是球场的设计水平、建造水平、球场的独特性、风格、挑战性、趣味性、周边环境等。产品和服务质量，使球会得以保持或增加市场份额。其次，在现代市场经济条件下，球会必须转变经营观念，球会的经营管理不能仅仅停留在一般的产品经营管理上，还必须以资本盈利的最大化为出发点，考虑球会的资本经营。具体说通过球会经营来提高球场周边土地价值、房产价值等，同时，通过会籍的销售获得球会发展所需要的资金。

（三）服务定位

球会服务定位就是要提供既适合于球会档次又符合顾客需求的方便、实用的服务，以顾客的满意与否来确定。顾客的需求是球会发展的驱动力。球会服务定位首先是针对顾客的需求提供差异化的产品，如各球会设计的具有自身特点的会籍。这种差异性难以被竞争对手模仿，且容易被目标客人所识别。其次，是根据顾客的基本利益进行服务定位。顾客的基本利益与他们日益个性化、差别化和多样化的需求相比，会在相当长的时期内保持稳定不变。顾客对一个球会服务满意与否是依据对安全、舒适、价格合理等基本利益的衡量。成功的球会善于把顾客基本利益转变为服务创新的引力，正是这样的引力使得球会具有特色。第三是根据顾客满意标准进行服务定位，站在顾客的立场上设计产品和服务，预先在有形产品上创造顾客的满意。

（四）价格定位

产品和服务定位决定了价格定位，产品和服务越高档、豪华，所需要的投入就会越大，如球会的设施权限于300人服务，相应的价格就应越高。

总之，球会服务是由各种有形的服务设施和无形的服务活动所构成的。球会服务需要投入大量的物力、财力，直接影响球会经营成本。所以，球会服务定位就是要使其服务能以最佳成本长期向顾客提供。另一方面球会服务定位就是要满足顾客的需要，使顾客确定获得最大的满意度

第四节　球会营运管理内容

一、球会核心业务管理

球会经营必须通过其产品在市场上得到认可反映出来，也就是通过球会的核心业务表现出来。球会的核心业务一定是在市场中最具有竞争能力的业务。核心业务可以给市场和顾客一个明确的概念：球会的市场定位是什么。当一个球会的核心业务能依托核心能力形成一种对内兼容、对外排他的技术壁垒时，球会就能在市场竞争中保持应有的优势。

（一）核心业务

围绕核心产品场地的出租所开展的三个核心业务是球童服务、草坪维护和市场销售。球童服务水平为球会确立差异化服务的优势，草坪维护稳定了球场的品质，并使球会确立在市场中的地位。当球会的核心业务突出时，其核心产品就具有了很强的差异性和品牌忠诚度。场地出租的具体体现是会籍销售量和日常球场接待消费水平，这是球会的两个最主要盈利点。核心业务是具有竞争优势并能够带来主要利润收入的业务，这部分业务是企业发展的根本，也可以说它是球会的核心竞争力。

（二）核心技术

球会支持核心业务的技术能力，如草坪养护优势技术和球童服务的专长。核心技术能力强，球会在市场中就具有独特性、难以模仿性和先进性，并能为

球会带来明显的竞争优势。所以，每个球会都应该不断吸取草坪养护方面的新技术和不断培训提高球童技能，以巩固和发展优势技术和专长。

（三）球会的竞争优势

球会管理者通过对资源的充分利用和有效整合，将核心技术和核心业务培育和发展成核心竞争力，即形成球会独有的、支撑球会保持持续竞争优势的能力。

第一，有效整合的资源优势。核心竞争力是以核心业务为基础的，但必须有效整合球会的整体资源，如高质量的球场、高品质的会所设施、专业的组织管理团队等。没有对资源的合理组织与协调，球会的优势就难以真正发挥。

第二，持续的质量保证优势。球会在经营过程中，核心业务和产品的质量保持持续性，是区别于其他球会的优势；一流的服务、高效的管理是球会产品质量持续性的保证。

第三，市场认可度优势。球会的核心产品及其组合在市场中的反映，就是得到市场认可。球会会员中名人集中度，及会员利用球会交流平台和参与球会活动所形成的特有的氛围，反映球会产品被市场的认可度。

二、日常工作规范化管理

球会的业务是通过一定管理手段实现的。对于日常工作要采用规范化的管理。规范化是指企业通过有关管理制度、业务流程、操作手册等手段将企业各方面的业务程序化、标准化，使各项工作有章可循，也使得各个岗位的责权明确，以达到提高企业经营效率并提高企业管理水平的目的。

（一）标准化管理

球会管理必须从经验型走向标准型。标准化是球会针对核心业务和支持业务制订的规范程序，以保证宾客的基本需求得以满足。标准化能够减少员工因自身因素的影响而造成的服务质量的差异，并保证整个服务过程的流畅与顺利。标准化是服务质量的基本保证，不仅可提高企业的内部效益，而且能为宾客提供快速、可靠、专业、一致的服务，这就提高了宾客的满意程度。让一个球会的管理行为变得标准规范，前提是必须将其量化。管理人员将每个岗位的业务量用数据来量化，即绩效考核定量化。这样球会每个岗位目标明确，管理就会顺畅，管理水平就会上一个台阶。具体做法就是将数据化的内容表单化，使每个流程过程中，时间截点的数据及各种各样的标准都从表单中体现出来。这样便于对照检查，找出问题的原因，管理行为就会标准化。

（二）制度化管理

球会规范化管理最终会形成一系列的制度和管理标准。制度化管理的实质在于依靠科学合理的理性权威实行管理，制度化管理更多地体现了管理的刚性和原则性。制度必须体现对员工高度约束和规范，但又充分地信任员工和尊重员工，这就要求制度的产生必须是立足于企业需要之上的，被员工乐于接受的。这些制度和管理标准使得权责明析化、措施具体化、业务流程化、过程控制化。球会的制度化管理一是要公正平等执行制度，发挥制度最大功能；二是推动和促进制度和标准不断创新的形成机制。

（三）专业化管理

球会的各项业务工作如草坪养护、球童服务、设备的维修等都具有很强的专业性，这就要求业务人员、管理人员必须有较强的专业知识，并加强提高专业领域的管理水平。因此，专业化管理要坚持以人为本，通过开展长期的、多形式的交流、教育、培训等手段，强化技能考核，提高业务操作水平，不断提高员工的专业知识、服务意识和安全意识。如以机械设备为对象专业化管理，通过定期进行维修保养，使机械设备自身品质得到充分利用，不仅保证了机械设备在施工生产流程中发挥应有作用，也有效地减少了设备故障，同时也延长了机械设备的使用寿命。

三、球会项目管理（Project Management，简称PM）

常规性、连续不断地日常的生产和管理是球会保持业务稳定性和产品质量的基础，但在目前的市场竞争中，球会越来越多的一次性、独特性的任务，是以项目为导向进行管理的。所以，球会除了对日常工作进行规范化、程序化的管理外，还需要对一次性具体的单个项目进行创新型的策划和管理，以此提高球会的核心竞争力。

项目管理就是在一定有限的资源条件下，为了达到特定的目标而综合运用包括时间、人力、经费等资源，对项目的范围、时间、成本和质量进行有效的管理，尽可能高效率地完成项目任务，达成项目目标。球会的项目如月例杯赛、承办大型的赛事、一次营销策划会，或特定营销推广周期性活动等。在项目启动过程中，球会为项目设定目标、落实项目责任，并为项目准备所需的资源，或者是获取资源的手段。

以项目为中心的管理不是依靠固定的组织结构来展开的职能管理，而是通常是一个临时性的专门的柔性组织，即项目团队。项目成功的关键就是建立一个高效率的团队。项目团队每个成员一般应具有独立承担特定任务的专业技能。在项目经理负责下，使每个成员明确自己的角色和职责。项目经理通过强调团结协作、齐心协力、相互依存，共同实现项目目标。

项目管理以目标为导向，项目经理详细说明项目的目标及项目的工作范围、质量标准、预算以及进度计划。通过确定每个人的工作标准，促使团队成员自觉付出必要的时间和努力。同时更关注过程，通过成员间坦诚、及时地沟通和信息交流，促进成员间的相互帮助和高度信任，使项目执行过程能够紧紧围绕目标开展。通过每一个具体项目的执行，达到一个个具体的目标，通过完成这些具体的目标，从而实现球会的生存和发展。

项目的执行过程，完全是项目团队的责任。作为项目经理进行高效率的计划、组织、指导和控制，以实现全过程的动态管理和项目目标的综合协调与优化。项目经理必须对项目范围进行管理，包括项目的规划设计、生命周期和工作分工结构；严格进行时间管理，即流程的实施控制，项目进度控制；应掌握成本控制的技巧，处理诸如成本估计、计划预算、成本控制以及基本财务结算等事务。

案例：高尔夫球场建设的政策环境

21世纪初，高尔夫球场建设中曾一度出现了一些问题，如有些地方高尔夫球场建设过多过滥，占用大量土地；有的违反规定非法征占农民集体土地，擅自占用耕地，严重损害了国家和农民利益；有的借建高尔夫球场名义，变相搞房地产开发。为合理利用和保护土地资源，遏制高尔夫球场的盲目建设，2001年1月，国务院办公厅颁布了关于暂停新建高尔夫球场的通知。

2005年12月21日，国务院、发改委正式公布《促进产业结构调整暂行规定》及《产业结构调整指导目录》。高尔夫球场项目被列入限制类。根据《暂行规定》第三章第十八条，对属于限制类的新建项目，禁止投资。投资管理部门不予审批、核准或备案，各金融机构不得发放贷款，土地管理、城市规划和建设、环境保护、质检、消防、海关、工商等部门不得办理有关手续。2007年10月31日，国家发展和改革委员会和商务部以第57号令的形式颁布最新修订的《外商投资产业指导目录（2007年修订）》，高尔夫球场的建设和经营明文列入禁止类的行业，这意味着，从该《指导目录》正式生效的12月1日开始，外商不能以独资、合作、合资经营的方式投资经营中国大陆境内的高尔夫球场，而此前已经投资经营的外资高尔夫球场将不受限制。

讨论：

1. 我国是有13亿人口的农业大国，地少人多的基本国情，使得我们必须把粮食安全作为经济安全的基础，始终把保护耕地当成一个重大战略问题，必须坚守１８亿亩耕地红线。在这样的大背景下，高尔夫的发展怎样才能做到既符合国家产业政策，避免球场盲目建设，又使其能满足我国居民日益增长对高尔夫休闲运动的需求。

2. 社会关心的球场污染、水资源消耗等环境问题，是否可以在球场经营过程中得到解决？

3. 一些高尔夫行业人士认为，引导高尔夫球场进入有序建设，不能简单采取"堵"的办法，而应完善法律、政策进行有效疏导。请谈谈你个人的看法。

思考题：

1. 高尔夫产品的构成及特征。
2. 为什么说高尔夫球会采用会员制经营就是设定了一定的门槛？
2. 项目管理、规范化管理的具体做法是什么？各自适应高尔夫球会的工作有哪些？
3. 列举至少七个利益相关者，按要求完成下列表格。

利益相关者	主要利益要求	关系类型	主要利益冲突及可能反应	球会管理中采取的应对策略

4. 请利用利益相关者理论阐述职业经理人如何处理与业主的信任关系问题。
5. 解释球会的核心业务，它与核心产品是什么关系？
6. 从现阶段社会经济文化发展水平，分析我国纯私人会员制球场较少的原因。
7. 球会经营定位考虑哪些因素，对球会发展有何意义。

第二章 球会经营理念

第一节 球会经营理念

经营理念是球会在经营和发展过程中的指导思想。球会管理者不仅要清楚球会的经营定位、经营管理的内容,更重要的是要有一套明确的并始终如一的经营理念。经营理念为全体员工提供了对共同方向的意识和日常行为的准则,使之形成一个有战斗力的团队,并成为企业发展的力量源泉。

一、球会经营质量理念

高尔夫规则和礼仪使高尔夫爱好者注重品位,讲究诚信,对高尔夫产品及品质形成自己的消费偏好。高尔夫的这种消费文化促使人们追求一流设施、高品质的产品和服务。由于顾客关心质量,因此,球会必须制定并完善从球场管理、会所服务到销售各环节的质量控制标准。

(一) 员工素质管理

员工素质是保证球会提高经营质量的根本。只有拥有了高素质的人才,球会才能创造一流的产品和服务。球会产品和服务的质量保障取决于员工的素质。球会员工的素质需要从以下几个方面来管理和提高。

1. 员工的形象

员工的形象是员工基本素质的有形展示。对于顾客而言,往往会根据对员工的印象对服务专业水平作判断。具体讲,员工的制服整洁得体,站姿、行走符合职业要求,端庄大方。

2. 人文素质

尊重客人,自觉地对客人进行人文关怀。语言作为感情交流的工具,直接体现服务态度的优劣。恰到好处的语言配合着甜美的微笑,将会使客人有一种"宾至如归"的感觉。

3. 道德素质

员工要具有职业道德，认同球会追求的价值标准，自觉地采取与球会目标相一致的立场，公平、公正地做好服务。

4. 专业素质

球会员工要掌握过硬的专业知识，娴熟的服务技能，认真的职业态度。

5. 敬业精神

球会的经营活力来自员工个人的活力。只有每个员工具有奉献精神、合作精神、乐意为客人服务时，优质服务才容易产生。

球会营造一个能使员工个性得到发展的环境，这就要求高尔夫球会每一部门和岗位根据所需要的员工数量挑选录用员工，将合适的员工分配到合适的岗位上去，并定期进行员工培训，进行有效的日常管理。目前，高尔夫球会的人力资源管理的功能，一般由球会行政部来监管。具体事务由业务部门的经理与行政部的经理共同负责。这是因为，员工录用和成长是业务部门所需要，所以，业务部门对本部门员工的去留、晋升等拥有决定权。行政部作为高尔夫球场在行政管理方面的代表，对业务部门的人力资源管理工作起监督、指导、服务和考核作用。

（二）营销能力管理

无论是初创期球会的会籍销售，还是正常经营过程中提高会员及嘉宾到场打球的频率，营销能力对球会的活动来说，是非常重要的。营销能力的强弱决定能否及时把球会的产品和活动通过有效途径介绍给顾客，从而实现产品的服务价值，进而实现球会的利润目标。球会营销能力不是一个孤立的、单一部门的行为，而需要球会全体部门和员工的共同努力才能实现。球会的客源市场不要只局限在某一地区或国内市场，而要面向国内国外两个市场。这就要求高尔夫球会以市场需求为中心，研究并善于预测市场趋势的发展变化，推出适合这些市场的产品，强化产品和服务的管理，采取针对性的营销手段，提高营销能力，包括市场定位的能力以及市场拓展能力。

（三）设备与环境氛围管理

良好的设备与优雅的环境及形成的氛围是开展优质服务的客观基础条件。球会要加强对会所、大堂、餐饮等服务设施、设备的质量合理，提高维修保养水平和卫生清洁程度等，为客人营造出温暖、豪华、安全等特有的气氛。球会的设施设备管理包括设备、设施的档次及完好率、营业面积与布局设计、新科技的应用程度、安全状况、技术力量水平。从球手的心理效应来说，在不同的物质条件和环境氛围下接受不同的服务，就应有相应支付不同价格的心理预期。因此，强化设施设备质量和环境管理会为球会带来不同的利润回报结果。

（四）草坪质量管理

随着球手球技水平的提高，他们会越来越关心球场草坪的质量问题。这就要求球会对高尔夫球场草坪的种植、养护等有完整的质量保证体系，逐渐使球场场务管理规范化、科学化。球会要适当投入人力和财力，通过引进新技术、新设备、新产品，来改善球场草坪质量。

高尔夫球场不同于其他类型的企业，球场草坪保养受季节、气候变化影响较大，保持质量长期的稳定性是一项非常具有挑战性的工作。如果高尔夫球场长期处在饱和状态，球场养护跟不上，球场质量变差，就有可能失去顾客。因此，高质量的球场能满足顾客需求和期望，成为长期吸引顾客的重要因素，这将有利于整体经济效益水平的提升。

（五）服务质量管理

服务质量是球会的生命，是球会赢得信誉与效益的重要手段。球会要在激烈的市场竞争中求生存、谋发展，关键在于提高自己产品和服务质量。服务是一种无形的产品，服务是一种人与人之间的互动过程，所以服务的质量就难以有具体一致的标准。高质量的服务就是要使球会的有形设施舒适，方便，安全；无形服务要表现友好，好客与善助。服务质量标准一般包括以下内容：

1. 便利性：球会的高尔夫场地、设施都是为顾客的到来而准备的，所以，员工应使顾客处处感到像在家里一样方便。服务产品质量好，容易使顾客产生一种"这是我的球会"的归属感。

2. 感观性：球场环境和草坪修剪质量高，会给顾客的视觉感受良好，并对服务人员精神面貌留下较深的印象。

3. 及时性：对于球会客人来说最宝贵的是时间。要根据顾客的服务要求，及时采取服务行动，减少顾客的排队或等候时间，并保证球场打球的顺畅，尽量避免阻塞。在顾客需要时，及时提供服务，时刻关心顾客。

4. 反应性：对顾客要求的及时反应，体现在球会各部门的日常服务工作中。这不仅反映了服务的态度，而且是对顾客的尊重。

5. 舒适性：球会的设施和服务应舒适，满足人们物质或精神方面的需要。

6. 专业性：球会的员工，特别是球童要对球场规则、场地地形、运动技巧等全面了解，熟练提供专业化服务。

7. 友好性：球会员工担当了球会形象使者的角色，热情、友好地为球手传播高尔夫的文化和文明，对客人要尊重并多赞美。

8. 可靠性：在球会服务过程中，对每一位客人都按照贵宾的规格和礼仪接待服务，以体现出客人的地位、成就和名誉，从而使顾客产生自豪和荣耀感。

9. 安全性：保证球会设施安全可靠，服务周到，保密、保安措施严谨，让球会的每位客人放心消费。

（六）信誉管理

经营质量提高的重要标志就是球会信誉的提升。球会信誉是球会所享有的信用和声誉，包括产品信誉、服务信誉、财务信用和经营道德等内容。球会信誉提升是一项综合性的工作，意味着高质量产品和服务获得顾客忠诚，从投资者赢得资本，与供货者获得合作，从社会得到理解，从媒体得到客观报道等。球会信誉提高有利于球会自身利益的最大化，表现在协调和平衡利益相关者关系上，并从中获得资源和支持。

二、管理效率理念

高效率意味着以较少的时间和较少的代价完成较多的任务。球会的经营管理中人的安排利用、服务程序的设计、物力财力的运用等，都有一个效率的问题。保持管理效率的持续提升，应是球会管理者必须具有的经营理念。

（一）球会生产能力

球会的生产能力是指球场面积、球道数量、球场难易度及会所其它配套设施的接待能力和完好率等诸因素的组合。高尔夫球会涉及球场、会所及球会相关设备设施，提高球场经营管理效率要求提高设施的利用率，在使会员满意的前提下去谋取利润。这就要求，高尔夫球会管理人员必须要知道高尔夫球场的设施的标准和服务要求，以及草坪的管理和日常养护的要求等，在保证设施质量的前提下，使利用率最大化。

（二）分工与协调

球会是一个多部门多功能的综合性企业，各个部门和功能在运作中都是球会整体的有机组成部分。现代球会的管理是分工与协作的高度统一。分工可以提高效率，增强工作熟练程度，提高工作质量，但分工之后如不协调，那么，会影响球会的整体效率和服务质量。只有在球会各部门、各业务间有条不紊地进行的同时，使各部门各业务活动互相配合、互相衔接、互相制约、互相促进，形成有节奏的协调运转，才符合球会经营目标的要求。协调活动既包括不同部门和不同业务之间，也包括不同职权的上下级之间，还体现在球会与顾客、球会与外界经营环境之间。

（三）工作流程管理

工作流程影响工作效率。宾客的流量、宾客的抵离时间、宾客的需要、球会经营的外部环境、员工服务的差异性，都具有很强的随机性。这种随机性有可能造成球会业务的不平衡、服务质量的不稳定、宾客需求满足程度的差异性。工作流程设计保证设施和设备安排合理，内外部信息沟通顺畅，组织内部高效协同，员工行为规范有序，从而提高球会整体效率。只有每一位服务员都熟悉自己的工作，熟悉球会的有关信息才能为顾客及时提供标准服务。管理的本质是提高效率，管理者应对所有岗位的工作内容和工作时间进行研究和设计，努力实现工作标准化，并采用绩效测定机制、奖惩机制等激励方法和途径来提高劳动效率。

三、经济效益理念

所谓效益是指特定的任务和完成这一任务所耗费的时间或代价之比。

（一）优势资源管理

在市场竞争的条件下，球会要求得生存和发展的机会就必须具有相对于其他球会而言的竞争优势。球会的优势资源应着眼于未来和全局，在面对市场的机遇与挑战时有利于球会整体、持续发展，具有相对稳定性。竞争优势就是要掌握提高竞争力的要素。市场经济的核心是占有资源，谁占有资源，就把握了竞争的主动权。球会的管理者应善于开发和利用各种资源，并把获取优势资源作为球会的战略目标，为球会的服务理念和行为准则提供了基本保证，使员工的行动有一个明确的方向，这样员工对球会的经营才会树立起坚定的信念。

（二）产品市场定位能力

每个球场在消费者的心目中都有一个形象，这就是球会产品的市场定位。市场定位是根据球场现有产品在市场上所处的地位和消费者对产品某一特征或属性的重视程度，塑造出本球会产品与众不同的、给人印象鲜明的个性或形象，并把这种形象和个性特征生动地传递给目标顾客，使该产品在市场上确定强有力的竞争位置。球场通过自己的产品和经营方式向消费者传递鲜明的特色或个性，深圳高尔夫球会成为管理和服务最规范的会员制球场、云海谷高尔夫球会是高端私人球会的象征，而名商高尔夫球会则是最适合健身的球会等。

球会在进行市场定位时，一方面要了解竞争对手的产品具有何种特色，并对各主要环节就成本和经营方面与竞争者进行比较分析。另一方面要研究目标顾客对该产品的重视程度，包括对实物属性的要求和心理上的要求，在产品开发、服务质量、销售渠道、品牌知名度等方面对以上两方面进行深入研究后，再选定本企业产品的特色和独特形象。

（三）综合效益或收益力管理

效益是球会的投入与产出之比。效益管理就是要使球会在经营过程中的每一循环的产出大于投入。球会收益能力的强弱表明企业资产的利用程度及使用效率，这在很大程度上决定了企业的经营效益。强化效益管理要从日常经营管理入手。尽管利润额的大小并不能衡量效益的高低，但高尔夫球会以营业额指标作为基本的年度管理方案，可以促进经营水平提高。

提高日常的收益水平，不仅要考虑球场果岭费单位价格和球手到球场打球的频率，而且要同时考虑这两者之间相互影响的关系所带来的营业收入的不同，寻找到一个最佳结合点，来实现收益最大化的目标。

球会营业收入是球场接待收入、会所消费收入、练习场收入、专卖店收入、教练费收入等的总和。球会的日常管理就需要将这些收入指标分解到各部门，按每周、每月、每个业务季度来完成。每月和每个季节都制定一份相应的工作计划，使每位员工做到心中有数。在所有工作计划制定完成后，应有针对性地督促每位员工的工作，每位员工也都有责任把工作中存在的问题、建议及时提出，以便调整。营业额指标必须说明各主要收入来源，为高尔夫球会各部门提供管理依据。其次，球会应在兼顾好各利益相关者利益的前提下，提高对社会资源的有效利用，实现高收益。第三，球会要动态追求效益，进行时间管理，从节约时间上，取得产出量的增加或投入量的减少。

（四）预算管理

预算是指每一个高尔夫球场管理者对计划工作所产生的收入与支出，以及最终损益的估算。每一项工作都需要有预算，这样就可以做到更好地减少支出，增加利润。预算管理有利于控制生产成本，优化成本结构，实现企业的资源优化配置。预算管理可以使企业管理层通过实际与预算比较，采取正确的行动。预算有助于计划、激励、评估和控制、沟通、协调，全方位地调动企业各个层面员工的积极性。预算管理是促使企业效益最大化的坚实的基础。

高尔夫球会如何使占有和耗费的资源最少、成本费用最低，这要求高尔夫球场预算管理时全面掌握各生产要素的资料情况及供应状况。了解支出的项目非常重要，但了解支出的源流也同样重要，要对包括营业成本、营业费用、管理费用等成本进行控制。只有这样，才能找到有效的预算管理办法。

第二节　球会管理思想

一、提升球会形象与获取短期收益

球会管理是以提高经济效益为出发点，使球会的收益大于球会的支出。球会每一项业务都有其投入成本，每一项投资都应获得相应的回报。球会要获得一定的收益就要持续提升经营能力。这就要求必须与当前经营工作的各个环节和细节密切结合起来。所以，球会管理者运用现代企业管理手段，逐一环节分析企业在经营工作中需要提升的目标、标准与措施，将管理工作真正地落到实处。

（一）强化短期收益

球会的每一项经营活动都是一系列独特的、为顾客创造价值并为球会带来收益的过程。通过加强成本控制、质量管理、缩短周期时间、提高效率、资产利用等取得经营优势，同时增加营业收入，扩大球会的净收益。

球会的日常运营关注的是球会的短期业绩状况。短期收益需要重视价值链的每个环节，设法分析企业的优势在哪里，坚持不懈地专注所确定的项目中包含的具体业务。在适当的时候把适当的产品按适当的价格卖给适当的消费者，从而获得最大的经济效益。高尔夫属于休闲服务业，它的产品具有不可储存性。高尔夫球场的价值体现在球场的出租上。如果一个球洞不能在营业时间内被出租，那么那个球洞在那段时间内的价值就会消失，也就是说，如果一个球场一天内没有达到日最大客流容量，那空出的那一部分当天的价值便永远失去，也便不能产生出收益。因此，提高球会的短期获利能力就是通过合理售出球场的使用权。

另外，球场利用率不平衡。球场的利用率实际上是指球场已容纳人数与可以容纳人数的比例。很多球场受气候等自然条件的影响较大，在一年内有明显的淡旺季特点。每周平日打球人数少，周末打球人数多；早晨打球人数少，下午和晚上（灯光球场）打球人数多。很多球场都普遍存在着平日和淡季吃不饱的"资源闲置"，旺季和节假日出现"资源透支"等现象。高尔夫球场可以在需求低峰期针对价格敏感者降低价格以吸引顾客，在需求高峰期则可以提高价格，通过制定最佳的产品价格，用于平衡供给和需求的矛盾，使得球场得到充分的利用，进而提高球场收益。另外，球场的容量受球场的服务能力制约。球场应该具备与其规模相对应的服务能力。如果球场的容量大，但是服务人员或服务设备跟不上（如球童或球车等不足），那么就会影响到球场的接待量。球场服务能力的滞后严重地制约了收益。高尔夫球场提高经济效益的基本方法，是在差别定价、资源管理、超额预订和顾客停留时间管理等4大要素上提高球场的利用率和收益。

（二）塑造球会形象

目前，国内球场因现阶段高尔夫市场规模较小，绝大多数球会在经营发展过程中都面临着短期利益与长远发展这对矛盾。如果球会发展没有一个整体性、长期性的考虑，为了获得短期利益，置球会会员利益于不顾，热衷于短期推广，如无限制的发行平日会籍、变相降价销售等。这样盲目的追求规模，虽然在短期内可能实现相当高的利润，但同时也会因球会经营过程中短视的行为和急功近利的做法为长远发展埋下祸患。应该说，所有的管理者在愿望上都是期待球会长久地发展的，但在眼前利益的驱使下，相当多的管理者难以经受住诱惑，不知不觉中掉进短期行为的陷阱。

　　球会发展不仅要注意短期目标（如利润），而且还必须将未来看得更远些，着眼于长期目标。企业战略的核心是球会整体、持续、稳定的发展。经济效益的持续提升是球会管理者为了实现战略目标，而必须完成年度经营工作计划并保持其不断增长的基本理念。所以，球会要把球会的利益和顾客的利益联系在一起，在经营过程中球会应与顾客保持相互依存、相互促进的良好关系，在面对竞争对手的低价冲击时，不能损害会员的利益，应该毫不妥协的维护自己的定位。在选择促销策略时，不但要考虑短期销售额的提升，更要考虑品牌形象和知名度的提升。球会采用会员制模式经营，就是对市场有了明确的定位，一旦球会脱离原有定位，走向低端，就会失去原有的顾客，就意味着球会利益的损失。声誉的损失而非在短时间可以恢复的，所以，当短期利益与品牌形象发生冲突时，球会应该毫不犹豫地选择放弃短期利益。球会要持续成长就必须不断通过产品创新、不断推出适合球会定位的新产品和服务，适应市场需求的变化，提高生产力。所以，必须从战略的高度重视球会经营能力的培育和提升。

二、球会时间管理与空间利用

（一）球会管理强化空间利用

　　球会空间利用与时间管理是提高球会管理效率的必然要求。空间利用是对球场设施进行分析，使场地、设备的产出能力最大化。高尔夫球场容量由高尔夫球场的球洞数和经营时间来决定。高尔夫球场建成后球场的大小、洞数，会所设施等空间都是一定的，短时间内无法改变，能改变的是经营时间。但由于经营时间受季节和天气的影响较大，具有很大的不确定性。高尔夫球场空间一定的条件下，时间就成为制约高尔夫球场提高空间利用率的关键因素。也可以说，高尔夫球场卖的就是时间，时间就是金钱。高尔夫球场营运管理在一定程度上就是时间的管理。时间作为可利用的有限资源，在球场管理中发挥重要的价值。但是，时间又是不可逆溯的，时间的供给量是固定不变的。因此，管理者只能对有限的时间进行利用，通过缩短时间给球会带来更大效益。如何在有限的时间里提高球场的接待能力，使时间利用率达到最大值，需要管理者重视时间管理并且制定出行之有效的一套时间管理方案。时间管理可通过运作流程管理来合理有效地利用有限的时间，达到提高球场经营效益的目的。

（二）高尔夫球场时间不确定性问题

1. 客人到来的不确定性（uncertainty of arrival）

球场不能够估计到访客或临时到球场客人的数量，同时面临顾客不履约的风险，另外还要面临球手提早或推迟到达；或是到达的客人数量多于或少于预定数量，这些都给球场带来了时间安排的问题。

2. 客人打球时间长短的不确定性（uncertainty of duration）

掌握好客人的到来时间，还要对客人打一场球所需的时间做出准确的预测。通常情况下，球会规定打一场球的时间为 4 小时 15 分钟。因为这关系到球场一天接待的人数或组数。

（三）球场时间管理对策

球场提供的产品受时间因素的影响很大，在高尔夫球场运作过程中，如何减少时间浪费，保证时间的充分利用，实现时间价值的最大化。在管理实践中常通过以下手段强化时间管理：

1. 强化球场预订

预订可以使时间安排具有计划性，预期性和可控性。为确保订场无误，减少顾客的随机到达，保证足够的接待能力供给，球场预定的时间应当安排紧凑。保证预订（Guaranteed Reservation）已成为球场的一种礼仪。为了鼓励客人按时到达，球场的预定时间是做出的服务承诺。球场为保证顾客守约制定了一些措施，但主要是靠顾客的诚信做保证。这样能够保证球场对时间的良好利用。时间的连续性和不可重复性，要求球会对顾客的需求及时给予供给，浪费前一批顾客的时间，实际上会导致下一批顾客的时间的更大浪费。为避免球会陷入时间安排的不良循环，让时间价值的效能得到体现，许多球场采用服务为主导，以强制为辅的方式来降低顾客不守约的现象。深圳云海谷球场，一般对没有预订的客人拒绝下场，即使球场有空的开球时间。这项措施在刚开始时遭到一些没有预订客人的抱怨，经过一段时间后，已形成了良好的口碑，预订已成为客人的自觉行动。保证会员的服务质量标准，让会员感受到其花费的时间成本与其所得到的服务的一致性，赢得顾客的满意度。

2. 球车，球童的使用

球场使用球车不仅是为了收取球车租金，事实上，球车的使用可以加快打球的速度，提高球场接待量。一些球场在打球接待高峰时期要求客人必须使用球车，以保证整个球场的打球进度。另外，在我国的大多数球场要求客人必须接受球童服务，因为球童不仅可以协助客人打球，还可以控制好客人打球的时间，还因为我国的大多数球手还没有形成自己修复球道和果岭的习惯，否则，会造成球场较大的损坏。

3．巡场

球场的巡场员（Marshals）是专门负责维持球场秩序、监督球童服务质量及球场的维护工作，以及对球场出现问题做及时报告的。如果客人打球的速度太慢，会阻碍下一组客人打球，以至于影响整个球场运作的速度。这就需要巡场员去提醒速度慢的客人加快节奏，控制整个球场的运行速度。另外，通过巡场员对球场问题的及时记录和反馈，管理层可根据信息及时解决出现的问题，提高有限时间内的工作效率。巡场工作保证信息能够最迅速、最灵敏地反映。具体讲，就是要以最快的速度及时记录、处理、传递信息。

4．编组下场

在节假日等繁忙时段，因球场每组客人都比较满，对1人或2个组下场的客人建议编组成4人一组下场，限制3人以下小组下场。

5．限制差点

在周末及节假日特定时段，限制球手差点，也是时间管理的重要方法。限制差点在36以上的男球手和杆差在42以上的女球手在周末和节假日下场打球，这样可以调节工作日和节假日的客流量。

6．准时开球

开球时间一旦确定，工作人员将保证球手准时开球。当球手因延误了确定的开球时间时，工作人员则只能在后续的空闲时段安排其下场。

7．减少每一场球的间隔（the tee-time turnover）

减少每一场球的间隔将会使球场的客容量增大，以此可获得更多收入。球场通常制定间隔为10分钟，不过也有间隔为8～9分钟的。如果一个球场一天的营业时间为12小时，间隔为10分钟，那么它最多可以接纳72组客人打球。假如用9分钟作为间隔，它最多可接待80组客人，如果采用8分钟计算，将会增加到90组。

8．GPS定位系统辅助

通过GPS定位系统，了解球道走向、障碍物，并提供参考攻略。以此来缩短客人打球时间。

在时间管理领域还有许多可以探究的地方，这需要管理者在对球场管理的过程中细心体会，认真总结，制订完善的规章制度是时间管理的有效保障。高尔夫球场的运行受时间的约束很大，时间的长短影响到接待能力和生产效率。时间的有效管理将带给企业更多的收益。一方面要利用好现有时间，另一方面要开发时间。时间和人、事物是密切相关的，时间不具有伸缩性，但人和事物的流动性、密度性为时间管理提供了可能。

三、工作效率管理与报酬管理

(一) 提高员工工作效率

工作效率就是员工的工作速度、水平、质量和实效等的体现。由于高尔夫球会是劳动密集型企业,支配因素是人。高尔夫球会服务对象是人,进行服务工作的是人,经营管理同样依赖人去进行。因此,人的心理因素对高尔夫球场的经营管理有着重要的影响。人们的情绪、思想、理论和观点支配着人们的行为。工作效率不仅关系到个人的绩效、成就,也直接影响球会的劳动生产率和球会发展,所以,它是管理者普遍关注和追求的目标。员工的需求包括四个方面,即个人成长、工作自主、业务成就和劳动报酬。个人成长是员工希望个人能随着球会的成长一起成长。工作自主同样是员工个人的人性要求,员工具有自主性,就是按照自己的意愿自主地工作。业务成就是员工将工作视为有意义和有乐趣,将自己全部融入工作之中,将自己的利益与企业的目标一致起来,努力改进工作,提高工作质量和效率所取得的业务成就。劳动报酬即工作成绩的奖赏,包括工资、奖金、期权等。(王树文《企业成长与矛盾管理》经济管理出版社 2003 年 2 月, 47 页。)

(二) 合理使用薪酬制度

高尔夫球场管理者要创造出使员工愿意不断尽其全力去工作的态度与行为,还必须注重员工的报酬管理。员工的绩效不同,对球会带来的盈利影响就有差别。球会为了吸引高素质的员工,就必须制定有利于员工关心其工作成效的报酬办法。这对调动员工的积极性十分重要。针对不同岗位员工,合理有效地使用不同的报酬制度,如薪金制、佣金制、薪金佣金混合制及薪金加小费。

1. 薪金制

薪金制,即对球会大多数岗位员工支付固定薪金。

(1) 薪金制的优点

员工预先知道他们的收入是多少,能够集中精力按照球会的要求开展工作,并可以培养员工高度的忠诚感。薪金制更多地鼓励员工培养企业的长期顾客。球会也有可预知的员工开支计划。

(2) 薪金制的缺点

在固定的工作时间之内获得固定的薪酬与员工的销货额多少无关。员工会满足于一般的完成任务,不追求突出成绩。工作业绩与报酬多少不挂钩,尽管一定周期会主要依照评价员工的表现及成果的结果进行固定薪酬的调整,但也会导致员工的工作积极性和工作效率越来越低。工作能力强的员工外流,导致企业需要重新招聘、培训员工,使费用增加。

2. 佣金制

主要适用于球场数量多、销售任务重的球会，如深圳观澜球会、山东烟台南山球会。对销售人员或销售公司给予的佣金多，以刺激推销积极性。

（1）佣金制的优点

由于报酬明确地同绩效挂钩，因此它可以吸引高绩效的员工。在球会员工收入主要是以佣金制为主，即按照销售金额的比例提成。由于会籍的标额比较大，而现在又处于高尔夫运动发展的初期阶段，这就会使员工的收入较高，因为佣金制可以极大地调动员工的积极性。所以管理人员一般都认为这种利润分配方式便于操作，可以减少麻烦，佣金基准量也易于理解和计算。

（2）佣金制的不足

员工只注重扩大销售额和推销额项目，而忽视培养长期顾客。员工之间的收入差距会拉大，部分业绩差的人会产生心理不平衡，相互争夺客户的现象就不可避免。更严重的是，因为佣金制是以销售量作为分配的标准，属于"按件取酬"，所以员工缺乏对团体的依附性和归属感，直接影响员工的忠诚度。由于员工对未来缺乏预期，注定要采取短期行为，而且有可能欺瞒客户，向客户提出不可能实现的承诺，从而影响球会的信誉。

3. 薪金与佣金的混合制

大多数球会在初创期，对销售人员采取混合薪酬制度的方法，即底薪加提成的方式，以达到既保证员工的基本生活稳定又起到了激励员工的作用。

（1）底薪

底薪为员工提供最基本的生活保障，球会可根据球会的整体收益、员工服务期限的长短等因素分一定的等级发放。一般来讲，确定底薪的标准取决于以下几个因素：首先是员工的生活费用，如果薪酬不能够让员工维持基本的正常生活，员工肯定会另谋出路；其次是同地区同行业的市场行情，如果底薪低于其他球会的同等水平，则会增大招聘的难度；另外，新员工的实际工作能力也非常重要，应该考虑到工作年限的差异，可以比老员工低一些。当然一些球会确定底薪后，会确定一个基本的销售目标。

（2）佣金率的确定

佣金一般按完成销售收入的比例计算。球会销售产品主要是会籍，在这种条件下，把支付佣金与推销会籍多少联系起来，能够刺激员工实现球会的经营目标。

从球会角度，固定底薪比例过大而用于刺激的报酬较少，则对鼓励销售不利。总报酬中用于刺激的比例越大，对企业越有利。根据球会在行业中的地位，参照行业平均水平，合理决定佣金率。有底薪的球会佣金率会低一些，一般在球会的销售初期,佣金率可以定的偏高一些,当球会会员发展到一定数量后,佣金率应适当调低些。

(3)佣金计算

员工的佣金数 = 员工销售贡献总额×佣金率

这种方式使员工的个人收入与球会的整体利益挂钩,增强员工对公司的归属感。

4. 薪金与小费

球会球童实行底薪加小费的方式。小费多少根据球童提供的服务质量,由顾客自愿支付。这对提高球场服务水平和球童自身素质提高起着重要作用。

四、提高产品质量与经济效益

球场产品质量好坏,决定着球会的市场地位,影响着球会经济效益的高低。产品质量是球会的生命力,是球会树立良好信誉的基础,球会要想占领市场,赢得顾客,就必须树立质量第一的观念。必须全面地理解顾客对于草坪质量、服务、价格等方面的需求和期望。球会的产品标准是产品质量高低的依据。草坪和球童服务应尽量采用国际先进标准,在我国,球场球道和草坪通常依据美国高尔夫球协会(USGA)的产品标准,球童服务则借鉴英国皇家古老高尔夫俱乐部(R&A)的标准。像云南春城高尔夫球场的草坪一致以国际锦标赛球场标准为依据,多年来球场的草坪尤其是果岭始终保持最佳状态。高标准可能意味着高的投入,同时会产生高的质量。所以春城高尔夫球会的球场品质一直得到业内认可和球手们的好评。

球会质量管理较普通产品复杂,不仅涉及到员工、部门、制度,而且很大程度上依赖外部的天气条件。球会质量管理首先要拥有一批素质优良的员工和管理能力强的管理团队。其次要在完善的质量管理制度规范下共同努力,将产品和服务中的每一个环节把握好,才有可能实现最终的经营目标。质量管理是通过服务过程来实现的。球会内的每一项活动或每一项工作均包括一个或多个过程。质量管理是一种以追求更高效果和效率为目标的持续活动。

在球会管理中成本管理的作用与质量管理的作用是同等重要的。成本管理是提高球会经济效益的关键环节之一,尽量减少球会在生产经营过程中的消耗,以达到经济效益最大化是每个球会的最低目标。球会质量管理贯穿于生产的各个环节,要保证生产活动的有序进行和使任何一种产品具有高水平的质量,就需要运用工作流程标准化来降低劳动强度和物质消耗。工作流程的先进性直接反映着球会的生产能力、生产水平及产品质量的高低。球会管理要在实现提高产品质量的同时,降低成本,提高效益,使球会在激烈的市场竞争中,处于较为有利的地位。

五、个人价值实现与球会文化建设

人力资源是球会经营管理最基本的要素。球会是员工个人价值实现的舞台，每个员工的价值是建立在球会发展基础之上的。每个员工只有以高度的责任感和敬业精神积极投身到工作当中，将个人价值与球会发展相统一，个人价值才能得以完美展现。同时，球会的成功源自于每个员工的劳动付出，员工实现自我价值是推动球会发展的根本动力，它们二者是相辅相成、相互依存的关系。然而，由于人都是相对理性的，表现为行为机制存在着许多非理性的成分，人们只关心自己的目标的实现程度，总是倾向于个人价值观作为其行为机制的指导。员工个体行为相互冲突会损耗球会的内部凝聚力，无法实现球会价值的最大化，所以，要赢得员工对球会企业文化的认同，使个人价值观与球会价值观协调一致。企业文化是指一系列企业员工共同拥有的、能够影响单个员工偏好和行为的价值观、信念与行为规范。个人价值观与球会文化有共性的地方，也有矛盾和不和谐的地方，有效途径就是寻找到共性的地方并用球会文化去影响和重塑个人价值观，并使两者达到真正的融合。衡量个人价值的主要标准要看个人对社会的责任和贡献，以及社会对个人的尊重和满足。

在球会内部营造一个公平、信任的良好的工作环境，培养员工良好快速积极主动负责的工作习惯，营造和谐高效顺畅愉快的工作氛围，充分调动员工的积极性、主动性和创造性，使人的价值在工作中得到体现与实现，使球会的经营管理业绩得到提高。在现代球会中，每个员工在满足个人需要与发展的同时，也在满足球会的需要与发展，把个人劳动的目的同球会的生存、发展联系起来。每个员工对球会的贡献应给予公正合理的评价与激励，使员工个人价值能在为球会的贡献中得以承认和实现。因此，现代球会应该把社会责任和员工个人价值的实现融合起来。员工对球会要做到忠诚，时刻关注球会的发展趋势和变化，最终在球会发展与社会进步中，实现个人价值。任何一个员工，假如没有与球会共同发展的信念和价值观，他也绝对不会成为一个优秀的员工。每位员工都应树立正确的价值观，将个人价值的实现与球会的生存、发展统一起来，本着对球会发展的责任感和使命感，立足本职，岗位成才，发挥自身优势。

员工价值观与球会文化的融合，会形成强大的凝聚力，个人价值观的集合会使球会文化的内涵丰富多彩。企业文化可以节约沟通和监督成本，是一种战略资源。口号、行为榜样、惯例可以被看成是与员工沟通的低成本方式。球会文化使员工个人目标得以实现，能够提高球会运行的效率，提升品牌的含金量，增加产品的价值，从而增强球会在市场上的竞争力。因此，在球会文化建设中应强化以人为本的意识,使球会成为全体员工都具有使命感和责任感的共同体。要结合球会的特点和发展的走势把球会文化建设贯穿于各项活动之中,使员工在工作、学习、生活的各个层面,都能汲取球会文化所带来的营养,构筑一流的球会,雕塑凝聚力极强的战斗群。企业文化一旦建立,就会以许多不同的方式长久存在下去。新员工通过培训课程或老员工的指导自然融入到企业价值观和团队风格中。长期不懈地创造和建立自己独特的球会文化,培养职工树立共同的价值观,使球会保持生机和活力。球会文化反映了一个球会内部隐含的主流价值观、态度和做事的方式。球会文化可以使公司产生凝聚力并且提供竞争优势。球会文化是球会可持续发展的最重要关键因素之一。

六、球会间竞争与合作关系

在现代市场经济环境中,竞争已成为球会发展的活力和动力。球会间的竞争是球会发展的必然。球会的竞争集中表现在球会的服务品质和球场产品质量的竞争上。球会要在市场中获得消费者的认可,就必须始终保持球场产品质量,提高产品竞争力。通过竞争使球会树立顾客第一的观念,努力改善服务态度,提供主动、热情、周到、细致的服务,提高服务质量。通过竞争促进球会经营管理的改进。球会要实现节约资源和增加利润的目的,就需要提高劳动生产率,减少劳动消耗,不断改进经营活动。球会经营成功在很大程度上取决于球会人才的数量和质量。竞争迫使球会更好的培养自己的技术、管理和服务人才。同时,员工为了自身的利益,就必须关心、并投入到球会的生产经营过程中。竞争是一种强大的推动力,它能促进员工队伍素质的提高,调动球会员工的积极性。

根据拜瑞·内勒巴夫(Barry J. Nalebuff)和亚当·布兰登勃格(Adam M. Brandenburger)合著出版的《合作竞争》的观点,球会经营活动是一种特殊的博弈,是一种可以实现双赢的非零和博弈。为竞争而合作,靠合作来竞争的竞争理念成为当前球会竞争的新模式。而尼尔·瑞克曼(Neil Rackham)提出的合作竞争成功的三大要素,即贡献(Impact)、亲密(Intimacy)和远景(Vision)是合作竞争成功的基础。

建立合作竞争关系后能够增加实际生产力和价值。贡献是合作竞争成功要素中最根本的要素,是成功的合作竞争关系可以存在的原因。贡献主要来源于三个方面:一是减少重复与浪费;二是借助彼此的核心能力,并从中受益;三是创造新机会。

成功的合作竞争关系超越了一般的交易伙伴,具有一定的亲密程度,这种亲密是在传统的交易模式下不存在的。要建立这种亲密的关系,球会必须:一相互信任,相互信任是建立合作竞争关系的核心;二是信息共享,促使信息和知识的快速流动，降低信息收集和交易成本；三是建立有效的合作团队。

远景是建立合作竞争球会的导向系统，它描绘了合作球会所要共同达到的目标和如何达到目标的方法，成为建立合作竞争关系球会的活力源泉。

一个单体球会联合若干球会形成分享市场、共享客源的优势，增强了球会在市场上的竞争力。它可以形成以下几方面的优势。

（1）规模效应

合作有利于球会变单体优势为群体优势。首先，单个球会各自的相对优势在合作竞争的条件下得到了更大程度的发挥，如球会的地理优势、球场的难度和挑战性等，降低了球会的单位成本；其次，合作使球会的营销进行了优化组合，接待规模和接待能力得到提升，放大了规模效应。

（2）成本效应

球会通过相关的契约，建立起稳定的合作关系，降低了球会的外部交易成本和内部组织成本。同时，由于合作球会间要进行信息交流，实现沟通，从而缓解了信息不完全的问题。合作球会间的信息共享，也有助于降低内部管理成本，提高组织效率。

（3）协同效应

合作竞争扩大了球会的资源边界，不仅可以使球会资源互补融合，而且可以提高本球会资源的利用效率，特别是球会间在淡旺季时的会员、球童等生产要素的有序流动，有利于生产力要素的优化。再次，合作提高了球会经营的灵活性，使球会整体的竞争力得到了提升，有利于建立稳定的市场。

（4）创新效应

合作球会可以促进在草坪管理、球童培训和赛事组织等方面的学习交流，从而有利于合作球会间传播知识和应用知识，同时也有利于球会将自身的能力与合作球会的能力相结合创造出新的能力。此外，可以更加关注行业的动向和产业发展动态、跟踪外部技术、管理创新等，为球会提供了新的思想和活力，大大增强了球会应对外部环境的能力。

七、经营计划的执行管理

经营计划管理营业部是分解、细化、落实球场经营计划的关键部门。高尔夫球场具有产品不可储存的特征，需要将球场全年的经营计划落实到季、月，甚至每天来执行。经营计划的分解为未来的工作指明方向，经营计划落实最终表现出的直接结果就是每天需要完成的工作任务或工作量。合理的工作任务是运行管理的基础。

高尔夫球场特定的经营周期限制了经营计划的制定。一年中有淡旺季、一周中有忙闲时间、一天中早晚人数有差别，所以营业部的经营计划要具体且有针对性。

（一）经营计划制定的依据

经营计划就是尽量使球场接待能力最大化。这是产品的不可储存性的基本要求。营业部在制定经营计划时要充分考虑内外部因素，并根据不同的时间段来调整生产能力。外部因素一般来说是球场无法控制的因素，如需求的季节性（消费者）、竞争者、经济环境等；内部因素主要是球场接待能力、员工的素质和数量、运作的有效管理。

1. 市场销售预测

球会应根据市场经济环境的变化制定经营计划。一是要协调内部生产能力，分析每项业务的市场情况及自身现状，结合往年的业绩，制定每项业务销量目标；二是要基于市场的竞争格局，根据季节和需求周期的不同，对球场产品价格进行预测，在尽可能扩大销售（或营业）收入的前题下，有效进行需求管理，在淡季时开展促销活动和降低价格刺激消费，在旺季时，提高价格来限制消费，并提出具体市场举措及实施计划。

2. 经营计划的成本因素

高尔夫球场成本，是指各部门为完成销售额指标而付出的营业成本和营业费用之和，再加高尔夫球场的管理费。如何利用这些生产要素，使占有和耗费的资源最少，成本费用最低，这要求高尔夫球场计划管理时全面掌握各生产要素的资料及供应状况。分析各业务单元上一年度报表中运营成本及结构，确认成本驱动因素；根据市场预测及销售目标制定各项运营成本目标和总体成本目标（通常是营业收入的百分比），提出并分析控制成本的具体举措。其中了解支出的项目非常重要，但了解支出的源流也同样重要。只有这样，才能找到有效的开支控制管理的办法。以下是一些必须关注的支出项目：

① 果岭维护费；
② 专卖店进货开支；
③ 管理和会所维护费；
④ 食品饮料原料费用；
⑤ 劳动力成本：工资、福利、加班费用等；
⑥ 促销费用：广告、宣传、佣金等；
⑦ 生产能力的库存费用。

（二）主要经营计划指标

经营计划指标应是每一个具体产品在具体时间内的生产销售数量。具体时间一般以季、月、周、日为单位。只有当经营计划分解到每一天，分解到具体产品上，使每个部门、每个员工明确在特定时间内要达到的具体任务，球场营运管理才具有可操作性。这样，经营计划就成为高尔夫球场切实可行的经营目标。这些目标成为部门工作努力的方向，也可调动高尔夫球场职工的积极性，并可以激发职工尽力做好工作的兴趣和愿望。

高尔夫球场经营计划指标可分为两大类：一类是质量指标，另一类是数量指标。

1．质量指标

质量指标是用来表示高尔夫球场的人力、物力和财力的利用，以及在经营管理活动中服务质量和工作质量应达到的水平。质量指标通常是用相对数（百分比）来表示的，如高尔夫球场的出租率、利润率、毛利率、劳动生产率以及设备完好率等等。

2．数量指标

数量指标表示计划期间高尔夫球场在经营活动中应该达到的数量要求。通常是用绝对数来表示的，如高尔夫球场的接待人数、营业额、利润额、成本总额及能源消耗量等等。球场经营的直接收入或相关收入与球场出租的次数直接相关，还与会员的会费收入和餐饮服务的收入等有关。球场中与收入相关的各个部门的情况组成，其中包括果岭费、每年的会员会费收入、球车租赁费、饮料食品收入、专卖店收入、练习场收入、广告收入及其他活动收入。

高尔夫球场主要营业指标有：

（1）销售额

高尔夫球场的销售额是各部门销售额的总和。高尔夫球场营业收入是反映高尔夫球场经营效果的价值指标。这一指标要求用两种方法确定：一是以下场人均消费数测定；二是由高尔夫球场各种营业收入汇合而成。而高尔夫球场的下场费收入和相关收入汇合起来称高尔夫球场总收入。高尔夫球场的营业额指标要每天、每月、每个业务季度、每年都进行统计，以此了解高尔夫球场业务信息，为高尔夫球场提供市场分析依据，了解相关的收入源流，并分析存在的不足。

（2）接待人数

高尔夫球场接待人数是指计划期间高尔夫球场接待的下场打球的人次数的总量。

（3）会员人数比

会员占接待总人数的比例，以及各类会籍的销售情况及统计数。

（4）人均消费额

人均消费指标体现了高尔夫球场经营水平的好坏和高尔夫球场本身的质

量。提高人均消费额对高尔夫球场经济效益的增长有着重大意义。

人均消费额=销售额／接待人数

（5）人均销售额

人均销售额=销售额／高尔夫球场平均职工人数

（6）利润总额

利润总额是高尔夫球场在计划期内实现的全部利润。

利润总额=经营利润＋营业收入－营业外支出

（7）利润率

这是高尔夫球场经营管理水平的一个综合性考核指标，高尔夫球场经济效益好坏程度如何，主要从资金角度来考核，于是，资金利润率是考核高尔夫球场经济效益的最主要指标。资金利润率=利润总额／资金总额

（8）设备完好率

设备完好率指标是指高尔夫球场可使用的设备与全部设备之比。对直接供客人使用的设备应力争完好率达百分之百，以保证服务质量。

（9）能源消耗量

这项指标是指计划期间在达到接待人数和销售额的情况下消耗水、电等各能源的消耗指标。特别可针对球场养护的单耗指标。

（三）经营计划的执行

经营计划的制定并不是最终目的，关键还在于把经营计划落到实处，使之成为球会营业部未来一年经营活动的具体纲领，成为实现球会整体战略的基础。一是，通过全面预算管理将经营计划进行详细分解，必须做到每项收入都有合理的来源，每项费用都是合理的支出；二是，将经营计划与经营者的业绩考核直接挂钩，一般以此作为来年经营者考核的基础依据，增强经营计划的业绩导向性，促进经营者严格按照经营计划要求执行。为确保经营计划得到严格执行，应安排定期的跟踪制度，如月度性关键业绩指标跟踪制度等，及时监控经营计划的实施情况，确定进度差距，并制定缩小差距的改进计划，这将有利于降低日常运营的不确定性及风险。

八、自主经营、外包经营和委托管理

（一）自主经营

自主经营就是球会自己管理，有利于根据球会长远目标与发展战略，统一利用球会资源，统一规范服务标准，承担经营风险。但目前球会自主管理面临的是专业人才短缺和职业经理人综合素质不高等问题。

（二）外包经营

外包是指在企业内部资源有限的情况下，为取得更大的竞争优势，仅保留其最具竞争优势的核心业务，而把其他业务借助于外部最优专业化资源予以整合，达到提高绩效、提升企业核心竞争力和增强企业对环境应变能力的一种管理模式。

任何球会所拥有的资源都是有限的，不可能在所有的业务领域都获得竞争优势，因此，球会必须把有限的资源集中在自己的核心业务上，将非核心业务、核心业务的外围服务业务、辅助业务拿去外包。目前，一些球会将专卖店、餐厅、练习场等业务外包给较优秀的专业公司经营，减少对球会利润贡献微不足道或不带来利润的经营环节。达到提高球会业务能力、改善球会服务质量、降低球会成本、提高利润的目的。

但是，因外包经营商是独立的民事主体，在法律地位上与球会是平等的、相互独立的，经济利益的获取是其合作的动力，所以，业务外包常会因经营商与球会在文化、理念上的差距，导致双方在沟通协作上产生障碍。另外，业务外包可能造成球会秘密及客户信息的外泄，导致球会信誉方面的危机，引发客户的投诉。

（三）委托管理

球会管理公司与球会业主方签订委托管理合同，派出以总经理为首的经营管理班子，发挥管理专业特长和管理优势，对球会的经营结果负责，按照经营业绩定期提取委托管理费。委托方授权管理公司在接受管理期间，对球会经营管理有充分的决定权和指挥权。

1. 球会开业初期的主要工作

（1）逐步建立健全球会各项规章制度，完善机构设置。

（2）招聘员工，强化人员培训，建立岗位责任制。

（3）制定市场营销计划，加强会籍品种设计与销售。

（4）为球会定位，制定并实施中长期品牌经营计划。

（5）有计划地为球会培训一支能自行管理、经营、具有良好职业素质的管理队伍，最终使球会能在最短时间内独立经营和管理好球会。

2. 管理公司日常经营管理工作

（1）通过各种途径，努力提高球会经济效益。

（2）按时提交球会年度经营方案和财务预算与决算。

（3）不断引进先进适用的经营方法和管理经验，不断提高球会的管理水平。

（4）负责编制和健全球会的各项规章制度。

（5）利用管理优势，在管理公司所属球会内安排球会员工的培训和实践。

（6）其他必须由管理公司办理的一切有关事宜。接受委托管理的球会只有在效益上取得成绩，其高效、先进的管理才能吸引业主目光，同时才可能改变球会的经营观念。

案例：朝向高尔夫管理公司的经营理念

朝向高尔夫管理有限公司是朝向集团的四大主营业务之一。公司秉承"品牌就是细节"的宗旨，以服务为基础，以品牌为核心，以市场为先导，输出一流的球会管理。经过近几年的快速发展，公司成为国内最具知名度的专业高尔夫管理公司之一。公司已先后全面管理了玉龙雪山高尔夫俱乐部、大连金石高尔夫俱乐部、贵阳高尔夫度假中心、深圳世纪海景高尔夫俱乐部、湖南长沙龙湖国际高尔夫俱乐部、天津帝景高尔夫俱乐部、中信常平高尔夫俱乐部、顺德君兰国际高尔夫俱乐部、深圳云海谷球会等10多家球会。

高素质的管理团队是公司不断发展的最宝贵资源。公司拥有一支由资深球会管理人员组成的专业管理队伍，他们在长期从事球会管理工作中，拥有一流球场的管理经验，担任过从部门高级经理到总经理的职务，部分人员有在国外学习高尔夫管理的经历，并有效地融合了东西方文化和管理的精髓。公司现拥有球会总监级以上干部29名，部门经理级以上干部60多名。经营团队中，75%拥有大学本科及以上学历。公司定期从知名大学和球会招聘储备管理人才，并选派员工参加高尔夫领域的研讨会，参与专业进修学习，保证员工队伍拥有丰富的高尔夫专业知识和最新的经营理念。朝向集团陈朝行总经理强调"专业、诚信、稳定的团队是公司持续、健康发展的保障。"公司通过一系列的制度建设来保证管理团队的团结、稳定。如以公司发展目标为平台的职业生涯管理，实现员工和公司的共同成长；以价值创造为导向的绩效管理和薪酬制度，培养了员工的敬业精神、忠诚勤勉。朝向公司凭借强大的人才优势，保持在高尔夫球会管理方面的领先地位。

朝向管理公司以球会制度规范、业务流程的经验积累为基础上，结合国际球会管理理模式形成一整套专业、科学、规范的球会运作管理理念，编制了一套高度规范的既有国际球会先进管理水平又符合中国国情的操作手册及服务标准，使球会的操作程序规范化，管理标准化。这是超向管理公司获得市场机会的基础和成功管理球场的关键。朝向管理公司凭借已有的标准能在最短时间内把握被管理球会局面、理解现状、迅速提出解决问题的方案。球会管理过程中既以人为本，又严格执行标准化管理，将所管理球会引导走上规范运作的轨道，增强在市场上的竞争力。

朝向管理公司从被管理球会的长期利益出发，根据实际情况和业主的发展战略，依靠赛事打造球会品牌。朝向管理公司利用自己的赛事资源，将"中国业余高尔夫球巡回赛"等国家级赛事选定到被管理的球场，通过赛事的举办，吸引了国内外球手和媒体的高度关注，在业界和大众中提高了球会的知名度。玉龙雪山、世纪海景、天津帝景等都成为业界知名的品牌球场。

草坪是球场质量的保证。公司管理队伍中有一批草坪管理专业人才，特别是拥有留美高尔夫草坪学归国的博士，使朝向管理在草坪管理上具有突出的优势。

朝向公司针对很多球会对管理公司只顾短期效益，根本不会考虑长期效益的担忧，强调与委托管理球会发展一种长期的合作关系。公司凭借专业经验和技能为球会建立高效率的管理体系，及长期的市场推广和销售模式，既为帮助球会短期拓展市场，扩大销售业绩，带来切切实实的应有或者超值的回报；又提高球会的服务质量和服务水准，为球会寻求持续发展打下基础。

案例分析：

1. 高尔夫管理公司越来越多，与其他公司相比，你认为朝向高尔夫管理公司的主要优势是什么？

2. 球场聘请专业管理公司的期望是什么？专业管理公司与球场的主要矛盾可能有哪些，如何协调？

思考题：

1. 解释并说明球会质量经营理念的内涵。
2. 分析球会的时空管理是如何结合的？
3. 球会可以通过哪些方式支付员工的报酬？
4. 举例说明并分析两个球会之间的竞争与合作关系。
5. 高尔夫球场主要营业收入指标有哪些？
6. 举例说明球会的经营计划是如何执行的。

第三章 高尔夫球会制度

第一节 高尔夫球会的组织构建

当一个企业内部的组织结构比其他企业更有效率时,它就更具有竞争优势。所以,球会的经营管理要从建立内部高效率组织结构开始。球会的组织构建是围绕高尔夫球场和会所设施的出租而展开的,通过接待、会籍销售、球童服务、会所服务、球场养护等环节,使各部门形成有机结合的整体。因此,高尔夫球会是由各服务部门构成的具有独立运作能力的有机体。

一、高尔夫球会的功能系统

(一)高尔夫球会的功能系统

高尔夫球会根据客人的活动规律,围绕客人整个消费流程,形成了由接待服务到后勤保障的一系列不同功能的服务系统。这个流程可以分为接待、下场打球、用餐、结账等阶段,各功能部门既具有独立运作能力,又要相互协作。

第一,接待阶段。客人到达球会后,首先要做好接待工作。当客人来到会所门口时,球童应主动帮助客人卸下球包,清点好球杆,填好球包卡后交给球手,将球包送到出发台前等候。有些球会还在门口安排有迎宾员负责接待工作。然后指引客人到前台办理登记手续。确认客人的出发时间、同组人数、收费标准,安排更衣柜、球车等,快速帮助客人办好登记手续。

第二,下场打球服务阶段。当客人办理好登记手续后到出发台,根据出发时间,安排球童和指定出发球道。球童要全程陪同并服务客人打球,根据高尔夫规则做好客人的参谋,不仅要把球会的设计理念传达给球手,而且需要协助修补草坪,同时要保管好球手的球杆等物品。球童服务好坏直接影响客人打球的成绩或心情。打完球后球童要将球包整理好放到会所前。

第三,更衣、用餐阶段。客人打球后回到会所更衣、用餐等,这时围绕客人在会所的消费做好服务也非常重要。

第四，结账阶段。客人在球会的所有消费，在前台结账。

整个流程中各自不同功能发挥不同的作用，保证球会的正常运转，为客人提供各环节服务。各个功能的有机结合构成了高尔夫球场整体赖以生存的基础，并对高尔夫球会的整体经营起着决定的作用。（如下图）

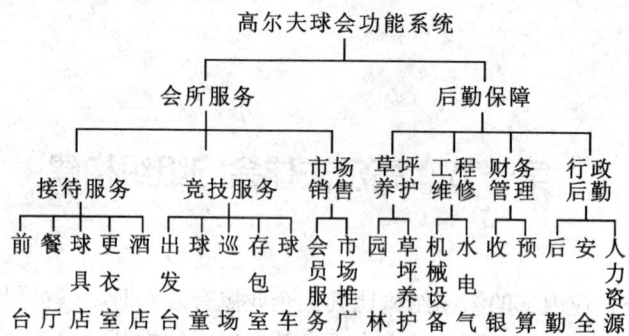

（二）球场营运的支持系统

1. 硬件设施要素

球会的硬件设施是构成高尔夫球会特色、开展球会经营的基础。构成支持球会营运的硬件设施主要包括高尔夫球场球道、球场总体风格、球场给排水系统、灯光系统、电脑网络系统、球场草坪养护设施、会所水电的供应系统、空调系统、闭路电视、会所的建筑物、会所物质供应、员工生活设施等。因此，硬件设施的质量和数量基本决定了球会的经营档次和经营能力。

2. 软件要素

软件要素是保证高尔夫球会的各项业务活动有效顺利开展的非物理性质的要素。包括高尔夫球场组织结构、经营理念、规章制度、员工守则、作业流程、服务程序、管理手段、球场信息系统等。软件系统反映了球会的管理水平，并直接影响经营效率。

二、球会的部门设置

（一）球会部门设置

高尔夫球会管理者为了球会高效运作并实现其经营目标，应根据球会功能特征，按业务流程，科学设计管理的单位或部门，明确球会中各项任务的分配与责任的归属，以求分工合理、职责分明。

1. 球会按专业化原则组建相应的职能部门

球会部门设置首先是考虑业务活动的特点，把性质相近或联系紧密的工作进行归并。清楚地界定每个部门具体的业务范畴及其成员的权责角色。每个工作岗位配备具有相应知识与技能的员工，有助于提高部门及个人的工作效率。只有各个部门的服务更加专业化，才有利于球会整体功能的最大发挥。一般情况，球会根据业务活动的性质和内容常可划分为以下的主要部门：

主要部门	主要职责
营业部	承担接待服务，包括客人预订、接待、用餐、购物、洗浴等；
竞技部	为客人提供竞技服务，包括出发安排、球童服务、球车服务，巡场管理，租用球具服务等；
会员部	负责会员会籍管理，并为会员提供相关活动与服务，处理客人投诉等；
营销部	承担球会产品的市场销售与推广；
草坪部	负责球会球场以及练习果岭等区域草坪与植物景观的养护与质量监控；
财务部	作为球会经营参谋，主要职能是为决策和预算提供数据；
行政人事部	为球会日常营运提供后勤、保安和行政管理服务，目前我国大多数球会还兼顾员工招聘、福利和培训等。

2．按精简管理层次设置部门

目前，越来越多球会根据自身经营活动的特点，按精简管理层次、控制管理幅度的原则设置部门，以利于提高组织效率，降低费用开支。一些球会将营业部、竞技部和会员部等功能集中在一起成立会所。这样有利于协调各职能部门之间的关系，提高服务效率。另一些球会将营业部和竞技部整合为营运部，也称为运作部，而一些球会根据市场销售的任务特点，将会员部和市场部合并为会员部等。各球会具体的部门设置越来越倾向偏平化，减少管理的层次。

3．根据市场交易费用边界设置部门

凡球会的部门设置需要考虑市场交易费用的边界，交易费用不仅要考虑经济成本和效益，也要考虑员工心理上的成本和效益；也就是指员工精神和生理上的厌倦、疲劳、压力。一般大于市场交易费用的部门功能就应通过市场交易去实现。当球会的某项业务发展到一定规模后管理工作变得更加复杂，或是出于球会发展的战略需要，此时，应当授予该业务更多的部门权限，使他们对该产品经营的利润负起责任。这种趋势在各球会中正逐步实践。如球会建立一个大中型的酒店，将酒店设立成为独立部门；还有一些球会学员培训达到一定规模，并成为球会一项主要收入来源，可将此业务设立为独立的部门，设立专业的高尔夫学校。这样，不仅有利于球会明确责任，充分发挥人员的技能和专门知识，也有利于球会产品和服务的完善和特色发展；从全局着眼，也便于球会经营者把握各种产品或产品系列对总利润的贡献。

高尔夫球会的功能部门具体业务范围如下图所示：

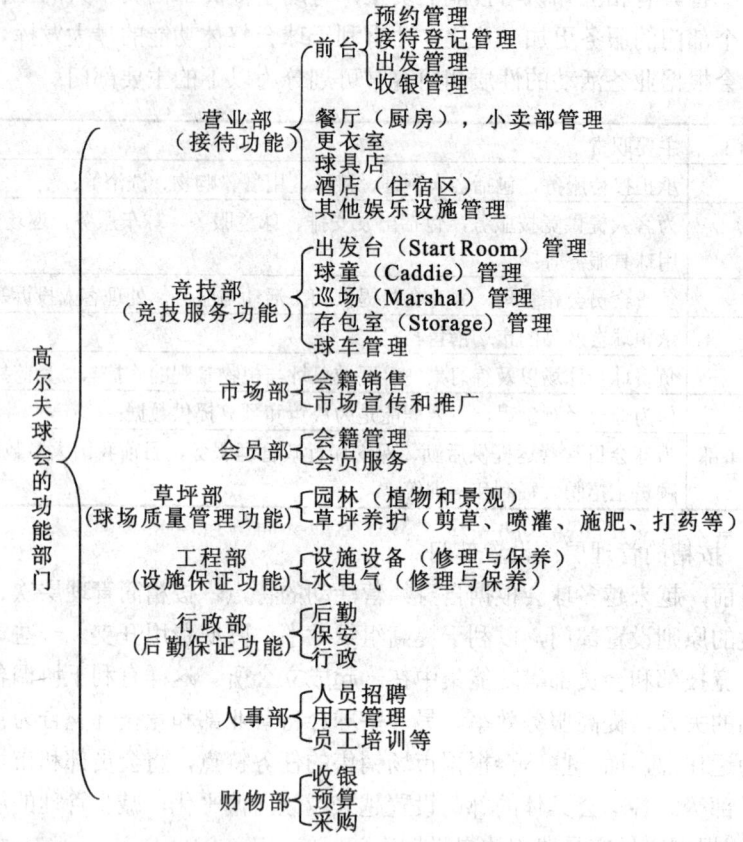

（二）球会工作岗位特点

一个球会要想高效率地运作就必须要以良好的制度设计为基础，通过有效的制度设计，减少球会运作中的内耗，节约监督管理成本。岗位责任制是保证球会良好运转的一项基础制度设计。把球会的各项工作按照内容、性质和特点，层层分解到各个岗位上，并且确定各个岗位的职责、权限和利益，形成责权利对等的岗位管理体制。实行岗位责任制要坚持因事设岗、职责相称、责任一致、责任分明、任务清楚、要求明确，便于考核的原则。

1. 岗位的专业技术性

球会的大多数工作需要技术和专业知识。球会无论是球童、草坪工还是各层管理人员都需要很强的专业知识和技术经验。他们的能力、学历、经验决定了整个球会的营运能力。专业知识一方面是进入该工种的门槛，另一方面强调对员工培训的重要性。一旦员工掌握相应的知识，工作就有更多的自主性和自我引导性。

2. 球会工作的创新性

球会的工作并不是简单重复性工作，而是创造性和灵活性的结合。球会需要将管理行动建立在个人内在价值观上，运用创新和关心的智慧。草坪养护或球童服务都需要员工以新的方法来解决每天面临的新问题。关心顾客在球会服务工作中变得越来越重要。好的员工能培养顾客的忠诚，能让顾客感受到真诚的关心。

3. 球会工作的团体合作

目前高尔夫球会的工作在一定程度上都依赖于团队的力量。高尔夫球会的很多工作是复杂且多维的。如赛事项目的复杂性要求球会寻求合作来完成工作，其中需要通过同级水平沟通，不同部门之间相互配合协调，大家齐心协力，才能完成。所以工作中需要跨越组织界限形成团队合作。

4. 球会文化

每个球会都有属于自己的文化。一是球会管理者通过管理风格和理念让球会的每个员工认同球会的文化；二是管理者通过自己的管理、领导能力，将这种文化渗透到每个员工的心中，形成整个组织的凝聚力和向心力。

5. 球会工作项目

高尔夫球会的赛事活动等项目性工作较多，每个项目通常都需要一个跨部门的小组来完成。这些小组随着项目的进展一起学习，参与是广泛的，并且小组是在反馈指导下工作而不是靠命令。

6. 球会工作多技能性

高尔夫球会的员工需要掌握多重技能才能顺利完成工作。草坪员工不仅要懂得草坪营养知识、土壤学知识，还应掌握相关的机械常识。同样，球童也需要掌握球具、球杆和打球技能，更需要掌握规则并在场地中运用。

三、球会职能分工与协调

现代企业的基本特征是分工与协作的高度发达。分工可以提高效率，增强工作熟练程度，提高工作质量。但分工之后，员工间容易各自维护自身的分工利益而产生局部观念，如不加以协调，分工就无法进行有效的协作。高尔夫球会以向球手出租有形场地为基础，并提供无形服务，整个过程发生在不同部门和不同业务之间。协调是通过不同部门、不同业务之间的调整联络等活动，使各部门的业务活动和谐一致，使球会各部门、各业务间有条不紊地开展工作，从而使各部门各业务活动互相配合、互相衔接、互相制约、互相促进，形成有节奏地协调运转。

（一）计划协调

为保证经营业务活动的正常开展，防止高尔夫球会所使用的各种资源在数量、质量上产生偏差，需要最高管理层和各部门经理收集和研究大量的信息，以满足在制定营运计划时，对涉及各部门的计划分解与球会总计划目标的衔接，需要对完成球会目标任务的资金、物资、人员、业务安排进行协调和平衡，对各部门业务进展和完成计划进度的平衡和协调，保证各部门计划具有可操作性和有效性。

（二）业务协调

球会各部门各种业务的进行都必定会与其他部门和其他业务发生联系，产生部门间和业务间的互相制约。发生联系要加强协作，互相制约要排除牵制，充分发挥协调职能的作用。从各级管理者角度来说，业务协调需要球会经理和其他管理人员在现场指导、监督下级进行具体作业活动，以保证作业人员按计划规定的目标和程序工作。尤其是中层管理人员必须在业务实施现场指挥，在现场实施控制、指挥、监督，保障业务过程的正常进行，防止发生意外事件，若发现偏差，应立即纠正。为使业务能按计划有次序地整体衔接组合，共同完成球会的经营，需要用制度的规定，采用制度协调的形式来进行工作。

现场控制更多的是需要管理人员的实际操作技巧和人际关系技巧。实际工作技巧是要求快捷和有效地完成员工的工作，而人际关系技巧包括沟通、领导艺术、了解员工的工作意识等，以便于组织、管理和协调各个部门人员和其他部门人员之间的工作。因为组织是在人员和组织层面间建立指令流动和沟通，而协调则是指有效地利用资源完成球会的既定目标，并通过良好的计划和有效的组织来协调员工的努力。所以在计划实施阶段，管理人员必须有权分配任务、发布指令和做出决策，同时保持与其他部门和地区的良好沟通和协作。

（三）协调的原则

1. 及时性原则

及时性原则是指管理者能及时地发现和解决球会部门之间、人员之间的矛盾和问题。这样，既能减少经营的损失，提高质量，又能防止矛盾激化，便于解决问题。

2. 关键性原则

要从根本上解决关键性问题。管理者解决矛盾问题、协调各种关系，不仅要迅速及时，而且要抓住关键从根本上加以解决，使问题解决一个少一个，并防止同类问题重复发生。

3. 全局性原则

全局性原则要求管理人员在协调各方关系中，决不能损害球会整体利益，要把国家利益、集体利益放在首位。

4．激励性原则

协调要能调动各方的积极性，增强员工的凝聚力和战斗力。通过协调，能使各部门的职责更加明确，更好地发挥各自组织的作用，同心协力地搞好球会的整体经营活动；通过协调，消除隔阂，以增强团结，调动所有员工的工作积极性。

第二节　球会管理制度的作用

制度规范是企业赖以存在的基础，它为球会有序化管理提供了体制框架和活力源泉。球会管理水平的真正提升是实现制度化管理。高尔夫球会组织机构建立后，球会制度的好坏直接关系着在高尔夫球会管理效率和各项经营指标的实现。高尔夫球会的管理制度体现了管理的刚性和原则性。高尔夫球会运营系统的各方面、各环节、各层次均要有完整配套、具体严密的管理制度，它们之间具有内在的一致性，互相衔接和补充，并形成一套严密完整的管理制度体系。高尔夫球会的管理制度是球会规范个人行动、实行科学合理的理性权威管理。在实行作业标准化和质量标准化，保证球会运作的稳定性、约束性的同时，调动员工的积极性、主动性和创造性。

一、球会管理制度的特点

（一）高尔夫规则是球会管理制度的基础

高尔夫球会尽管有各种不同类型和特点，但球会运作管理的核心都是要保证人们顺畅、舒适、安全地完成球赛。高尔夫球会是一个由球手和员工所组成的集体。因此，高尔夫规则作为高尔夫运动最重要的组成部分，不但规范了球手的行为举止，而且要求球会员工在服务过程中必须遵守这些规则。对高尔夫球会经营管理活动中所制定的各种条例、规则、程序和办法等管理制度，也是高尔夫球会全体员工共同遵守的行为规范和准则。任何制度执行的最好效果就是在无歧视原则下产生的普遍的认同心理。

高尔夫规则作为约束人的行为的准则是进行球会管理的主要依据和基础。高尔夫规则内容成为球会管理制度的主要组成部分，根据高尔夫规则的相关条款对整个高尔夫球会进行管理。它不仅对高尔夫运动的规范化起了巨大的作用，球员完全理解并接受高尔夫规则，意味着他将自觉遵守相关规则；而且根据规则制定的球会管理制度，如员工准则、操作程序，对员工而言，只有遵守才能为客人提供更好的服务。综上所述，高尔夫规则无论是其内容、文化内涵还是所追求的目的，都与球会管理制度相一致，都有利于球会管理制度的实施，是制定球会管理制度的基础。

高尔夫规则和礼仪是随着高尔夫运动的发展而逐渐衍变而成的，经过几百年的不断发展与完善，已形成一套非常系统和全面的规范准则。从人们踏入球会到打完球离开球会，都有相应的规则、礼仪来约束其行为。通过规范球员在场上和会所的行为举止，使球员能相互尊重，一起充分享受打球乐趣。可见高尔夫规则与球会管理制度有密切联系。因此，管理者在进行球会管理时应充分利用现存的礼仪规则。高尔夫礼仪既体现了一种人性的魅力，又是管理制度必不可少的规定。所以，高尔夫礼仪是高尔夫球会管理制度的基础。

高尔夫球会管理制度应以国际通行的高尔夫规则为基础，否则高尔夫球会的管理制度不仅不能保证高尔夫球会的高效运行，反而还会制约高尔夫球会的发展。

（二）球会管理制度以保障会员权益为出发点

现代高尔夫球会管理制度是人们在经营管理中实践经验的总结，也是高尔夫球会系统正常运行的保证。制度反映一个球会的基本观念，反映球会对社会、对人的基本态度。管理制度必须从球会生存的根本性问题出发，充分信任和尊重会员的权益、满足会员的需要、为会员提供个性化的服务，包括服务质量、安全。球会的很多制度都是围绕顾客参与制定的，目的是引导顾客正确享受服务过程和体验打球的乐趣。一方面要引导顾客扮演自己的角色，让顾客认识自己在打球过程中的职责；另一方面帮助顾客掌握必要的球场知识，提高顾客体验服务的能力。只要制度立足于顾客需要，就既能规范球会中人的行为，又能保障和鼓励会员或其他球手的参与活动。所以，现代高尔夫球会的一切管理制度，都是经营管理过程中各个方面、各个环节所固有的内部联系的客观反映，一个高尔夫球会管理制度的完善程度，可以从会员或球手对服务的满意程度中得到体现。

（三）球会管理制度应具有科学性和稳定性

高尔夫球会是关于人的组织，而人的复杂多样的价值取向和行为特质，要求高尔夫球会必须营造出有利于共同理念和精神价值观形成的制度和文化环境，并约束、规范、整合人的行为，使其达成目的的一致性，最终有助于球会共同利益的实现。管理制度的出台应建立在科学合理的基础之上，充分体现球会经营管理活动的客观规律，反映现代高尔夫球会生产经营管理科学、成熟、合理的一面。各种制度要齐全配套，相互保证，协调一致，而不能相互排斥，互有矛盾。建立一个保证并提高质量的系统的管理体系，明确保证质量应达到的基本要求，通过对一个组织的各个管理环节的有效控制，使出现问题的可能性降到最低程度，保证产品质量的稳定和提升。

高尔夫球会管理制度在很大程度上反映了高尔夫球会生产经营活动和管理过程的内在要求，具有较强的稳定性。制度的朝令夕改，反映了管理的不规范。只有制度在实施过程中暴露出不合理或在高尔夫球会运行过程中不合乎客观实际，才作相应地调整。只有稳定的管理制度，才能真正地发挥制约作用。

（四）球会管理制度的权威性

高尔夫球会管理制度是高尔夫球会在生产、经营各项活动中需要遵守的准则和规范，一经形成并确立下来，所有成员都必须执行，制度在执行过程中要体现严格平等，保障球会管理制度的权威性。高尔夫球会管理制度作为一种带有法规性质的管理手段，具有无差别性的特点。它不对具体情况和具体人分别对待，而是在制度约束范围内一律平等，没有变通的余地。高尔夫球会管理制度是一套理性的、非人格化的体系，是一系列抽象的、封闭的准则，以制度规范的成文形式确立下来，具有明确的、分明的特征。

管理制度作为高尔夫球会中现实的约束和规定组织中活动和行为的管理手段，需要借助强制性。所谓强制性是指制度发挥作用的力量，如果管理制度没有足够的强制力，就只是一纸空文。在高尔夫球会的管理制度中，强制力主要表现在高尔夫球会最高决策层客观、公正地执行管理制度上，尤其是总经理要成为执行制度的楷模。

二、球会管理制度的作用

（一）良好的制度是球会生存发展的基础

球会之间的竞争表现在产品和人才上的竞争，更深层次的竞争在于制度竞争。有健全、规范制度的球会能留住人才，并激励人才脱颖而出；制度不健全的球会，将制约人才的积极性发挥和成长。良好的制度意味着良好的信任，而具有良好信任的球会在人才竞争中更容易获得优势。

（二）保证高尔夫球会经营活动有序进行

现代高尔夫球会在经营管理等方面，建立与之相适应的规章制度，以指导人们的活动，保证高尔夫球会生产经营活动的协调发展。人的行为是一定制度的反映，不能简单说某种行为合理不合理，而要看这种行为背后的制度合理不合理。人是可以随制度、环境的变化而变化的。可以说，在高尔夫球会实行制度化管理，以制度规范员工的行为，便于员工管理意识的进步，行为观念的提升。将众多人的意志和行动统一起来，是球会经营的客观要求。如果没有合理的管理制度来约束，就会造成高尔夫球会秩序混乱而无法进行正常的生产经营。

（三）协调高尔夫球会各方面关系

管理制度是高尔夫球会内部生产关系的具体反映，体现了所有者、经营管理者、生产劳动者之间的关系。制度化管理体现了球会管理的公正性和公平性，制度详细规范内部的权利和义务，使高尔夫球会运转有章可循。员工普遍愿意在公正、公平的环境下参与工作和竞争。球会的人、财、物在一个有序规范的体系下运作，管理层次清晰，流程运作高效，就可以把高尔夫球会系统中各方面的力量、各个生产经营环节，有机地、科学地组织起来，形成一股合力，发挥高效能的作用。

（四）调动员工积极性和创造精神

制度化管理意味着程序化、标准化、透明化，其根本目的就是为了充分调动高尔夫球会内部的一切积极因素，增强高尔夫球会的活力。制度化管理便于员工迅速掌握本岗位的工作技能，便于员工之间、上下级之间的沟通，使员工最大限度地减少工作失误，促进高尔夫球会生产经营活动的顺利进行。管理制度既要约束员工行为，又不能使制度成为束缚人的思想的条条框框。而换言之，制度是与员工切身利益密切相关的部分，它能从物质分配上、精神激励上，有利于调动和发挥人的积极性，而决不能成为扼杀人的主动性和创造性的桎梏。

（五）增强员工的组织性纪律性

在市场经济条件下，高尔夫球会运作系统内部分工协作更加密切，而且高尔夫球会与社会各方面的联系也更加紧密。任何一个环节出问题，都会使高尔夫球会蒙受损失。因此，管理制度的严密约束作用更加显得重要。管理制度的程序化和透明化，必将增强员工的组织性、纪律性。只有每个工作、每个岗位、每个人都能有条不紊地执行管理制度，高尔夫球会才能高效的运转。

（六）保障球会发展的可持续性

制度化管理使企业的各项工作程序化，形成快速反应机制，使球会能及时掌握市场变化情况并及时调整政策，增强市场应变能力。制度的规范化可以有效避免服务质量的不稳定性，提高作业标准化。球会通过制度规范避免管理者为了获得眼前利益，决策过程任意化而透支未来可能的业绩，侵蚀企业的持续竞争优势。

（七）促进球会与国际接轨

制度化管理是球会管理文化的表现。球会通过各种制度来规范管理者和员工的行为。员工依据其共同的契约即制度来处理各种事务，使球会的运行逐步趋向标准化和规范化。这种管理方式符合国际惯例，有利于促进球会顺利融入国际市场竞争。

三、球会管理制度的执行

（一）制度执行情况的监督

高尔夫球会管理制度，是用来规范高尔夫球会各级管理者和全体员工行为的依据，如果只制定制度，而不执行制度，那制定制度就失去意义了。关键在于实际管理运行过程中，是否依照颁布的制度行事。因此，建立了制度后，必须要建立相应的考核办法、奖惩办法来监督制度的执行情况，使得主管人员、执行人员、检查监督人员要各司其职，互相约束，相互制约，使制度得以严格的贯彻执行，使人们的思想和行为不偏离正确的轨道。用制度管理人时，管理人员和被管理人员可以变换，但制度不能变。制度是刚性的尺子，使用起来千万不能有丝毫的松动。值得注意的是，任何一次对制度变通的执行，都是对制度权威性的挑战，将会使制度在人们心中的地位大打折扣。

（二）引导全体人员自觉执行制度

制度是为了加强企业管理的规范意识，在员工中形成管理规范的观念。球会管理制度执行更为重要的是调动全体人员执行制度的能动性和按章办事的自觉性，最终达到引导高尔夫球会全体人员积极自觉、一丝不苟地遵守制度的目的。如果制度不能完全执行，会损害球会的威信；打折执行，制度就成了摆设。如果一个高尔夫球会，只能是唯领导者的指示而动，这往往会影响各部门的主动性，会出现办事无章法，思想混乱的情况。因为没有统一的规范，部门主管处理起来难度就大，有时甚至是无所适从，其结果必然是工作无秩序。这反而有害于权威性。制度等同于球会的信誉，当制度丧失了信誉的时候，就会丧失其应有的功能。不管是在员工中，还是在客户中。

所以，要对高尔夫球会进行有效的管理，就必须保证制度落到实处，并在执行过程中不断地检验和完善制度。

第三节　球会管理制度的类型

一、员工手册

员工手册是高尔夫球会管理的基本制度。它是明确规定员工共同拥有的权利和义务，及应共同遵守的行为规范的条文文件。员工手册与每个员工息息相关，所以，它是高尔夫球会最具有普遍意义、运用最广的制度条文。员工手册，在一些高尔夫球会又称员工条例或员工守则。其主要内容有：

首先，以总则形式说明高尔夫球会的性质、规模、设备、层次、经营管理的基本思想和宗旨及高尔夫球会精神等，并提出员工的权利、工作条件、发展的可能、工作前途，以明确高尔夫球会与员工的关系。

其次，明确高尔夫球会组织原则、管理人员的聘任等组织管理内容。

第三，根据我国劳动合同法，规定了员工性质类别、招聘和录用、人员培训进修、终止聘用、工作时间、工作餐、工资、工作调动、退休等。

第四，明确了职工福利，包括带薪假期、休假制度、医疗保健及其他福利制度等。

第五，明确员工行为规范，包括个人卫生标准、仪容仪表、纪律要求、高尔夫球会礼仪、保安检查、工作名牌、工作服、考勤、投诉、用餐制度、使用电话、安全、防火规定等。

第六，明确奖惩等级、奖惩权限与实施细则。

二、管理制度

（一）接待服务制度

高尔夫球会的接待服务制度包括从客人预约、登记进场、球童分配、球车管理、球包送达，以及球会其他服务的全过程的生产制度、协调制度、例会制度等，涉及到各个岗位的职责、范围、工作的程序和方法。因此，球会接待服务制度将成为指导、引导和约束球会整体和员工个体的行为规范，使服务规范化和质量得到保证。

（二）会员与嘉宾服务管理制度

球会采取会员制的经营模式，就必须明确会员的权益，确保会员与其他客人在享受服务方面得到更多优惠的措施。这样就需要通过制度对会员和非会员的服务形式进行规范和管理。

（三）球童服务管理制度

管理较好的球会往往与高质量的球童服务水平联系在一起。球童较强的专业性需要通过制度规范和约束使球童增强服务意识，熟知专业的高尔夫规则和礼仪。优秀球童还要有较高外语水平，掌握服务技能和技巧，从而使球童的个人素质得到全面提高。球童服务质量直接关系到球会的名誉和荣辱，所以建立健全球童服务管理制度,培养优秀的球童是球会提高运营水平的一项重要措施。

（四）球会竞技管理制度

竞技部是与客人接触时间最长的部门，所以竞技部的管理直接影响到客人对球场的最终评价。主要包括以下内容：①日常管理：竞技部的管理主要涉及安排下场时间，安排转场，控制每组打球速度，保持球场通畅，控制下场人数，安排巡场解决球场意外突发状况，安排球童、球车等；②赛事管理：遇到球会举办比赛时，竞技部成为整个比赛的总调度师。

（五）人事培训管理制度

整个球会的培训分为管理层培训及普通员工培训。普通员工培训中，最常规的是球童培训。球会培训包括员工的招收、调配、人事考评、劳动定额和编制定员，员工培训晋升、工资奖励和津贴、劳动工资计划与统计等各项工作制度。

（六）销售管理制度

在球会的经营管理中，销售管理是市场营销最关键的一环。与其他销售管理不同的是，高尔夫球场本身的性质决定了其销售的方式。不同的球场如纯会员制球场、半封闭式球场和开放式球场需制定不同的营销计划。根据球场性质再进行市场预测，制定销售计划编制程序、销售合同管理制度、促销管理制度、高尔夫球会市场开发与新产品研究制度等。

（七）草坪质量的维护制度

高尔夫运动的基础是草坪，草坪质量的高低直接关系到人们对球场评价的好坏。可以说，草坪质量是体现球场价值的关键，所以关于草坪的维护制度应当引起管理者的足够重视。

高尔夫球场的维护主要包括：草坪养护管理、全面质量管理、质量检验、供水与排水系统检查、草坪与沙坑的管理、肥料和杀虫剂管理制度等，草坪质量的维护制度是高尔夫球会围绕提高服务质量为中心的基本制度。

（八）财务管理制度

球会财务制度直接影响到了球会的经营。如果没有财务制度的管理，高尔夫球会资金的安全运转和有效管理就没有保障。财务制度规定了球会资金的管理和流动方向。因此，球会必须要制定有效的财务制度对经营中的细小环节监督和引导，才能保证球会运营顺利地进行。同时将与球会的经营指标直接相关的经营直接成本在财务制度中程序化，标准化。严格而与有效的财务制度包括成本管理制度、固定资产和流动资金管理制度、价格制度、财务计划工作制度、高尔夫球会内部经济核算制度等，它是保证高尔夫球会经营指标实现的基础。

（九）设备管理制度

维护球会的草坪质量，不仅需要对草坪的管理，也需要对相关的设备进行管理。高尔夫球会机械设备管理包括设备的安全操作、设备定期检查和维护以及灌溉系统的维护等。严格而有效的制度不仅能保证设备的正常运行和提高效率，提高设备的使用寿命，还能确保球会的服务质量。

（十）球会球车管理制度

球车是球场上最常用的交通工具，不仅为球手打球提供了方便，而且使球场的管理更为有效。球车成为球场的重要收入来源。球车管理制度，首先要保证球员、球童等使用者的安全；二是对球道和草坪的保护，如明确行车路线，按标示牌指示行驶及停放，严禁将车开上果岭和发球区等；三是对球车的使用、租借管理。

（十一）安全管理制度

安全在高尔夫运动中被列为最重要项目，以至于高尔夫规则和礼仪都将其列在开篇的首要位置。因此，球会安全制度非常具体细致，包括安全管理制度、安全措施、安全检查制度、事故分析报告制度等方面。

三、岗位职责

（一）岗位责任制

所谓岗位责任制就是通过一定的规章制度，具体规定每个岗位及人员的职责、权限、作业标准、工作量以及协作要求的责任制度。从总经理、部门经理到一线员工每个岗位都要有明确的责任制度。

（二）岗位责任制的主要内容

1. 上一级负责人是谁，下一级受监督人是哪些。明确有关工作岗位之间的协作关系及应尽的责任。
2. 每个岗位的职责范围和具体工作任务。
3. 规定每项工作任务的基本标准要求。
4. 所需有关设备方面的操作、管理知识。
5. 明确因失误造成的损失应承担的责任。
6. 为执行职责所必须的权力。

某球会前台主管、员工的岗位职责范例。

（1）前台主管岗位职责：

● 直接对营业部经理负责，贯彻营业部经理下达的营业管理指令；

● 制定前台工作计划，并不定时检查、督促落实；

● 根据季节和不同时期需要制定并编排前台班组轮班时间，保证前台各班组随时提供优质、高效的服务，确保客人满意；

● 不定时检查各班组在岗情况、仪容仪表、服务态度、工作程序是否标准规范；

● 定期总结前台工作，向营业部经理汇报；

● 随时收集客人意见和建议并及时向营业部经理汇报；

- 协助营业部经理制定培训计划,并做好本部门的培训工作;
- 审查每个班组工作日记,如有重大事件,随时汇报请示营业部经理;
- 掌握订场情况及当天客情,并向下属布置工作任务;
- 密切注意治安、防火、卫生等工作,确保给客人营造安全、舒适的消费环境;
- 第一时间到达现场,处理客人投诉,在职权范围内快速解决,如遇不能主动解决的问题,及时向营业部经理汇报并跟踪解决结果,尽量反馈给客人;
- 督促并检查各班组工作进度,必要时进行指导;
- 完成营业部经理交办的其他工作。

(2) 前台接待员岗位职责:
- 前台接待工作是来场客人进入俱乐部消费的开始,接待员应以亲切、热情、准确而快捷的服务,为俱乐部树立良好的形象;
- 接待员应比预约提前半小时到达岗位,做好有关接待工作的一切准备,包括准备IC卡,打开电脑并检查其工作状态是否正常,准备好《来宾登记表》、贵重物品保管袋、签字笔、消费价目单等营业用品;
- 接待员上班前应仔细阅读交接班记录和其他有关文件,认真核对当天预约表,有针对性地做好准备工作,如哪些会员被暂停会员资格,哪些客人只能现场买单消费,有信件或账单要由前台转交客人等;
- 为客人进行贵重物品保管;
- 收集客人反馈意见或建议,并随时向主管汇报;
- 有特殊情况立即向前台主管报告。

(三) 岗位责任制的实施

目前,我国一些球会的岗位责任还存在一些问题。首先,没有对岗位职责进行详细的职务分析,大多是照搬其他球会的内容,不符合球会的实际情况;其次是职务中的任职资格要求没有具体说明,很多人在岗位上但并不能胜任;第三,没有将责、权、利三者有机结合起来。

另外,岗位责任制尽管已经详细列明各个岗位的职能,但在很多球会并没有得到认真的落实。贯彻岗位责任制,必须坚持严格的考核和监督制度。考核重点在于对个人的考核。作为管理者对此必须提高认识,如果没有考核制度就没有科学的根据去监督执行,没有严格的监督,岗位责任制就会流于形式。

四、操作规范

操作规范是以泰勒科学管理思想为基础的。工作方法不能只靠经验,而应当对工作进行科学地研究、制定正确的工作方法和标准工作量。把工作内容分解成单元，通过时间与动作研究、流程图、工作活动图等，测定各单元所需要的时间，以找到最合理的工作方法。

（一）工作专业化

工作专业化是指一个人工作任务范围的宽窄与所需技能的多少，工作专业化程度越高，所包含工作任务的范围就越窄，重要性就越强。工作专业化的优点是员工只需较少的时间就可掌握工作方法的步骤。工作速度快，产出高。常见的问题就是当一个人的工作内容和范围较狭窄，或工作的专业化程度较高时，人往往无法控制工作速度，也难以从工作中感受到成功感和满足感。此外，与他人的交往、沟通较少，也难以获得进一步升迁的机会。因此，专业化程度太高的工作往往容易使人产生单调感，会导致人对工作的热情度不高，从而影响工作绩效。

（二）工作标准

工作标准是指一个训练有素的人员完成一定工作所需要的时间。完成这样的工作应用预先设定好的方法，用其正常的努力程度和正常的技能，也称为时间标准。

工作标准的内容包括：

1. 制定完成各项工作任务所需的标准时间。

2. 进行作业排序和任务分配。根据不同岗位环节完成不同工作的标准时间，合理安排每个人每天的工作任务，以防止忙闲不均、设备闲置、人员闲置的现象，有效地利用资源。

3. 进行生产动作系统及生产动作程序设计。

4. 评价员工的工作绩效。

（三）操作规范

操作规范是针对一项具体工作，设计一种方法，将每项工作"分解"，按照一定质量标准，准确无误地完成。如"为何做"、"什么时候做"、"怎样做"。具体包括以下内容：一项工作的具体目的是什么；完成工作所需的步骤或程序，规定几步或先后次序；保证工作分解要达到或超过质量标准；完成工作的具体操作要求。

某球会出发台的操作流程范例。

1. 前门值班球童恭候客人

● 前门值班球童要精神饱满、站姿规范、仪表端正、微笑服务，这是为客人服务好的开始；

● 主动接下客人的球包；

● 将一式两份的球包对换卡，一联交客人保存、一联挂球包上待查。

2. 搬运球包或储存
- 确认客人的球包是用于入场打球；
- 确认客人的球包是外用返回存包室，存包室可按有关制度收存球包。

3. 出发准备
- 合理安排球童服务于客人，球童接到出发通知，迅速准备好工作时所需之工具，到出发台领取出发表，并将球包装备好；
- 准备好客人所需用品，如球车、记分卡、赛事记分卡、铅笔、果岭图、球印、球童评估单等；
- 于出发台告示板上张贴当地规则、入场须知、赛事通知、赛事成绩单、球员最新差点变更通知、球员着装要求等有关球会内资讯；
- 50 人以上的赛事接待、编组的安排与调整；
- 有各类赛事将会协助其组委会准备赛前相关工作；
- 与有关部门协调好球会内竞赛设施与后勤工作。

4. 入场服务
- 每半场第一洞发球台的出发确认与协调，有各类赛事更会隆重其事；
- 球童遵从服务守则进行工作；
- 保证球道通畅，加强球道巡场；
- 解决场内突发事件；
- 九洞结束后，球童主动向出发台确认下半场的出发时间，目前大多数球会会安排客人连续打完 18 洞。

5. 完场确认
- 客人球杆等携带物的确认；
- 回收客人对球童服务的评估单；
- 球包是否带走或存放在球包室；
- 有各类赛事会协助其组委会回收记分卡，核算成绩，并记录于成绩表上；
- 协助赛事组委会在颁奖会上做相关的工作。

6. 会所前门球童欢送客人
- 准确无误核对客人与球包上的对换卡，并将球包搬运到客人的交通车上；
- 列队欢送客人。

案例：管理井然的深圳高尔夫俱乐部

如何有效地进行球会管理已成为目前我国高尔夫职业经理人十分关心的问题。国内许多球会的高层管理者几乎每天都忙于球会的各类琐事，很多问题最终都需要总经理亲临现场才能真正解决，这样大大地降低了管理效率。然而，深圳高尔夫俱乐部的高层管理者们却能从日常琐事中脱身，更加专注于球会的长远发展。

深圳高尔夫俱乐部是 1985 年 11 月开业的中日合资企业，球场是由日本著名高尔夫球手青木功设计的。最初，俱乐部实行中外合作的经营方式，由日方管理。深圳高尔夫俱乐部中方总经理郁小平介绍，当初日方管理者从会所的日常经营管理制度、流程、规划入手，建立了严谨的俱乐部制度，形成了有章可循的、规范的、可操作的经营管理模式。在这种制度化管理模式下，形成了一个统一、系统的行为体系来指导球会的正常运营。直到今天，深圳高尔夫俱乐部仍然坚持这种靠制度维系的管理文化。从总经理到普通员工的业务范畴、工作流程都有详细的规定，如在制度中对总经理的签单权有明确的范围限定或人数限制。日常事务各个部门自行处理，根据制度要求每周开一次例会通报各部门的工作情况，或协调需要解决的问题。这种制度化管理模式使每个员工能够在球会中找准自己的位置，照章行事，不仅为员工能力的发挥提供了一个公平竞争的平台，而且，提升了球会运营效率。正因为如此，深圳高尔夫俱乐部的管理体制自然就具有人材培养机制的功能，造就了一大批具有丰富的高尔夫运作经验的管理精英。"深高"为各地球场输送了大批高层次管理人才，被誉为中国高尔夫球会管理的"黄浦军校"。

今天的深圳高尔夫俱乐部，在完善管理制度和服务标准的基础上，长年坚持抓服务细节，强调从点点滴滴落实服务要求、服务标准。每个员工认识到细节做得越细，就越具有竞争力。各个部门特别是球童针对各个服务中细节发现问题，提出问题，解决问题，从而形成了高素质的球童队伍，他（她）们以人性化的优质服务，在会员中、在业内为球会建立了很高的信誉和良好口碑。

案例分析：

1. 深圳高尔夫俱乐部被誉为中国高尔夫球会管理的"黄浦军校"，这与球会的管理制度和管理文化有什么关系。
2. 从深圳高尔夫俱乐部的案例分析，实施制度化管理和人性化服务的关系？

思考题：

1. 球会主要部门及其职责有哪些？
2. 球会的工作岗位有哪些特点？
3. 举例分析并说明如何使球会各功能部门的操作更规范。
4. 比较两个球会在组织机构设立上的异同点，分析并说明存在差异的原因。
5. 简述球会管理制度的类型。
6. 分析高尔夫球会管理制度的特点。

第四章 接待管理

第一节 预订与接待管理

营业部是所有客人抵、离球场必经之处,承担球会的主要接待服务任务,成为球会管理的"中枢"。预订、前台接待、餐厅、球具店、小卖店、更衣室、客房、收银等主要营业项目都聚集在会所的营业部,除此之外,有些球会设有健身中心、桑拿、保健医疗、咖啡馆、棋牌室等休闲项目。营业部接待水平直接关系到整个球会的运作顺畅与否,影响顾客的相关消费,对球会获得收益最大化起着至为关键的作用。所以,高尔夫会所应力求实现关键环节作业的标准化、服务的规范化。

一、预订业务管理

预订是球会运营管理的第一步,其目的是保证顾客的需求开球时间被适当安排,做好必需的服务准备,缩短顾客等待时间。一个球会的预订工作在一定程度上影响到球会的整体管理服务工作,球会预订比例越大,球会管理工作越顺利,尤其是在球会需求旺季,预订具有更为重要的意义。对球会来说,预订便于提前作好相关的接待准备工作,如减少等候开球的时间,球童的安排,球场的使用安排,及其他相关服务的提供。

高尔夫球会为了保证球会经营管理的顺利,维护会员的利益,必须制定相关的预订政策,包括预订规程、预订变更和取消规定等,并严格遵照执行。

(一) 预订程序

预订是会员、嘉宾及其他客人到球场消费的开始,为了保证球会的正常运行,必须建立完整具体的预订程序。

1. 预订准备

员工首先要熟练地了解和掌握本球会的各种设施、各项服务及其价格,各部门的基本情况等有关球会产品的信息；其次，按照服务操作规程做好服务准备，使电脑处于正常工作状态，检查和核实电脑中预订登记的资料以备使用。

2．身份核对

确认预约者是否是会员，礼貌询问对方姓名、会员证号码，并将其姓名输入电脑核对。如对方未能提供正确的会员证号码，应礼貌地询问对方身份证件（身份证、护照）号码，并与电脑显示的资料进行核对；当会员的身份无法核实时，应礼貌地告诉对方，根据本球会的规定，只有经过核实身份的会员本人才可以按会员预约接待。工作人员应根据电脑显示的资料，提请客人先办理入会手续后，才能按会员待遇预约入场打球，否则只能按访客接待。

3．预约开球时间（tee time）

确认会员的身份后，应询问会员希望的出发时间段（明确日期，上、下午及时点）、球场，并通过电脑查询该时间（球场）是否被预订。如该时间及球场均有空，预订确定。如该时间（球场）已被占用，则应礼貌地告诉会员，并协助会员在该时间（球场）附近寻找可供预订的时间（球场）。

在确定了出发时间后，应询问会员的打球人数（每一组出发时间及预约打球的人数不能超过4人），要求会员与嘉宾的比例符合球会规定。将嘉宾与会员本人的资料一起登记在电脑的预约栏目内，并将电脑显示出的资料复述给会员核对无误。

当周末、假日球会打球的人数较多时，为了保持球场整体的运行速度和顺畅，规定一组人数不能少于3人。当任何一组打球人数不足3人时，员工应立即提醒会员，也许会有其他球手加入这一组。向客人婉转地解释，因球场人多，即使两人打球，速度也不会快。

如当日预约已满，或没有可以满足会员需要的时间，应向会员表示抱歉，并留下该会员的有关资料，包括会员姓名、打球人数、希望打球的时间、是否愿意和其他球手一起使用同一时间打球及联系方式等，以便一旦出现临时取消的会员，则可尽快联系该会员。

在预约结束前，应向会员复述预约内容，并提醒会员于预订打球时间之前30分钟到球会办理登记。如果会员在预订的开球时间前未到场，则视其为取消，球会有权使用该时间。

（二）预订的更改与取消

根据球会的规定，会员可以在预约打球之日前的一定时间内，更改预约的人数、打球的时间等。员工在确认更改预约的会员身份后，应根据该会员的要求和电脑的提示，为其更改预约的时间或取消预订。在结束更改服务之前，应向会员复述更改的内容，并提醒会员在新确认的时间提前30分钟到场办理手续等规定。对于任何变更或取消，都要有记录存档，以便于查询。

另外，顾客预订了时间却不能赴约，是预订管理中的一个挑战。为了减少不履约的出现，工作人员应提前与预订客人联系，确认会员是否能按预订时间到场打球，及时掌握预订变动状况，对于会员在超过球会规定的时限范围内而要求取消预约时，工作人员应礼貌地提醒会员建议如不能正常到来请提前电话取消，并立即查看当天的等待名单，并依次联络该名单上的会员，为其办理预约手续。

预订更改或取消的条件。除预约者本人外，预约会员的同伴在完全满足下列条件时，可以代替会员更改预约：能正确提供预约会员的姓名、该会员的会员证号码或其他身份证明文件的号码；能正确提供预约的时间（球道），同伴者姓名、人数等资料；能正确提供本人姓名，会员证号码或其他身份证明文件；根据预约会员亲笔签名的传真，为其更改预约。

（三）预约查询

工作人员可以应预约会员本人、同伴会员或嘉宾的要求，为其查询预约的情况。首先要确认查询会员的身份，一般情况下，为保护会员的隐私权，员工不应向不在预约组中的球手透露预约情况，除非该球手提供的资料与该预约组记录的情况相同。换言之，对于类似的查询，工作人员只能证实（即回答"是"与"不是"），而不提供更多新的情况。在结束查询服务之前，员工应再次提醒会员提前30分钟到场办理手续等规定。

（四）超额预订

超额预订就是在预订容量已满的情况下，再适当增加预订数量，使预订数超过实际可预订的数量。顾客打球一般要先预订，可是由于事先预订的顾客有可能取消预订或者因各种原因最后不出现，球场原本被预订的那段时间就闲置了，便会造成球场的经济损失，这时超额预订就变得尤其重要。超额预订可以有效地减少因预订顾客的不出现而导致球场容量不满的风险，但同时也存在着因为预订者全到而带来的超出容量使得预订者不能下场打球的风险。要减少这种风险，就要分析以下几点历史纪录：

1. 会员预订和非会员预订的比例

高尔夫球会的收入由会籍费和日常营业收入组成，会籍费是由会员事先一次性支付了会籍期内无限次打球的入场费，缴纳了会籍费的会员享有比非会员优先预订的权利。所以高尔夫球场应该分析历年数据记录，得出会员预订者和非会员预订者的比例，以及各自取消的比例，方便做出预订时的准确决策。

2. 临时取消打球以及随机来打球的比例

一般来说，高尔夫球会由于自身原因也存在着临时取消打球的情况，还有一些事先没有经过预订、随机来打球的情况。跟踪这些信息,有利于在超额预订时做出正确的决策。

3. 季节变化的影响

球会根据市场的需求情况,旺季取消预订的情况比淡季要少,还要考虑周边同行的预订情况,所在地可能举办一些活动会吸引更多的顾客等。如果同行预订情况较好,则应该减少超额预订的幅度。

高尔夫球会实行超额预订,除了要建立完备的历史记录系统外,还要依靠管理者与员工的经验。如果订单过多,需要顾客等待时,可以为等待的顾客提供折扣或免费打球,减少顾客的不满意度。

(五)顾客球场停留时间管理

顾客停留时间通常是指顾客实际占用一个球洞的时间。由于球场的容量和运营时间是一定的,所以球场打球的次数就取决于打球的速度,即球手一轮的打球时间。一轮的打球时间短,代表他打球的速度比较快,在一定的运营时间内,就可以容纳更多的打球人数。目前,我国大多数球场规定一场球的标准时间为 4 小时 15 分钟。由此可知,缩短一轮的打球时间,在球场容量不变的情况下,可以增加打球的人数,也就是可以增加球场的营业收入。实际中要做到缩短顾客每一洞的停留时间,有以下几点策略:

1. 减少洞与洞间的打球间隔

要缩短打球时间,球场应该鼓励球手减少洞与洞之间的打球间隔,即是打球具有连续性,鼓励他们一洞打完马上打下一洞。这时球童就起到了督促顾客不停留在某一球洞的作用。同时,球场提供的球车服务也可以减少顾客的洞与洞之间的打球间隔。

2. 提供专业服务,督促球手慢打快走

球手在球道上逗留时间很大程度上还和球场提供的服务有关,球童、巡场服务等都可以促使顾客形成慢打快走的打球习惯。

控制好了顾客在球道上的停留时间,不仅可以为超额预订提供很好的依据,还可以有效地增加打球的人数,从而增加球会的收入。

二、接待业务管理

高尔夫会所接待服务因顾客的流量、顾客的抵离时间、顾客的需要、气候条件等外部环境及员工素质的差异性,而具有较强的随机性。会所前台是全面服务顾客的第一个环节,与顾客保持广泛的接触和密切联系。所以,接待服务管理对提高工作效率,树立球会形象和声誉,提高顾客服务体验质量和满意程度,争取更多人加入到俱乐部中具有重要意义。

（一）服务准备

前台像一条无形的情感关系纽带，维系着球会与客人之间互相依赖和信任关系，从而可以及时收集到客人对球场管理和服务的意见及建议。前台员工的精神面貌、办事效率、服务态度、服务技巧、礼貌礼节以及组织纪律性，能让顾客对球会形成一个整体的印象。所以，员工在上班时，首先，必须做好服务准备，仔细阅读交班记录和其他相关文件，并从电脑中调出当天的预约表认真核对，仔细检查并准备各种营业用品，包括供球员用的消费本（IC 卡）、储物柜（更衣柜）的钥匙、登记表、贵重物品保管袋、签字笔等营业物品。同时，使自己的仪表仪容以及言行举止符合球会要求，以积极、热情、主动地态度为球员服务。

1. 用顾客能够理解和接受的方法，及时向顾客提供信息，同时收集顾客的要求与反应。通过增加服务频率、时间、信息等，拉近与顾客之间的距离，与会员建立起友好和牢固的相互信赖关系，从而促使会员对球会产生强烈的信赖感。

2. 员工必须不折不扣地执行球会的公开承诺和服务标准，兑现承诺和服务的保证，包括品质、安全、价格等。

3. 准确感应顾客的要求变化，对顾客的细微需求和要求做出及时反应。保持服务内容的连贯性和稳定性，通过提供高品质服务，使顾客对服务活动产生认同感。

4. 尽心尽力为顾客提供有效的服务。

（二）登记

登记是球会掌握顾客信息的基本环节。无论是会员、嘉宾，还是散客，无论有无预订，要下场打球，必须履行登记手续。

登记的依据是预订表，手续要尽量简便。当客人登记时首先要询问客人是否有预订，若有，应迅速查阅预订信息，并复述其主要内容，如开球时间、同组人数、会员及嘉宾情况等。对客人的一些个性化要求，如指定球童等，及时予以满足。具体步骤如下：

1. 前台员工要熟记会员的姓名和头衔，并随时热情称呼。请客人在"来宾登记表"上登记。对不太熟悉的会员要礼貌地请会员出示其会员卡，确认其会员身份并核对预订时间，确认会员携同嘉宾数量是否符合球场要求，如不符，礼貌地与客人解释并协助安排到其他组。当预订信息确认无误，则为客人开具消费本及出发表。对非会员的预订，需要收取押金或刷信用卡，获得信用保证，并记录好押金金额、卡类型以备查。对咨询或不常来场客人应耐心回答客人问题，并热情介绍球场产品。

2. 客人无预订时，若无开球时间（TEE TIME），应礼貌告诉客人并征询客人是否愿意等待到有 TEE TIME 时下场。

3. 对于 VIP 要提前做好登记前的准备，按礼遇规格接待。

4. 对于欠年费等的特殊会员登记时，应礼貌地提醒会员先到会员部办理有关手续，或交纳有关款项、转交信件等，然后办理登记手续。

（三）会员的接待

会员是球会的主人，在会员登记时应尊重会员。为了保护会员本身的合法权益不被侵犯，只有会员本人才能签名领取专供会员使用的会员 IC 消费卡。将会员姓名及会员证号码输入电脑，根据电脑的提示及显示出的会员资料对其身份进行核对。强调结账时会员本人必须到场才能享受会员待遇及发还其会员证。所有以会员名义登记产生的消费最终都要记入该会员的名下并由其支付。

以下情况要请会员本人前来办理登记手续：

1. 预约会员名字与实际来场登记的会员名字不相符合，不得入场。

2. 会员的名字没有变更，但嘉宾的名字有所变更，只要会员／嘉宾的比例符合俱乐部有关规定，可以允许其登记入场。

3. 工作人员应尽力协助会员将会员／嘉宾比例控制在球会规定允许的范围内。如会员／嘉宾的比例不符合球会规定比例，球会有权要求其调整，否则，有权拒绝其入场或全部入场。

4. 工作人员对首次或不经常来球场的客人，应主动向会员提供帮助，包括介绍球会的各项设施，服务项目运作情况及有关规定，并耐心解答会员提出的有关问题。

（四）嘉宾的接待

当嘉宾前来登记时，预约会员必须到场，经核实会员的姓名及嘉宾的姓名、资料后，会员／嘉宾比例符合规定时，工作人员为其办理嘉宾登记手续，签名领取嘉宾专用 IC 消费卡，并提醒嘉宾在离场前交回此卡。虽嘉宾名不符，但会员／嘉宾比例符合规定时仍可办理登记。

1. 出现会员／嘉宾比例不符合规定情况时，工作人员只能为部分人办理嘉宾登记及发嘉宾 IC 卡。

2. 当出现不符合入场规定的嘉宾时，工作人员应按球会有关规定，在征得会员同意前提下，请嘉宾放弃或按散客标准安排在其他组。

3. 预约的会员没有到场，只有嘉宾到场，工作人员不能为嘉宾办理登记及发 IC 卡。

4．其他球员的接待。其他球员主要指会员、嘉宾以外的赛事团体、VIP接待客和旅行团及其他特别批准的嘉宾。工作人员核对完该类球员的资料后，根据事先的约定收取押金。并将上述押金金额、押金的种类输入电脑备查，办理登记手续后领取嘉宾IC卡，提醒该球员按指定的时间、球道下场。

5．非球员的接待。非球员是指会员、嘉宾或团体不入场打球的亲朋好友的安排接待。工作人员应热情、周到地为客人提供球场服务设施指引，包括消费项目的价格（会员价、嘉宾价）和详细服务内容，包括练习场、餐厅、泳池、网球场等各类娱乐服务项目。

6．开出消费卡。消费卡就是为顾客建立的消费账户。

①根据客人类型开出消费本，如遇嘉宾或访客，提醒其客人离场前交回该消费本。

②根据客人预约时间填写出发表交给客人并提醒客人开球时间。

来宾登记表 VISITOR REGISTER

消费号 EXPENSE NO.	会员 MEMBER	金卡 GOLDEN CARD	嘉宾 GUEST	联系方法 METHOD OF CONTACT	备注 REMARK

③顾客类型与计价方式。顾客在预订时就已经确定了消费价格的计价方式，各球会都有公开的价目表，在登记时员工应再次向顾客确认收费标准，如会员价、嘉宾价、访客价，或团队价。

④建立客人账户。顾客登记完成后，球会员工应建立一个客人账户（目前在使用计算机的情况下，可以直接在计算机上建立IC卡账户），与客人持有的消费本卡一致。客人在球场的任何消费都要及时记录到客人的消费之中，将消费情况记录到客人账户中。这种消费记录是客人结账的凭据应使客人账户与消费本卡一致。客人账户的每一项消费要保证记录清楚、准确。使用消费本记帐切忌涂改或字迹混乱不清。

消费卡 PASS BOOK

日期 Date:　　　　　　　　　　　　　　　　　　　NO.

姓名 Name:	□会员 Member □不记名会员 Nameless member □会员嘉宾 Honored guest □访客 Guest		
会员编号 Member NO.:		开球时间 Tee time:	
球包牌号 Bag NO.:	球洞数 Holes: □9 □18 □27		更衣柜号码 Locker NO.:
果岭费 Greens	租用品 Rental	餐　饮 Meals	
球童费 Caddie			
球车费 Cart	其他 Others		
设施费 Facilities		结算方式： Paid by:	
更衣柜 Locker	专卖店 Shop	消费总额 Grand total :	
练习场 Driving		服务费： Service:	
收银员 Cashier	客人签名 Guest's signature	结算金额： Settle accounts:	

三、日常服务管理

日常服务是球会为客人提供的方便服务。它为客人解决后顾之忧，保证客人安心打球，尽情享受。日常服务涉及顾客所需要的广泛的服务内容，凡是不违背法律和社会道德的服务，都是服务的范畴，如商务服务、咨询服务、家庭亲子服务、日常方便服务等，还有一些个性化服务。日常服务更能体现对人的关心、亲切，使会员在心中自然产生了信任感和亲切感，使球会有家的感觉。

（一）贵重物品保管服务

贵重物品是指会员及其他球员要求前台在打球期间为其保管的钱包、护照、手表或其他价值较高的物品。员工在接受保管客人的贵重物品时，应遵循操作程序。

首先，将贵重物品保管袋交给客人，指引客人依次填写日期，姓名（要求正楷书写）并签名。

其次，必须当着客人的面将贵重物品封装好，并将其放入专用的贵重物品保管柜内，将单据撕下交给客人并提醒其妥善保管。员工必须认真填写"贵重物品保管登记表"。

第三，当客人索回所保管的贵重物品时，要认真核对客人的单据联。核对客人的签名是否与贵重物品保管袋上的签名相符合，如相符合，当着客人的面打开保管袋确认袋内物品无误，交还给客人；如前来领取贵重物品的客人的签字与贵重物品保管袋上的签字不相符合时，则要求客人出示身份证明文件（如证件在贵重物品保管袋子内，则应在有另一名工作人员在场的前提下，打开该贵重物品保管袋），仔细核对证件的姓名、照片等资料，如确定为其本人，则将贵重物品交还给客人；如仍不符合或存有疑问，则应该立即报告值班经理处理。

第四，工作人员在交班时，应将清点无误的贵重物品连同贵重物品领取登记表一起交给下一班工作人员。

第五，贵重物品的保管原则上只限于当日。工作人员在结束每天的工作前，必须认真核对贵重物品登记表，检查贵重物品专用保管柜，确认所有贵重物品全部被领取。如发现仍有未被取走的贵重物品，应该将件数、客人姓名等资料认真填写在"贵重物品过期保管表"上，并应同时登记在交班日记上，并向值班经理报告，将贵重物品（不得开封）交给值班经理签收保管，以备客人随时前来领取。如当日没有领取，翌日上班后，立即设法联系其主人。

（二）遗失物品管理

遗失物品处理直接关系球会的诚信，也影响球手对球场管理水平的评价。遗失物品处理程序分为两部分：一是处理客人关于遗失物品的申报；二是处理员工、客人交还的遗失物品。

1. 客人申报遗失物品的处理程序

当客人申报遗失物品时，工作人员首先应仔细地询问和了解客人的姓名（会员号码）、遗失物品的种类、内容、数量以及大致的遗失地点、时间，并记下该客人的联系电话（包括其办公及居住地的电话）号码、手机号码等。认真填写"遗失物品申报表"，最后请客人签名确认。

工作人员在根据客人提供的线索检查更衣室、客人及同伴使用的衣柜、餐厅等客人有可能遗留物品的地方，并做好相应记录。如果在当天工作结束时仍未能找到，应该向值班经理报告。

2. 遗失物品的处理程序

当有工作人员/客人捡到遗失物品交到总台时，总台工作人员应该请捡到遗失物品的工作人员/客人填写遗失物品登记表，内容包括：发现人姓名、部门、遗失物品的种类、内容、数量、发现的地点、时间等，经本人签署并由总台工作人员签收、并对遗失物品核对无误后，将遗失物品连同表一齐放入遗失物品专用保存柜内。该保存柜的钥匙由值班收银员保管，交班时交接。

工作人员在完成上述登记程序后，应该立即查看"遗失物品申报表"或来场客人登记表，在确认交来的遗失物品为某一客人遗失时，应该在第一时间根据客人填写的"遗失物品申报表"与其取得联系，请其领回其遗失物品。

当客人前来认领遗失物品时，工作人员应该要求客人填写"遗失物品领取表"，包括领取人姓名，会员证号码（或身份证、护照号码），领取的时间，遗失物品的种类、内容、数量，遗失的大致时间和地点等，核对无误后，将相应的物品交还给客人，同时，经办人在表上签名。

当确认失主已经离开球场时，工作人员应该至少有两人在场的前提下，打开遗失物品查找线索，并根据该线索第一时间联络失主，或是其同伴，请失主前来认领遗失物品。

当遗失物品的失主无法查明、或超过一周仍无人认领时，工作人员应该把有关资料登记在"遗失物品登记簿"上，并与仓库管理人员共同填写"遗失物品入/出库交接表"，随后将该遗失物品转入公司仓库保管。

当有客人前来认领转入仓库保管的遗失物品时，工作人员应该要求前来领取遗失物品的客人填写"遗失物品领取表"，经核对无误后，再与仓库管理员取得联系，然后从仓库中将相应的物品取出并且交还给客人，同时，经办人在表上签名。

（三）更衣柜出租服务

更衣柜是球会为来场打球客人提供的储存衣物及小件手提行李的地方。更衣柜的出租形式分为长期出租和临时出租两种。长期出租更衣柜是指出租给经常到球场打球的会员，使用一年或以上；临时出租更衣柜是指出租给客人来打球的当日一次性使用并于当日收回。会员只有在交纳了相应费用并履行相关手续后，才可以长期享受更衣柜的使用权。

1. 客人登记时表示需要使用更衣柜时，工作人员应根据客人的消费号，将客人使用的更衣柜的号码输入电脑后，将相应的更衣柜钥匙交给客人。

2. 工作人员在客人结账时，应该向客人索回当日出租的更衣柜钥匙，并在电脑上完成相应的操作。

3. 如果客人遗失了更衣柜的钥匙，工作人员应该收取规定的罚金，并将有关情况输入电脑。如果客人在交纳了罚金之后又找回了钥匙，工作人员可以在确认了该钥匙确系曾经遗失的钥匙后，开具退款收据并将相应的款项退还给客人。

4. 为确保客人储存在更衣柜内物品的安全，工作人员在确认某个更衣柜的钥匙确实丢失后，应该尽快与有关部门联系，更换该更衣柜的钥匙。

（四）电话、传真服务程序

俱乐部为客人提供免费的市内电话服务，有偿传真、打印等商务服务。

1. 工作人员应该在客人使用电话、传真前，向客人介绍电话、传真的使用方法及收费标准，并在确认客人对其了解无误后为其提供相应服务。

2. 工作人员应该在客人结束服务后，根据电脑的显示将费用的金额口头通知客人，同时收取现金或将费用记入客人所持IC消费卡中。

（五）出租车服务

为给来场客人提供交通方便，一些球会除为客人提供基本的穿梭巴士外，还提供出租车服务。出租车服务基本上分为：使用球会车队的车；呼叫公众出租车。

1. 使用球会车队的车

当客人提出需要出租车服务时，工作人员应先征求客人意见，并向客人推荐使用球会出租车。询问客人所要前往的目的地及乘车人数，确认客人用车申请后，及时与车队联系，填写用车申请单。根据球会制定的收费标准向客人报出收费金额，当确认客人对上述收费标准没有异议后，用电话通知车队调车前来会所门口待命。收取相应的费用时，要根据客人的要求和财务部的有关规定为其开具正式税务发票或收款收据。

2. 公众出租车

当客人要求使用公众出租车服务时，礼貌地询问客人所要前往的目的地、乘车人数以及所需的出租汽车台数；通过球会的保安队员呼叫公众出租车；当出租汽车到来时，礼貌地指引客人前去乘车，将出租车号记下交给客人。

（六）兑换散钞服务

根据客人使用零钞的需要，为其提供以整钞兑换散钞的服务。

1. 收取客人交来的钞票，报出该钞票的金额；
2. 将该钞票放在客人视线可及的地方，确认该钞票的真伪无误；
3. 按照客人的要求取出相应数额的散钞，清点无误后交给客人；
4. 并在其确认无误后，将客人交来的钞票收入收银机内。

第二节　信息传递管理

信息是高尔夫球会的基本资源，为高尔夫球会经营管理提供根本支持，其作用是实现球会管理透明化、可控性和高效率。

营业部是球会信息集散枢纽,在接待服务过程中不但要向客人及时提供准确的各类信息,而且要收集并掌握所有客人在球会活动的相关资料和信息,如会员与嘉宾打球信息、顾客消费信息、员工服务信息、产品销售信息等,并将这些信息反馈到球会相关的管理机构和经营服务部门。因此,营业部的信息集散起着联系内外、沟通上下、总体协调的关键作用。

一、球场信息的内容

高尔夫球会的经营信息主要是球会的各项经营服务活动的信息,包括内部信息和外部信息。内部信息指能反映球场经营情况的各种数据,外部信息包括市场信息、行业信息、产业政策等。具体包括:

● 客源信息:客源市场情况、客源结构状况、客源需求趋向等信息。
● 会员信息:会员类型与权益、会费交纳、消费管理、消费积分、资料管理等。
● 销售信息:销售人员、销售目标、销售统计等。
● 预约信息:预订人数、预约时间、消费类型等。
● 前台信息:接待人数、特殊要求、结账、特殊付款等。
● 出发台信息:出发时间的确认、球童的安排、球道情况、球包租赁、储存和保管。
● 球具店信息:球具品牌、球具用品销售动态。
● 相关设施使用服务信息:餐厅、健身中心等设施的经营信息。
● 设备信息:设备使用状况,球车使用情况及设备的购建、维护、清理、维修、报废等信息。
● 消费信息:客人消费、营业收入和支出数据等。
● 外部环境信息:市场、竞争对手和相关政策等。

高尔夫球会的单个信息尽管有一定的独立性,但依据顾客活动的特点,将信息汇总到营业部,使之成为相互依存,相互联系的具有价值的资源。营业部通过认真整理和分析大量的实时经营管理数据,定期或不定期地向球会决策者和管理者提供市场变动信息,使管理者及时地发现和分析经营环节中各种可能发生的问题、类型,并选择正确的方法来及时解决,确保球会资源合理配置和有效利用。

二、信息传递与协调

营业部与其他部门之间及时、准确、有效的信息传递,保证信息的通畅性和有效性,才便于管理者掌握球会服务状况、营运状况和财务状况,对生产经营活动过程进行有效控制。

（一）与竞技部的协调

营业部与竞技部是高尔夫球会为顾客服务的主要部门。两个部门之间的信息沟通非常频繁，一些球会为了保证球会营业顺畅，将营业部和竞技部合并成为运作部，目的就是使信息沟通更顺畅。

预订信息通报：营业部在接到预订的同时，应及时将预订客人的姓名、顾客开球时间、总人数、每组人数、顾客类型（会员、嘉宾、散客）等准确地通知竞技部，以便竞技部随时掌握来访客人动态，提前做好场地使用预测和球童安排等。

重要顾客通知：营业部在接待重要顾客的时候，必须及时通知竞技部，以便竞技部有充足的时间做好档案提取、人员安排、场地及其他用品的准备并按礼遇规格做好服务准备。

顾客投诉反馈：顾客对球童服务态度和服务技能的投诉，营业部应及时反映到竞技部，便于及时地发现和分析问题的性质、类型，并选择正确的方法来及时加以解决。

球场情况通报：竞技部必须对球场使用情况、服务人员接待能力、可接待人数的数据进行统计，并把相关信息及时反馈到营业部，以便营业部在预订时能统筹，避免营业部已确认的预订在顾客到达后无法及时安排。

遗留物品信息：前台在接到客人遗失物品信息时，要与竞技部协调，帮忙核对和寻找客人的物品。确保客人球包、球杆及其他物品存放的安全。竞技部在顾客离开后，应及时检查有没有客人的遗留物品，并通知营业部前台。

（二）与财务部的协调

客人在俱乐部所有消费项目的原始凭据如打球消费、餐饮消费单、球具店购物单、饮料消费单等都会及时汇集到前台计入客人账户。营业部与财务部之间进行沟通协调，将客人的消费资料和整体消费信息通过汇总得出每天的营业收入情况及各类收入状况。管理人员可以根据这些数据发现存在问题，找出问题原因和解决办法，从而对球会的经营进行有效的控制。

营业部需要保持信息收集的及时和准确性，如各项消费的及时入账，并把相关消费资料报给财务部，必要时协助财务部催收欠款拖延等工作。

（三）与会员部的协调

营业部与会员部协调主要是针对以下三个方面。一是确认客人的会员资格，在接待会员预订的时候，营业部要及时从会员部取得会员的相关资料，如会员身份、习惯、爱好等；二是做好必要的服务准备，根据当天的预订，并有针对性地做好准备工作，当球场的会员特别是重要会员来打球时，营业部应该与会员部进行沟通协调，更好地为会员服务，掌握特殊团体的接待信息；三是向会员部介绍新的可能入会的嘉宾或访客。

（四）与草坪部的协调

营业部每天应及时将预订打球的客人人数、出发时间和球道，特别是赛事团体情况通知草坪部，这样便于草坪部更好地安排草坪维护管理和发球台布置等工作。草坪部对将要特殊处理的球道及设施、进行维护的草坪及所需时间通报给营业部，让营业部在接待客人时能根据球场的情况进行安排。在封闭球场进行保养期间，营业部与草坪部就保养开始时间、持续时间及保养后球场起用时间进行协调。

（五）与总办协调

营业部应将正常经营情况定期向总经理办公室报告，对特殊情况及时汇报，遇到不能决定的问题时与总经理办公室沟通，寻找解决办法。同时，接受总办的监督管理。

第三节 营业收入管理

一、营业收入来源管理

球会营业收入的管理，是球会内部管理的基本职能之一。有效的营业收入的管理不仅能保证球会日常经营收入，而且能够提高球会的服务水平，树立球会形象，促进员工内部团结，对球会的营运具有重要意义。

球会服务具有综合性的特点，营业收入点多，且各球会因服务项目的不同，收入来源具有一定的差异性。

日常主要销售收入来源包括：果岭费收入、球童服务收入、更衣室出租收入、球车出租收入、球具销售收入、餐厅用餐及饮料销售收入、练习场收入、教练费收入、娱乐消费收入、住宿收入。日常收入是球会经营中稳定的收入来源。

非日常销售收入包括：会籍销售收入、广告位出租收入、赛事赞助收入。非日常收入是一定时期内临时性的，非长期性收入。

营业收入来源管理一是要拓展收入来源渠道；二是实现收入的归口管理。

二、营业收入控制

球会服务项目多,收费种类差异大,结账方式多样化,所以,球会要结合具体情况,制定最佳措施加强对营业收入的控制。

(一)结账方式管理

球会根据客人的具体情况,一般采用三种结算方式。

1. 预收

对于团队客人通常在客人到球会消费前,根据双方协议,球会先预收全部或部分费用。

2. 现收

对于大多数客人,无论是会员、嘉宾和访客在球会消费后,当场收取费用。

3. 事后结账

球会在向客人提供服务后,定期或一次性向客人收取费用,也称为挂账。对于挂账消费的客人,无论是会员,还是公司,首先要获得球会的资格认定和批准,并有双方签订的协议。球会必须严格按挂账审批程序,由球会负责人决定是否挂账。球会员工应该熟悉挂账消费的有关资料,掌握会员及嘉宾挂账消费的名单。

当客人要求挂账消费时,员工应该首先确认会员(或嘉宾)是否有挂账资格。在完成了身份确认程序之后,将该会员(嘉宾)的有关资料输入电脑,并取得电脑允许挂账消费的授权;然后,将所有消费项目输入电脑,用电脑打印出的收据交给客人签名确认。确认无误后,在收据上加盖"……未收款"的印章,并在电脑上完成相应的操作,然后结束挂账消费程序。对不能进行挂账消费的客人,工作人员应礼貌地告诉不能挂账消费的原因。

(二)结账管理

客人消费完毕结账时,收银员要核对客人的消费凭据,结算清楚客人所有消费项目,并附上原始凭据。如客人对总消费金额或在某一个营业点消费金额提出异议,收银员应与客人仔细核对消费清单,如客人仍有异议,联络有疑问的营业点,将客人消费签署的底单送至前台供客人核对,若客人没有异议,则应填写账单供客人签署。付款结束后,收银员应使用礼貌用语对客人表示感谢,并收回客人使用过的更衣柜钥匙。如客人要求,应该为客人开具消费等额税务发票。

使用 IC 消费卡的球会,工作人员完成电脑阅读 IC 卡的操作后,应该将电脑显示的消费金额口述给客人。原则上,会员及 VIP 的 IC 消费卡仅限其本人亲自前来结账,当然会员可以代替其他的嘉宾结账。

付款方式：

1. 使用信用卡支付

收取客人信用卡，查看有效期后，使用信用卡刷卡机，输入客人消费金额，在取得刷卡授权后，交给客人签字确认；仔细核对信用卡上的签字样本与客人实际签字是否相符，如有疑问，应进一步核对客人身份证件，如仍不符，则应建议客人使用其他信用卡或现金支付；在确认了持卡人签字和消费金额无误后，收银员应在消费本上加盖"收讫"印章，如客人要求，为其开具税务发票。

2. 使用现金支付

唱收唱付，将收到的现金和找回的现金金额口头报给客人以确认无误；收银员须在客人对报出的现金金额确认无误后，才能将收到的现金放入收款机内并找回零钞。收银员在收取现金时，必须注意所收货币的真伪，尽量使用验钞机检查，如果发现是伪钞或不能肯定，应礼貌地要求客人更换；如客人使用外币支付时，收银员应向客人报出该货币与人民币之间的汇率及换算成该货币的金额然后收取现金。

3. 团体结账

为便于团体的成员消费后结账方便，应该在电脑中相应的位置注明为团队成员会员，并在消费本上加注相同的记号，以便在结账收款时识别。在处理团体结账收款手续时，应该注意有的团体只为其成员支付一部分费用，而其他费用要由客人自己支付。员工应明确并确认该团体为其每位成员支付何种费用以及支付的限度（如：支付 18 洞果岭费+18 洞球童费等）。仔细计算上述费用后，对超出消费部分收取相应的款项。

（三）交款

交款是指前台收银员将营业中收到的现金、支票、信用卡及有价票据向财务部上缴并办理相应的手续。在营业结束后，收银员应将全部现金、信用卡消费总金额汇总并分类整理好之后，填写《交款交接单》，一同交给财务部指定出纳员，与出纳员经过清点无误后，请出纳员签收《交款交接单》并留存。

（四）备用金

备用金是指总台从财务部借出一定金额（包括本位币和其他货币），用于来支付找零周转需要的现金。工作人员应该按照球会有关财务规定，在财务部领取足够数量的备用金备用。领回的备用金在营业时由当班的工作人员分别保管；在结束营业时应该与当天收入的现金、支票、信用卡及有价票据一起放入保险柜保管。

交款交接单

日期：　　　　　　　　结账点：　　　　　　　　收银员：

班次：　　　　　（上午）至　　　　　（上午）

　　　　　　　　（下午）　　　　　（下午）

项目＼种类	RMB	HKD	USD	支票	刷卡	其他	备注
营业收入							
预 收 款							
代 收 款							
其　　他							
合　　计							

预收款明细：　　　　　　　　　　　代收款明细：　　　　　　　HKD / RMB：

姓名	金额	姓名	金额	姓名	金额	姓名	金额

（五）应收账款控制

挂账部分消费款的收回，是球会收入管理的一个难点。球会为有信誉的个人和公司提供消费商业信用，在增加销售额的同时，也产生了应收款问题。这就需要加强应收款控制，确保营业收入款项的回收，防止坏账的发生。

一是控制应收账款挂账额度。挂账额度是球会允许客户消费的最大限额。球会应根据客户的资信等级，对信用等级高、业务量大、长期合作且回款及时的客户给予一定的挂账额度，反之，将缩减，直至取消。

二是应收账款职责控制。球会管理者及财务、销售等部门对应收账款有管理职能。财务部门要定期统计各笔应收账款的账龄及增减变动情况，并及时反馈给球会经理、营业部、销售部、会员部。回收应收账款责任应落实到个人，及时跟踪客户的经营动态，以客户为单位，做好日常催款工作，加快应收款的回收责任，从而减少坏账损失。

三是建立科学合理催收机制。球会销售部、会员部在应收账款快要到期时，首先应发函通知，提示付款日期将到期，请客户按时付款。如果客户逾期没有还款，可以打电话询问客户。如果应收账款到期后未收回，可发催收函。如果客户仍没有反应，可请公司的律师给客户发函。企业还可以派人上门催收。

四是重视客户资信管理。一方面通过了解客户以往的履约情况对客户进行评价，掌握客户的信用品质，即履行义务的可能性。信用品质是决定是否给予客户信用的首要因素。另一方面是付款能力，即客户在信用期满时的支付能力，取决于客户的财务实力和财务状况，表明客户可能偿还债务的背景，是客户偿付账款的保证。通过上述分析评估，如果顾客达不到信用标准，则不能享受球会的信用。对于老客户，过去业务的付款情况基本能反映出客户的信用情况。

案例：天津帝景强化日常营业收入管理

高尔夫俱乐部的日常经营需要有足够的现金支持，包括购买运营用品、支付能源费用、采购消耗品、支付工资等。营业收入稳定、充足，才能保证俱乐部的正常运转和健康发展。

天津帝景高尔夫俱乐部拥有国际标准27洞高尔夫球场，前9洞水岸球场整体湖水环绕、小桥流水，后18洞球场为长度7888码的国际标准锦标赛球场；视野开阔的80个打位双层灯光练习场；俱乐部会所设施包括高尔夫用品专卖店、洗浴、咖啡厅、餐厅等；另外还有现代化的体育中心——网球场等。因为服务项目多、营业点分散，使得营运收入管理较为复杂，所以，俱乐部采取以下措施加强规范日常营运收入的管理。

首先，收银控制。明确前台收银处是俱乐部唯一的结账处。避免多点收款造成的混乱，控制和减少漏收、跑账的损失。客人在球会活动空间广、流动大，这就要求客人到练习场、专卖店、餐厅、咖啡厅等营业点消费后必须在消费卡上登记，最后统一在前台收银处结算，这样既方便了客人，提高了工作效率，同时也有效降低"跑单、漏收"的风险。

其次，收费标准管理。帝景俱乐部采用会员制经营模式，会员因提前交纳相当数额的费用，在消费时可以享受特殊的待遇，但球会还要接待除会员外的其他客人。不同的客人收费标准的差异，是营业收入控制的一个难点。不同身份意味着收费标准不同，即产品销售价格的差距。所以，严格把关确认客人身份，就是有效控制会员外的其他客人的收费标准。避免球会各类价格的滥用，变为恶性降价、打折的工具，以防止俱乐部收入流失。通过利用现代科技手段制作磁卡会员证，客人到前台登记时出示该证就能确认会员身份；其他身份确认需要严格按制度规定和授权等确认。

第三，加强应收款管理。俱乐部建立了严格的挂账消费审核制度，评估申请挂账单位或个人的信用情况，要求挂账单位或个人提供资金担保或预存消费金额，并规定结算周期和消费额度的授权。加强管理，及时办理结算，对结算期过长的款项，要设专人催收，以减少资金占用。

案例分析：
1. 分析强化统一收银管理与促进各营业点收入增加的关系。
2. 帝景高尔夫俱乐部强化日常营业收入管理的方法对我们有什么启示？

思考题：
1. 为什么说营业部是球会管理的"中枢"？
2. 举例说明营业部如何与相关部门协调？
3. 如何做到球会预订、接待管理的规范化？
4. 怎样理解营业部信息管理对球会经营活动的影响？
5. 日常服务管理对球会整体服务水平的重要性。
6. 营业收入控制的内容及对球会经营会产生影响分析。

第五章　竞技服务管理

第一节　竞技服务管理内容

高尔夫球场竞技服务是由球童、巡场等专业人员按照高尔夫运动的规则和礼仪，在场地为球手提供的服务。竞技服务是由包括迎宾、出发台、巡场、存包室、球童、球车等服务环节构成，是与客人接触时间最长，并对整体服务质量影响最大的。

一、迎宾服务

迎宾服务一般由值班球童在球会门前的卸包区完成，也称为接包服务。球童是客人光顾球会接触到的第一批员工。竞技部一般安排两个固定球童在卸包区值班。对于卸包区与出发台较远的球会，除值班球童外，排队出场的球童将依顺序轮流接包。当顾客到达会所时，球童要主动相迎，球童的一言一行都反映着员工的专业素质和服务意识。应在不妨碍客人的情况下，为客人开车门，帮助客人卸下球包，注意轻拿轻放，避免球包磨损或划伤；在卸下球包后，应立即当面点清球包中的球杆数；假如有的客人有疑问，必须及时与顾客沟通；待到客人确认后，第一时间给客人球包牌，同时将另一张相同号码的包牌对应挂在球包显眼处；并请客人保管好球包牌，告知客人球包将送到出发台，离开时凭牌在此取包。

二、出发台管理

出发台（starter）根据客人的消费卡和预定的开球时间（Tee Time），为客人安排球童、球车及准备相关用品（记分卡、铅笔、MARK 等），并确定开球球道，确保球场正常运作。

出发表 Tee off time

队名 Team name				组别 NO.	
球手姓名 Player name	会员 Member	差点 DHCP	球包号 Bag NO.	租杆 Rent clubs	球童 caddy
1					
2					
3					
4					
上半场出发场地： First start course			发球时间： Tee off time		
下半场出发场地： Second start course			发球时间： Tee off time		

日期： 年 月 日　　　　　　　　　　　　　DATE:

（一）球童调度管理

出发台通过预订估计球场每天的打球人数及球童的需求量，适当对球童进行调度管理来调整服务能力，以满足不同时间段、不同服务负荷对球童的需求。

首先，球童排班需要与球场经营的高峰与低谷期协调。根据球会全年、每月、每周的业务量变化情况，制定人员需求计划，并根据日常的工作量确定球童排班计划，并安排好每个人一周内的工作日和休闲日，让所有球童得到均等的上、下班及休假的时间和机会。避免出现因球童不足，而降低客人的满意度。在高峰期或赛事期间保证足够的球童是提升服务水平关键的手段。

其次，需要考虑员工工作量和基本收入的需要。保证每个月每个球童至少应该出场服务25次。球童出场次数少，收入就会低，会造成员工流失；出场次数太多，工作强度太大，会造成身心负担。

第三，排班计划要考虑顾客的需求。每天安排球童的数量至少必须大于或等于当天客人的需求量。一般来说，周一至周五球场预订的客人较少，球童出场安排就少，而周末和其他节假日客人较多，球童安排就会多。另外，还要考虑客人对球童的特殊需要。

第四，球童的排班管理包括设置班次，执行班次制度，以及休假制度。

休班设置，员工休息日要尽量避免公休及节假日，尽量安排在平日休息，周一至周五每天安排一个班组休息。

年休假：按员工在公司的服务年限安排年休，年休要避免在旺季安排。我国北方球场冬季封场，年假安排在封场期。南方球场冬季是旺季，年休假一般应安排在夏季。

在遇到有不合理安排或者不公平的处理时，球童有权保护自己的利益。球童可以直接向上级投诉或者越级投诉，但必须先服从运作，事后再进行投诉，其间不得与任何人发生争执，不服从管理。

（二）球场秩序管理

首先，出发台根据巡场提供的信息，合理安排客人开球的球道。开球球道安排的合理程度决定了整个球场的打球秩序。开球时间（Tee Time）是客人提前预定的第一个球道发球开始的时间。一般球场开球间隔时间为10~12分钟，对于有严格差点限制的球场可缩短为6~8分钟。出发台应根据球场不同场地的繁忙程度，合理安排客人到第一洞（前九洞 out course、first nine）或到第十洞（后九洞 in course, backnine）开球。避免球场阻塞或客人长时间等候。

其次，根据球场状态合理安排下场人数。在球场高峰时段，整体速度较慢时，出发台需要合理调配两人以下的球员，将其合组打球。

再次，做好客人的下场记录，即按时间顺序、球童姓名、球车号码、开球时间、转场时间、打球完毕时间等其他相应记录。下场记录的各类数据统计有利于掌握球场状况和球手状况，以便更好地管理球场。

开始时间记录表　　____年____月____日
RECORD FOR TEE TIME　　　　　　DATE_____NO._____

时间	A	B	C	D	来客姓名 NAME OF GUEST				球童编号 NO.OF CADDIE

三、巡场管理

巡场（Marshal）是根据高尔夫规则和球会制度负责巡视球场、保证球场打球秩序的员工。首先，巡场根据球会的服务规范和作业标准，做到场地服务监控标准化；其次，以国际高尔夫球规则为标准，对球场上的球手和球童进行监管，规范球手的行为，保障客人在场内打球的安全及球场运转秩序的正常；第三，巡视指定球道的现场作业动态、服务质量、设施状态等信息，及时发现问题，采取纠正措施。

（一）客人行为管理

监督客人是否违反俱乐部规章制度，如客人下场时的着装是否符合球会的入场标准；球手在场地是否遵守慢打快走的原则，并确保客人在4小时15分钟内完成18洞；如有客人速度太慢，巡场应礼貌催请客人加快速度或让后面较快的一组超越前组打球；禁止客人没有经过巡场的确认在球道上随意插队或随意跳洞打球；禁止非打球者进入球道。

（二）球童行为管理

巡视球童工作情况，对球童服务进行跟踪管理，确保球童服务行为规范、合理。检查、监督球童场地服务情况，确保球童按照球会标准为客人提供竞技服务和场地整修服务，如果岭的维护、铲起草坪后的填沙及沙坑的复原等。

（三）球场状况检查

检查、落实球场内发球台、球道、沙坑、果岭、球洞、旗杆、洞杯、红桩、白桩、黄桩等是否处于正常使用状态。每天检查发球台标志位置是否合理，摆放是否到位，是否有损坏，果岭旗杆是否完好适用等。检查发球台边的烟灰缸、垃圾桶等是否完好，检查球道卫生状况，发现问题需及时处理或通报相关部门处理。

（四）安全应急管理

为贯彻、执行球会有关球场安全和服务规范的要求，对球场内出现的任何安全隐患，如雷雨、台风天气，及球员、球童受伤或突患疾病等，应按应急方案紧急处理。

（五）汇报信息

及时汇报并让竞技部经理对整个球场的情况了如指掌，随时与出发台保持联系，保证球场运转的顺利并使球会的管理更为有效。

（六）记录

做好球道巡检记录，每次巡场做好巡查记录，记录具体地点、时间、人物、事件经过等。

日期：

地点	序号	问题记录
发球台		
球道		
沙坑		
果岭		
其他		

四、存包室管理

存包室（Storage Room）是负责客人球包的存放和管理球具租借的地方。存包室为达到"易于管理"的目的，按照球包的所属性质或来源等特征，将球包分类成若干较小的单元进行存放。通常按球包的来源分为会员球包、访客球包、球场球包。对于会员球包还可细分为长期存包和临时存包。分类要有利于存放、领取的习惯，最大限度地方便球会经营管理的需要，并保持分类的科学性。存包室的主要任务有两类，一是为经常到球场打球的会员或临时需要存包的客人存放和保管球包；二是为临时到球场打球而没有带球杆的客人，提供球具租赁的业务，如租用球包、球鞋、伞等。

（一）按球包架编号存放

对长期存包者，应按固定位置存放。球包架编号与球包编码密切相关。球包分类往往是球包编码的基础。对同一个类型的球包只能用一个编号，这样使球包编号易于识别，看到编号就能知道该编号所代表的实际球包类型和球包存放的位置。球包编码一般由五位数和一个字母组成。从左起第一位字母为球包的分类代码，如会员球包用 M 类，访客球包用 L 类。第二位为球包的类别代码，临时存包或长期固定存放；第三至五位为球包的顺序号。为了避免不必要的重复，建议后五位数全部由数字组成。对于经常到球场打球的会员要记住球包品牌颜色、球杆品牌及型号。为了管理方便，一些球会专门为客人定做印有球会标志的姓名挂牌，便于辨认和查找。

（二）球包安全存放

按照有关程序和规定，存包前清点客人的球杆数量、种类，填写一式两份的存包卡，交给客人一份，另一份挂在球包上，还要详细填写《存包出入登记表》，并由客人签字确认。存包时认真清点球包里的物品，如清点有误，应负责赔偿相关的损失。

存包出入登记表

存放日期	客人姓名	存放物品	经办人	领取日期	经办人
		球包品牌（　　）球杆总数（　　） 铁杆品牌（　　）数量（　　） 木杆品牌（　　）数量（　　） 其他物品（　　）			

全部球包采取上架处理，保持存包室通风，确保球包不受损和被鼠虫损坏。

制定存包保养计划，定期对球包和球杆进行保养，包括室外晾晒、清洁球杆、擦BB油、清洁球包架等。

（三）球包的收费管理

对存放到期的球包，要将名单交给会员服务部通知会员，按俱乐部有关规定办理续存、交费手续，并做好相应记录，更换新期限存包卡。

对临时存放一天的球包要在球包交换卡上写明日期和球包内所有物品，客人取包时要按俱乐部有关收费标准收取存包费。

（四）定期清理球包

为避免客人长期占用存包室空间，需定期盘点球包，对长期（一般为半年以上）不下场消费的球包，应登记，按有关规定与存包人联系。球会可以根据具体情况采用较灵活的管理方法，如针对经常下场打球的客人（如一个月内下场打球满12场次或每星期下场3次以上者）提供优惠存包服务。

（五）球包领取

客人领取球包时，应核对存包卡上的存放日期、球包和球杆品牌及数量等信息，根据存包卡号码查找球包，并请客人在存包领取记录表上签字后，将客人球包送到出发台或其他指定地点。

（六）球杆租借管理

租借球杆的数量既要足够并有一定的余量，又不能出现大量的存货，避免占用大量流动资金。球杆质量是顾客最关注的问题。球会不要提供仿制杆或品质差的球杆，避免引起客人的不满。球会作为高端服务场所一定要购买正品杆，并保证球杆的品质，否则会影响球会的形象。

五、球车管理

球车是高尔夫球场为球手下场打球服务的重要工具之一，也是我国球会收入的重要来源。球车管理不仅关系到球场的收入和服务水平，而且关系到顾客的安全。

球场上承载球包的球车（Carts or Bougy），有电瓶车和柴油车，还有手推式球车（Trolley）和遥控高尔夫球车。目前球场上主要以电瓶车为主，球车主要是供球手租用的。在人们的健身意识不强、球技水平不高的情况下，球车在球场上扮演重要的角色。

球车管理中最重要的就是安全驾驶。安全驾驶无论是对球手本人还是球童的人身安全都是非常重要的。特别是山地球场上下坡较多，经常会发生伤亡事故。球手作为一般消费者，到球场打球，与球场之间形成的是一种服务合同关系，依据《消费者权益保护法》和《合同法》，享有安全保障权，球场应当保证提供符合保障人身、财产安全的产品和服务。所以，一方面球车管理要按照《球车操作及维护规程》，强化球车的日常保养维护，保持所有球车处在良好运作状态，保证球车制动系统长时间性能稳定。高尔夫球车应操作方便、简单、安全。另一方面，保证球童和球手严格遵守球车驾驶安全规范，确保球车在下坡时能低速、平稳、顺畅地运行。

球童备车时必须保证球车完好。如出场后被发现球车损坏而说明不了原因的，由备车球童负责赔偿维修费用。

客人回场之后，清理球车上一切物品，不可有垃圾留在球车上（包括记分卡和铅笔）。球童将车钥匙统一交至球车管理员处。如因物品未交齐而丢失，则该组责任人应负责赔偿所遗失的物品。

第二节 球童管理

球童，英文为 Caddie 或 Caddy，音译为杆弟。球童是在打球过程中为球手背球包、管理球杆，并根据高尔夫规则为球手提供助言的人。也就是说，球童不只是简单为球员提供背包服务，同时也是球员的参谋，提供合理的助言，包括球离果岭的距离、球杆的选择、方向或线路的判断等，帮助球员顺利并愉快地打好每一杆球。在球场上，球童和球手是一体的。在中国现阶段，高尔夫运动还没有普及，特别是高尔夫文化和礼仪的知识还没有为大众所熟知。因此，球手在打球的过程中，球童的作用不可替代。

球童管理包括从球童选拔，定级管理，排班管理，考核管理，球童业务培训管理，以及制定球童工作规范等一系列工作。

一、球童的招聘

球会未来的服务质量在员工招聘时就已决定。只有招聘到高素质的合格人员，即使专业知识缺乏，经过一定培训后就能成为高质量的球童。球会要分析自身的实际情况来拟定招聘球童条件。以下是某球会对球童的招聘条件。

（1）形象：五官端正，听力好，性格开朗、大方、活泼，口齿清楚，普通话好。

（2）年龄及学历：16～23 周岁，高中以上。

（3）身高：女 1.58 米以上，男 1.68 米以上。

（4）体重：女 45～65 公斤，男 50～75 公斤。

（5）视力：5.0 以上（可戴隐形眼镜）。

（6）身体条件：具备良好的体力，能走满至少 18 洞，徒步行进 8 公里。

（7）具备一定外语基础者优先。

从招聘条件看，最看重的是身体素质，包括身体条件、视力、体重等；其次，要求有一定的沟通技巧和表述能力。一般而言，国内的球会招女球童较多。因为女球童更有亲和力，比较细心，可以更耐心地服务。

二、球童培训管理

（一）球童的个人素质

服务品质的稳定，依赖于球童的个人素质，而最基本的素质就是要具有服务意识。

首先，树立"客人至上，质量第一"的服务思想。根据球场状况，预测并及时为客人提供服务，与球员进行必要的互动，多提建议，少做决定，处处体现球童的专业素质。

其次，善于和顾客沟通。用语规范，说话亲切，语调适中，表达清晰，善解人意，与顾客建立良好的关系。营造和谐、友好的气氛，球童与球员在轻松的气氛中，愉快地度过 4 个多小时。没有良好的沟通技巧，势必造成气氛的沉闷，无法调动球员的积极性，进而无法提供良好的服务。

第三，以诚待人。球童在服务球员的过程中，必须真诚地为每一位顾客提供服务。无论顾客是否是会员都要平等待人，以礼待客。这是球童应具有的职业素质。

第四，爱岗敬业。在岗位安排、轮值、服务工作等方面都必须进行合作。有高度的工作责任心及协作精神，与其他球童之间团结互助，能正确有效地处理和协调球童与球会各个部门的关系，保证对客人提供最佳的服务。

第五，心理素质良好。球童服务工作随时面临来自球手的指责，甚至漫骂，所以，球童必须有良好的心理素质，有涵养，有耐心，善于控制自己的情绪，不能失态，不能与顾客产生冲突。遇到不愉快的事情要通过一定的方法放松和解脱自己，以求工作的顺利完成。

第六，身体素质佳。由于球童背包作业，步行时间长，需要身体健康，具有良好的体力和精力。

（二）球童的业务素质和技能

1. 熟悉掌握服务技能和球车驾驶，了解服务程序、操作流程、服务技巧，根据球童要求执行工作，遵守球会有关球童管理规定。

2. 掌握高尔夫球知识，包括高尔夫礼仪、高尔夫规则（及当地规则）、各种球杆、用品的性能、作用、草坪维护及保养知识，懂得高尔夫打球技巧，能够根据风向、球场特点等因素指导球员打球。

3. 熟悉球会各部门的产品信息，能指引客人进行各种消费。

4. 熟悉球会所在地主要的旅游景点、酒店、娱乐场所和交通设施等。

（三）**球童培训**

球童是在球会中与客人接触最多的人，他们的素质和服务技能直接反映了球会的品质。在我国，由于大多球童事前没有接受过高尔夫教育，且文化水平低，对球场服务知识不熟悉。所以，球童培训就非常重要。球会对球童培训应有计划性、针对性和系统性。

1. 球童培训的目标

通过球童培训必须明确培训要达到的结果。合理的培训目标，有利于球童专注于培训内容，使培训效果最大化。

首先，提高球童的服务技能，这是提高工作业绩的前提；

其次，改进服务质量，提高服务效率；

第三，提高球童个人能力，有利于球童职业生涯设计和个人发展；

第四，使球会获得竞争优势。

2. 球童培训的内容

（1）制度规则

● 球会及部门规章制度：让每个接受培训的球童学习球会的政策，了解自己工作的职责和义务。

● 高尔夫球规则：球会对球童规则的培训包括 R&A 制定的高尔夫规则和球场的本地规则。

（2）高尔夫专业知识

专业知识是提供服务的基础。通过培训让每个员工掌握基本的高尔夫专业知识，有利于建立服务的信心。

● 高尔夫球历史及专业术语。

● 球场安全知识，即球童场地服务安全培训。

● 高尔夫球杆知识、分类、功能，如知名品牌的球杆及特点（知名的球杆品牌 Callaway，Taylor Made，Mizuno，Honma，Titleist，Ping，Cleveland）。

（3）服务技能

服务技能培训有利于提高球童的服务效率。包括：

● 体能培训；

● 服务程序、规范与服务技巧；

● 球车驾驶，开球车服务安全注意事项和程序；

- 球技培训，挥杆到推杆的技巧。

（4）服务意识

服务质量的关键取决于服务态度。服务意识的培训将使球童树立正确的服务态度。态度决定人的行为，影响服务效果。包括：

- 职业道德；
- 仪容仪表；
- 日常的礼仪与高尔夫礼仪、礼貌；
- 团队合作意识。

（5）实战经验

实战学习让受训球童掌握服务的程序，将知识和技能运用到实践中，了解服务的具体问题和解决方法，提高培训的实际功效。

了解球场每个球道的情况，如球道特点（左／右狗腿、盲果岭、山沟、湖水等）、长度、障碍物、OB桩、果岭位置（画图说明）等。

场地服务，服务知识在场地的具体应用。

3．球童培训方法

新球童培训期一般为3个月，培训要注重方法、技巧，下场实践与理论相结合，考核与讲课相结合，这样才能收到好的效果。

①讲授法：对于只需要球童简单了解的知识像球会规章、部分高尔夫知识等，可以采取讲授方法。

②案例法：主要是通过解析发生过的现实工作中的情形和情景，让球童分析事件发生的原因，找出解决问题的正确方法和途径。球童服务的案例、顾客投诉案例、高尔夫规则的判例等。

③角色扮演法：球童根据所学知识事先扮演角色，如一人扮演球手、一人扮演球童，进行现场互动。亲身体验哪些地方做得好，哪些地方不好，为什么，怎样改进？

④现场培训：无论是场地知识、规则礼仪，还是技能培训，都需要大量的现场操作教学，给与每个球童实践的机会，通过实践获得技能和技巧。

⑤行为模仿法：根据视频资料或在其他有经验球童的示范后，进行行为模仿。如根据国际大赛知名球手的球童行为进行模仿。行为模仿要求球童了解为什么要这样做，依据是什么。

培训方法还可以有很多，如游戏、电脑模拟等，一切要根据培训内容和目标，以效果为基础，针对性地选择培训方法。

三、球童工作内容规范

（一）出发前准备工作

首先，球童出场前要装备齐全，包括：沙袋、沙铲、铅笔、球标、评估卡、记分卡、球杆确认卡、果岭叉、球座、擦球毛巾、雨衣、雨布（下雨时准备）。

其次，球童出场时要身着俱乐部统一服装，佩戴安全帽，扎好防晒头巾，背好沙袋、沙勺，携带球包雨套等。

第三，根据出发台的安排出场。根据出发单，确认客人的姓名、同组人数、以及是否有其他球童与自己同组，并及时确认下场客人及球包。主动向客人介绍自己，高兴能为客人服务。

第四，询问客人是否租车，如租车将球包摆放在球车上；如果客人需租用球包和球杆，要协助客人到存包室办理相关手续，并为客人取出球包，要在出发台做好登记手续。

第五，仔细清点客人的球杆，并将木杆、铁杆、推杆和其他杆、雨伞以及其他物品登记清楚，交给客人签字确认。如客人携带超过14支球杆时，应礼貌地提醒客人球杆数过多。

（二）开球前

第一，根据出发台安排的发球时间，引导客人到指定出发球道（前九 OUT COURSE 或后九 IN COURSE），并将球车（或手推车）停靠在发球台球车道指定位置。

第二，在客人准备开球或等候的时候，球童应将沙袋装满沙。如果发现发球台上有打痕，应去填沙。

第三，向客人介绍球道的情况，如距离、标准杆、障碍区，并说明安全的击球路线或建议采取的击球策略，并耐心地解答客人有关球道的疑问。

第四，征求客人用杆意见后，为客人呈上所要使用的球杆。对初学的客人，适当地给予选用球杆建议，确认并记清客人使用的球（号码、品牌）。

第五，球童必须确认前一组客人走到安全距离以外后，再示意本组客人开球（安全距离指：在标准杆为3杆的洞，所有客人离开果岭；在标准杆为4杆和5杆的洞，所有客人都走到安全击球区［如280码］以外并继续向前走）。

（三）开球时

第一，球童要站在客人的侧后面，面向前方，切记不可站在击球延长线的正后方。客人准备击球时，保持安静，不要随意移动、讲话，以免影响客人打球。

第二，准确判断客人球的去向，注意客人击出球的落点，寻找参照物。如果对客人击出的球不能肯定是安全的,则应该请客人打暂定球。如果客人击出的球飞到其他球道或者是视线范围以外的地区,球童应大声喊:"FORE!"。提醒球场其他人的注意。

第三,双手接过客人的球杆,用湿毛巾将球杆擦干净,放回球包原来的位置。

(四)球道上

第一,熟记码数桩。清楚球到果岭中间的距离并告知客人,给客人用杆的建议。

第二,填补打痕。将客人打起的草皮放回原处,再用沙修补打痕并踏实,迅速回到球车上或推车跟随客人前进。

第三,当客人从沙坑打出球后,球童应该对沙坑中客人的脚印、打痕进行修整,修整完之后,把沙耙顺着沙坑边摆放。

第四,主动去寻找可能遗失的球。球童应特别注意,找到的球是否是原来的球,按高尔夫规则找球时间应在 5 分钟之内。

第五,客人球打进水障碍,球童要记住位置,根据水池标桩的不同,按高尔夫规则要求采取相应补救措施。

球童在服务当中要有效劝阻客人违反球会规定的行为,如:不符合高尔夫礼仪的着装、超过四人一组、慢打超时、危险击球、未按规定打相应的 Tee、窜场、打"No Touch"规则等。

(五)果岭及其周围

第一,客人的球未打上果岭或离旗杆较远或站位看不到球洞位置时,球童应站在球洞边,扶旗杆,告知球手果岭的起伏状况,为客人提供指引。

第二,当客人的球打上果岭后,球童应该为所服务客人的球做好标记,拿起球并擦拭干净,及时修补果岭上的打痕,球童应将旗杆拔出并轻轻放置在果岭外面。

第三,在客人准备推杆前必须把球放回原来的位置。当客人要求时,帮助客人看好击球路线并摆球。球童在果岭上服务时要动作迅速,但不可以在果岭上跑步。

第四,在果岭上走动的时候不要踩到客人的击球线,应绕行;当客人推杆时,所有球童都应停止走动,更不能说话,避免影响客人。

第五,当最后一位客人击球入洞后,应尽快插好旗杆,离开果岭,避免影响后一组客人击球。

第六,如果本组所有客人打球较慢时,为了不影响后一组人数少、打球快的客人,球童应该根据球会规定,礼貌地建议本组客人,让后一组客人先开球,这称为 Call Green。一般在标准杆为 3 杆的球洞，在征得同意后，带领本组客人退避到安全区域，然后示意后一组客人开球，之后再请本组客人推杆。

第七，协助客人记分，平时可记标准杆的加减杆数（正负），比赛时按统一要求记分，提醒客人签名。

客人损坏球场设施、刮花球车或者打坏果岭，球童应第一时间内与客人进行确认，并尽快与巡场或出发台取得联系。球童应对未及时与客人确认或未能及时通知出发台和巡场而引发的争议或后果负责。

（六）结束后

客人要求加打时，必须提醒客人到前台重新开单。没有开单客人加打，球童有权拒绝为其服务。

每打完一场球后，都要彻底清洁和清点所有球杆，整理球包物品；再次称赞客人打出的好球或取得的好成绩，如小鸟球、老鹰球等，并感谢客人的光临；问清球包去向，然后将球包送到指定位置。

出场回来后，到出发台向出发员确认客人打球场数，如客人开单 18 洞而只打了 9 洞，球童回场时必须通报出发台人员实际洞数，以便改单。

四、球童小费管理

小费是球童的主要收入来源，是客人对球童所提供服务的认可，并根据服务的满意程度而自愿支付的费用。小费反过来促进球童加强学习、提高服务水平。

一些球会为了便于小费管理，常建议客人在标准 18 洞服务后支付小费的数额。打球结束，收到客人小费，要礼貌致谢；不得因小费少而拒收小费；不得因小费分配出现问题，在工作范围发生争执吵闹（可进行自我调解或找球童长解决）。

球童不得以任何理由和任何形式向客人暗示或者主动向客人索要小费（包括红包），一经证实，作辞退处理。

五、球童绩效管理

球童由于其自身工作内容的独特性及工作性质的特殊性，有效的绩效管理将直接影响到球童的工作表现，从而影响到球场的整体形象及顾客满意度。

（一）球童绩效目标的制定

球童个人绩效目标是根据球场运营总目标由上级目标层层分解而来。球童主管负责全体球童绩效管理目标的制定，并将其细化为每个球童的绩效目标，管理、监督球童实现其绩效目标。

球童绩效目标制定流程如图所示：

球童绩效目标制定流程

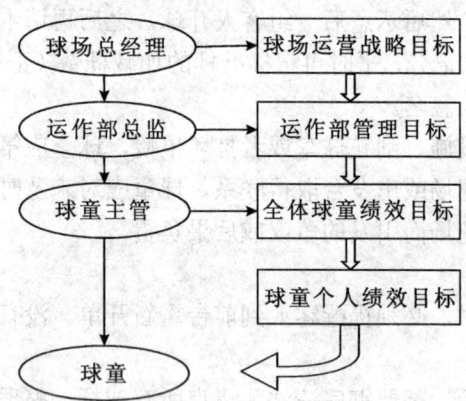

从球童绩效目标的制定中可以发现,每一位球童的绩效管理目标是统一的,根据组织需求所制定。

(二) 球童绩效评估的内容

目前球童的绩效评估主要以球童等级评定的形式存在,换言之,所采取的主要方法为等级评定法。

高尔夫球会根据自身要求制定了球童的绩效评估的明细内容,可归纳为以下几方面。

1. 考勤

球会对于球童的考勤制定有十分详细的评估细则。

迟到早退规定:点名不在场,一律视为迟到,迟到(早退)30分钟以上者,按旷工处理。

离岗:当轮到出场时不在岗,所在位置自动调到所有球童出场顺序之后,视为弃权,视为离岗处理。

请假:事假每月不可超过两次(特殊情况除外),两日(含两日)以内事假需提前一天申请;三日(含三日)以上事假,需提前三天申请;一周以上长假需提前两周申请(不得电话请假)。节假日不得请事假,病假须有公司指定的有效证明或本公司医务室证明,经批准方可认为病假。

球童考勤由球童主管负责,并于每月1日将上月考勤结果进行汇总、评分。考勤分为:出勤、病假、事假、工伤、迟到、早退、旷工、探亲、婚假、产假。

2. 工作量

球童的下场次数,每出一场次或接包一天记0.5分,由出发台进行记录,月末由球童主管进行汇总、记分。

3. 服务态度

服务态度是客人感知的一个指标值，打一场4小时高尔夫球的过程中，客人打球水平、打球成绩、客人自己的心情、客人的文化修养影响着对球童服务态度的评价。巡场对球童的监督和球童自身也会影响服务态度。客户根据球童表现，由客户在打完球之后填写客户评估卡，评定优、一般、中、差四个等级。评估分数直接计入球童等级评定。被客人评估卡评定为"一般"和"差"的球童需提交《事故报告单》说明情况，并给予相应的扣分及其他处罚。

4. 专业技能

球童从为客人接过球包一刻起，就必须按照专业技能要求操作和服务。球童专业技能主要有发球台服务、球道服务和果岭服务三个方面。发球台服务主要包括看风向、报球道的基本状况、向客人提供瞄球的方向和球的第一落点的大概位置。球道服务包括报码数和协助处理规则问题。果岭服务是专业技能的核心，包括照管旗杆、分析果岭状况和指示推击线。规范动作和专业语言对球童在专业服务过程中的动作和语言进行打分。

专业技能

项目细分	发球台服务			球道服务		果岭服务		
	看风向	球道情况	方向落点	码数	规则	照管旗杆	果岭情况	指示推击线
语言								
动作								

此外，服务过程中球童专业技能还包括球车驾驶，球场服务技能包括为球坑补沙、平整沙坑、捡拾草皮等。任何未按要求执行的行为如在场下服务过程中未及时或遗忘照管旗杆者，未挑球印修复果岭、未铺沙、未捡拾草皮、未耙沙坑者，视情节都将受到相应的处罚。这一部分的评估主要是由球童主管和巡场完成。评估者根据球童的现场服务表现进行评定。

5. 礼仪规范

仪容仪表：球会的规范和高尔夫礼仪对于男、女球童从发型、服饰、个人卫生、待客礼仪等各方面进行了规范。球童代表着公司的形象。只要上班后，就必须保持良好的精神面貌，穿戴整齐干净，无污迹，无磨损，裤长合适，鞋子须干净，颜色合适。保持面部清洁，女球童化装要得体，不得浓妆艳抹，不得留过长的指甲，不得佩戴多余的首饰；男球童不得留胡须。女球童长发须盘起，不得披头散发，前发不得遮盖眼睛；男球童不得留长发，发鬓不得过耳。

操作规范：球场上的操作规范包括球包的清理工作，球杆数的确认、球场上的助言等。爱护公司财产，妥善使用公司所配备的工作用品。遗失球会物品，知会巡场或回场后及时寻找，如有未查找到的，将按遗失物品原价赔偿。

严禁在球童室内大声喧哗、打闹、嘻笑。上班时严禁吸烟，严禁在球童室及宿舍赌博，当班时间严禁在球童室内睡觉。

（三）球童绩效评估方法

1. 球童自我评分

自我评分是自我意识的一种形式，主体对自己思想、愿望、行为和个性特点的判断和评分。自我评分的方式是每场球童对自己的三个服务评价指标进行评分，自我评分能促使球童更加努力地做好自己的工作，让球童服务完一场都回顾自己在服务过程中的服务质量，加强自我的改进。

2. 球会的监督考核

球会的监督可以利用球场中的巡场对球童的服务态度进行监督给分，发现有态度懒散或服务不认真的就扣分。这也可以监督球童在服务的时候明白球会是有监督体系的。球会中有专业技能高的球童培训师，对专业技能的评价是比较专业的。建议球童培训师能按下表从发球台到果岭每个细分项目进行考核。考核按 100 分制来计算，这样细分就能更客观更真实。球童的沟通技巧球会可以测试球童的语言表达能力和英语水平。

3. 客人的反馈评分

客人是球童服务的对象，是最能感知球童服务质量的人，所以在球童下场的评分卡中，建议把球童服务态度、专业技能、礼仪规范三个项目单独列出来，让客人打分。

球童的服务质量评价表

指标＼权重	自我评分 20%	球会评分 20%	客人评分 60%	得分	比例合计
专业技能	90*20% 18	80*20% 16	70*60% 42	76	40%*76 30.4
服务态度	80*10% 8	90*80% 72	100*10% 10	90	20%*90 18
礼仪规范	90*20% 18	90*40% 36	80*40% 32	86	40%*80 32
总分					80.4

通过计以上表样计算可得该球童在服务质量评价得分为 80.4。

（四）评估成绩月度汇总

评估以月度为单位，各项内容每天进行评分并进行月度汇总。

球童绩效评估得分是由评估内容各项评定分数按照各自权重之和汇总而得。因考勤和工作量非常客观，只要求按照统计数据计算分数即可，再加上礼仪规范、服务态度、专业技能等的评估分，即得总分。

六、球童的定级管理

高尔夫球会为了对球童进行有效管理，保证球童的服务质量，对球童进行分级管理，一般为 A、B、C 级。A 级为优秀，B 级为良好，C 级为一般。一些球会也采用金牌、银牌、铜牌来分级。球童等级划分的依据主要是球童每月的绩效评估结果。球童分等级是为了使球童明确工作目标和努力方向，在不断提高自身素质的过程中，树立自己的鲜明服务特色。

对球童定级要注意以下两点：

一是球童 ABC 定级应将标准量化，评分做到公正、公开、准确。明确每月出场的最少次数。综合考虑球童的考勤情况，被客人表扬次数，被客人投诉次数，业务知识的学习和考核成绩。

二是定级与出场费挂钩，奖优罚劣。球童的级别与薪酬挂钩，将直接影响到球童的月基本工资及每次出场所获得的出场费。这能使球童感到只有认真工作才能升级，并获得更多收入。促进所有的球童更加努力提高服务质量，服从管理，提高球会的品牌。深圳某高尔夫球会，A 级球童 250 元出场费，B 级 220 元出场费，C 级球童 180 元。客人使用优秀级别球童的服务，有助于使客人取得更好的成绩，客人在开心时也会愿意支付更多的小费。

球会某月球童评分表

序号	班次	工号	优	良	一般	差	点号	调休	得分	实际出场次数	接包	得分	奖励	处罚	得分	日常表现分数	总分	总评	上月考评	最新技评	级别

第三节 球会赛事服务

一、赛事是球会的基本服务项目

球会举办的会员赛事是球会的一项基本服务，它为会员提供交流平台，增进会员之间的友谊，这项服务需要竞技部以及其他部门共同合作来完成。

（一）竞技部工作

球会的赛事主要由竞技部实施，主要负责以下工作：
- 明确赛事开始和结束时间，确保比赛发球时间与其他客人时间无冲突；
- 在规定时间前，设置最远、最近距离、最近线等奖项标志于相应的球洞发球台上；
- 球童在开球时间前两个小时准备在前台接包，登记好参赛者的姓名；
- 开球前半小时把球包放到相应的车上；
- 比赛前一天与会员服务部确认参赛名单，事先在球车上要贴好参赛者的名单，并在开球前一小时把球车摆放在出发台门口；
- 球车上摆放好参赛者记分卡（记分卡上注明参赛者一组的姓名、差点、发球台）；
- 赛后收参赛者签字确认的记分卡，并按事先的规定计算方式（如新新贝利亚等）确定记录参赛者成绩；
- 清楚记录比赛成绩，列出得奖名单，报给市场或会员部颁奖；
- 准备好赛事成绩公布栏；
- 与各部门合作完成现场管理。

高尔夫赛事组织是一项复杂的工作，赛事最关键的是要有一个通力合作的团队专门做赛事方面的筹备工作。赛场的布置关系到开闭幕，比赛，报道，后勤等工作的顺利进行，一切都需要事先计划，并按流程运行。

（二）市场部工作

报名并汇总参赛人数及准备分组名单，将分组名单派发给会员服务部、前台、收银、出发台。

分组名单要注明会员姓名、会员号码、差点、组别、开球场地。落实报名人员、礼品安排、奖杯、奖项、颁发纪念品和奖品的档次、份数等。

奖励范围：个人总杆前六名、个人净杆前六名、个人一杆最远奖、个人距洞最近奖；BB 奖、幸运抽奖若干。

与场上管理人员协调安置所有与举办赛事有关的商业和服务提供商的宣传背景。

高尔夫球会的赛事组织计划表

赛事名称：
赛事目标：
赛事主办单位：高尔夫球会　　　　　　　主要联络人：
一、活动安排：
a) 开球时间及人数：
◇ 年　月　日　时间
◇ 人数：
b) 奖项：最近洞奖（要求发球台放一面旗子，果岭上放一面旗子）
◇ 挑选 1 个 PAR4 洞，2 杆上果岭的最近洞奖
◇ 挑选 1 个 PAR3 洞，1 杆上果岭的最近洞奖
c) 用餐：中午用餐时间约为半个小时，请餐厅提前准备。
d) 运作部
二、收费标准：
a) 果岭费
b) 用餐标准
备注：
有关此次活动咨询，请询问营销部。电话：

参与部门	具体事项	活动事项评估	部门反馈
营销部	1. 作为活动协调部门，具体分工如下： 2. 营销部经理／预订处负责与该公司联系相关事宜； 3. 营销人员负责协助到场客人的接待及方向的指引工作。 4. 根据客人提供的分组表，及时将分组表传递与各部门／岗位； 5. 营销部负责协助整个活动的接待工作、注意满意度的收集		
竞技部	1. 出发台：安排客人出发，协助组委会回收记分卡； 2. 球童：协助客人记录最近杆奖的距数以便核对		
营业部	1. 根据分组名单于××月××日上午 9:00 之前提前开好 IC 卡，为客人签到做好准备； 2. 准确输入费用		
财务部	收取费用		
餐饮部	当日中午及时为客人提供套餐		

（三）其他部门工作

前台：负责登记。

收银：负责收费。

营业部：负责餐饮、住宿。

行政部：负责确定场上所有广告牌、卫生间、记分板和帐篷的位置，为选手和观众提供医疗服务、拍照、广告制作、横幅制作、赛后更新积分板。

工程部：负责设备安装、广告板安装。

草坪部：根据当地法规，负责在球场上设立拦绳和桩标以控制观众人流，及垃圾/废物管理。

竞技部：负责练习场的设置，码数册的准备，比赛安排等。

二、球会比赛种类

现代高尔夫球运动一直在市场化程度高、竞技欣赏水平高、赞助厂商地位高的层面进行着。高尔夫球运动追求"高远、精准"的本质使竞技场上瞬息万变、比赛竞争精彩，而运动员在球场上表现出来的绅士风度、永不放弃的职业风范，又大大增加了赛事的吸引力。高尔夫赛事是球场竞技活动的主要内容之一。球会常举办的比赛有以下几种。

（一）月例杯赛事

一般而言，月赛赛事时间规定为每月的第一个星期天某一确切的时间点开球。比赛将提前7天确认比赛预定时间，月例杯的参赛人数不多于60人，不少于8人，在比赛的前一天与会员服务部确认参赛名单，如果报名参赛人员少于8人，则通知报名参赛者取消比赛，但可以正常下场打球。另外，每个球会会根据自身的情况来命名各自的月例杯赛事。如：沙河高尔夫球会××月会员月赛（没有赞助时）；沙河高尔夫球会××月（赞助商名称）会员月赛（有赞助时）。

（二）特殊节庆活动赛事

这大多是球会大都会在特定的节庆日邀请会员及相关嘉宾参与的比赛，如球会的周年庆、圣诞节等。这些特殊节庆的赛事主要是由球会主办，球会将根据特定的节庆及赞助情况给赛事命名。

（三）企业组织赛事活动

企业组织赛事活动的关键是要有一个通力合作的团队，专门做赛事方面的筹备工作。赛事组织委员会一般包括批准单位、赛事赞助商、专门承办赛事的机构、球场方等。

（四）承办大型赛事

一些场地条件符合要求的球场，也承办专业赛事公司举办的各类赛事。如业余巡回赛、中巡赛、青少年赛、亚巡赛和欧巡赛。球会各部门要配合专业赛事公司做好相应的服务工作。

案例：上海同想 Touchigator 球场运作管理导航系统

为实现球场管理现代化，越来越多的球会安装专业的高尔夫 GPS 导航系统。上海同想文化传播有限公司设计的多功能的 Touchigator 系统，安装于高尔夫球车之上，实现信息及资讯服务同步性，并且通过 WiFi 网络技术实现球车与球场管理系统的实时通讯，使球会管理及时有效。

GPS 系统可以随时显示自用球车的位置，还可以显示同一球洞其他球车的位置，在球车转到下一洞时，GPS 会自动换成下一洞的资料：地图，是几杆洞等等。由于该系统使用了触屏技术，球员可以进行任意目标点的多点距离测量，误差范围 1～2 米。当球员进入球场，特别是进入自己不熟悉的球场时，通过 GPS 导航，球员可以查看球场整体地图和具体的球洞地图，很好地帮助客人制定球场、果岭攻略。

对于需要自动计算赛事成绩的客户来讲，系统提供差点计算及量身制作的电子分牌发布系统。专为球队赛事设计的专业球赛显示板界面，可让参赛球员了解赛事最新情况，从而增加竞争性及赛事娱乐性；不仅可以实时了解本球车的每球洞和整场比赛成绩，还可以了解同队队友和其他队员成绩。系统连接球场主服务器，赛事积分精确储存。

由于高尔夫球场占地面积相当大，且球场管理呈动态形式，球会不可能凭肉眼知道球场上的情况。通常的做法是派巡场了解实时情况，可能的结果是不全面的。有了该系统的辅助，可以提高效率。球车在球场上的状况，管理者可以通过系统画面一目了然，包括球车的状态，球员姓名，球童姓名等。可以手触屏，屏幕上会出现对话框，显示所要求了解的信息。使用该系统，球员的每场打球时间有望缩短 30 分钟（以 18 洞计算），从而使球会，特别在旺季会因为周转率提高而使得可供出售的球洞增加，意味着有可能提高球会的营业收入。

该系统使球车链接了球会的各营业中心，这样，有助于全面提高服务水平，提高客户满意度。

案例分析：
1. GPS 导航系统如何提高球会的运营能力？
2. 球手在多大程度上会依赖 GPS 导航系统的帮助？

思考题：

1. 简述竞技部赛事的主要功能。
2. 做好迎宾服务与竞技服务整体衔接的意义。
3. 出发台、巡场的主要工作内容有哪些？
4. 分析现阶段我国球童工作的特点，与国外球童比较分析。
5. 球童应具备哪些素质，主要工作职责是什么？
6. 简述球童培训的内容及方法。
7. 举例说明球童绩效管理的作用。
8. 球童定级管理对提高球童服务质量和球会效益方面有什么影响？
9. 列举球会会员赛事可设立的趣味性奖项。

第六章　会籍设计与销售

第一节　会籍品种

目前，我国高尔夫球场主要采用会员制经营模式。会员制度是一种新型的客户关系，球会通过发售会籍，客人按照一定的会费标准交纳会费成为俱乐部会员，形成球会与顾客之间较稳定的供求关系。会员多少不仅反映球会被市场认可的程度，而且对球会未来的经营管理有直接影响。

一、球会会籍类型

会籍的种类受到球会政策、市场定位、管理模式、球场风格、会所设施、市场供求等因素的影响。会籍的类型不同，会员享受的权益也不相同。

（一）按会籍的基本类型分类

1. 团体会员

球会的团体会员一般是合法注册的公司或企业，团队会员是由公司指定的享有打球的资格和权利的自然人。团体会员通常称为"提名人"，有明确提名人的为记名团体会员，不指明具体提名人的为不记名团体会员。团体会籍也称为公司会籍或法人会籍。记名公司会籍通常包含1~3个记名人，会籍价格因记名人数的不同而有所差异。团体记名会员通常经申请可以更换，当然不记名的公司会籍可以是公司所有有资格的人，凭证可以消费，但球会会限制每次使用的人数，价格比记名会籍更高。

2. 个人会籍

自然人以个人名义入会，是球会的个人会员。一般球会规定年满18周岁的人士可申请成为俱乐部的个人会员。因每个球会对会员的资格要求不同，会员的入会条件就存在很大的差异性。

3. 附属会员

根据球会会籍章程，个人会员和团体会员记名人的配偶及未满18周岁的未婚子女有资格成为该个人会员和团体会员记名人的附属会员。

（二）根据可转让性

1. 可转让会籍

可转让会籍是指入会会员将会籍所赋予的权益在符合俱乐部章程的条件下，转让给他人。可转让会籍是商业性球会普遍采用的会籍形式。获得此会籍的人，需根据球会要求提交相关的材料，经俱乐部批准，为转入的新会员办理相关手续（如办理会员证书和会员卡）后，新会员享受此类会籍所赋予的权益。球会对会籍的转让方法有详细的规定。

首先，球会的会籍转让一般有一定的年限规定，如个人会员必须入会满2年或3年后才可转让；其次，转会时球会收取一定的会籍转让费。如满3～5年转让费为购买实价的20%，满5～8年转让费为购买实价的15%，满8年以上转让费为购买实价的10%。其目的一方面是为了使球会有一个相对稳定的会员群体，另一方面使会籍有保值的功能，同时便于会籍的管理。

2. 不可转让会籍

即根据球会章程规定不能转让的会籍。一是商业性球会的附属卡，不能单独转让。二是赋予特殊权益或有特定时限的会籍不能转让。如荣誉会籍一般是球会基于对会员身份的肯定而赋予其荣誉，通常是受邀入会，无需缴纳入会费用，但会籍不允许转让。荣誉会籍数量很少，是特殊会籍的一种。三是纯私人会所的会籍不可转让。此类球会对会员有严格的人数和入会条件限制。美国奥古斯塔高尔夫俱乐部是私密性很高的会所，它只接纳男性会员，并且会员名单对外保密。奥古斯塔现仅有会员300人，几乎都是美国最顶尖的政治、经济界精英；符合入会条件的人士需要经过会员推荐，只有当现有会员退出或去世时，才能申请获得会员资格，继而转正。

（三）按享有权益的多少划分

会员的权益多少是区分会籍的另一种方式。所有会员一经入会就享有会籍所赋予的权利和义务。这些权利只归会员本人拥有，会员不能通过任何途径转借或转送予他人，当然就更不能将这些权利做出任何抵押、质押或负债。

会籍基本的权益包括免果岭费、免费享受休闲设施、免费参与俱乐部举办的各种活动；在专卖店和餐厅消费享有较低的折扣；会员可同组携带嘉宾享有果岭费等优惠。

1. 创始会籍

一般在球会创立初期销售的会籍为创始会籍，可以享有比其他会籍更多的权益，从而吸引人们入会。创始会籍一般有较严格的名额限制，多数球场限制在 50 名内。如玉龙雪山高尔夫俱乐部的创始会籍，除享有俱乐部规定的会员权益外，还享有如下特别权益：不记名使用，即创始会员除自用外，可向他人借出所持会员卡，持卡者可享受会员待遇（每卡每天仅限一人使用）。创始会员无须缴纳月费、年费等。

2．非创始个人会籍

因享有的权益多少不同，又可分钻石会籍、金卡会籍、银卡会籍等。这些权益包括是否享有附属卡，是否享有在有两个基本18洞以上球场打球的权利，是否享有全部使用权等。如观澜湖会籍有特许钻石、钻石、金卡和绿宝石等四种。特许钻石会籍享有权益最多，不仅可以自由使用观澜湖12个国际锦标级球场，以及全部配套休闲设施，还可享受独特的礼遇，如独享北戴球场、免交月费、打球时可带7名嘉宾等。同时，特许钻石会员还可以获得与世界级球星们切磋的机会。

二、高尔夫会籍设计

（一）锁定目标市场

球场的定位不同对球场的品质和服务要求就不同。一般而言，拥有会籍是一种崇高的身份象征，球会定位越高，入会的受限条件越多。会籍的含金量越高，会员所受待遇越高。球会的定位决定了一个球会的发展方向，即不同定位的球会会籍面向的目标市场不同。球会定位如何，大致明确了球会会员的类型、社会地位等。

一类，是面向有一定社会影响力的最高端客户、走纯私人会员的球会。这些球会的定位是高端私人俱乐部，会员证的价格定位较高，而且要限制会员的人数。纯私人俱乐部球场有较强的生命力，时间越久，价值越高。

二类，是针对社会名流、成功企业家的精英化会员制球会。"昆明春城"、"深圳云海谷"的目标市场是购买高尔夫别墅的消费者，这些消费者足以保证球场的盈利。所以，市场只面向社会精英阶层，而没有必要降低门槛以吸纳更多消费人群。

三类，是面向社会中高层的有产阶层、会籍价格较低的商业性的球会。现在中国大部分高尔夫俱乐采用的是半开放球场的经营模式。

四类，是面向访客经营的度假型球会，这是具有较强的季节性的球会。

（二）会籍品种设计

对于采用会员制经营的球会来说，会籍能够被目标顾客认同是最为关键的。所以，球会销售的基础是设计一个适销对路的会籍品种。

1．目标市场的规模与结构

会籍的定位必须吸引足够大的市场份额，但又不能影响会员的权益。我国某些球会，因前期下场打球的人数少，设计了各种名目的会籍，尽管使球会短期内消费人数增加，但造成会员下场打球提前数天也订不到场，且下场拥堵情况非常严重。下场打球是会员的基本权益，如果这一基本权益得不到满足，就会损害球会的形象。

球会会员数是一个动态概念，主要根据会员下场打球的频率、会员携带嘉宾的人数等来确定。目前，800~1200人的会员数是根据我国当前每位会员平均每2周下场1次的频率来确定的。如果所有会员平均每周打一次球，则需要提前3天才能订到场；而在英美等国家会员平均每周下场2次，则只需要300个会员就可以满足球会经营的需要了。

2. 会籍概念包装

会籍是一种概念性的产品和服务。会籍品种设计的关键是把球场产品的功能、服务、文化等内容抽象成一种概念。高尔夫会籍概念的包装对球会来说非常重要。

第一，把握顾客的真正需要。从顾客的基本需求出发，开发针对最有价值客户的产品和服务的会籍品种。

第二，会籍概念设计必须提升会员的身份和地位，增强会员的主人翁意识，从而增加会籍的价值和品位。向顾客展示球会的历史、组织、管理、产品和服务等方面的优势，来提升球会的自身价值和附加值。

第三，会籍概念包装必须体现文化功能，传达球会的文化、理念及远景，延伸球场的性能和服务。

第四，概念设计突破有形的球场形式，整合球场及其外部资源，增强会籍的市场吸引力。无论冠以什么样的名称，一定让客人感觉到它的功能和价值所在，尤其是对实际用途方面的认识。

第五，会籍产品必须具有特定时间和情感因素。

（三）会概念设计市场原则

1. 市场接受的原则

会籍概念设计的关键点是通过概念设计来符合目标顾客的需要，引导消费，赢得市场。如果会籍概念不能传递球场的个性特征、价值的独特性及顾客购买会籍后的权益，就容易被市场忽视。

2. 适销对路原则

会籍的功能反映了会员享受的权益的大小。一般地说，增加会籍功能是球场取得竞争优势的一种重要手段。在国内高尔夫市场的竞争越来越激烈的背景下，增加会籍的功能具有现实的市场吸引力。

3. 价格适度原则

高尔夫会籍一定要根据目标客源的消费能力和消费水平来确定价格标准,避免因会籍功能价值增加或减少而造成价格不适合目标客人的问题。合适的价值、合适的成本与合适的价格是关键。

高尔夫球会的会籍设计与价格定位是一门学问与艺术,这一部分做得好不好关系到球场的经营效益的好坏。如定位高端纯私人球会,就要严格限定人数在400人左右,价格定位就会高;如普通商业球会,人数会多一些,但价格就低。各球会应该根据自己的市场定位与客源特点以及实际的经营情况,做好会籍的设计,争取为自己的球会创造更大的经济价值。

第二节 会籍价值与价格

高尔夫球会会籍的定价,直接影响到球会会籍的销售收入。根据日本青木淳在《定价的力量》一书中所表述的观点,会籍的最理想定价就是要达到一个顾客价值与企业价值之间的平衡点。这种价值定价法是指球会以消费者对球会产品价值的理解度或对球会产品价值的主观评判为定价依据。

一、会籍的顾客价值

球会服务的无形性特征使得顾客在购买会籍产品时,只能感受服务产品的大概特色和价值。因此,顾客在判断价格合理与否时,他们更多地是受服务产品中实体要素的影响,从而在心目中形成一个"价值"概念,并将这个价值同价格进行比较,判断是否物有所值。所以,球会定价时所考虑的就是顾客对产品价值的认识,而不是产品的成本。

(一)产品、服务的功能性利益

功能性利益是顾客购买会籍的最基本的功能需求。人们买会籍就是为了到球场打球的方便。具体包括以下内容:

1. 土地年限

我国土地所有权属于国有,一般球会通过征用、租用的土地都有使用年限。土地使用年限就成了决定会员证价值高低的重要因素。一般土地的使用年限越长,价值就越高。现在球会的年限一般在40~70年。这一般在会员证上会注明一个有效的合约期。如果是没有合约期的会员证,就会具有不确定性的风险。

2. 地理位置

在城郊周边的球场或交通方便的球场，打球往返节省路途时间，会籍使用频率高，其价值越高。

3. 球场规模

球场球洞数越多，会籍的价值越高，一般来说 36 洞的价值要比 27 洞或仅有 18 洞的要高。球场的风格、特色和挑战性决定了球场价值的高低。

4. 配套设施

一个俱乐部的配套服务设施越多，会籍越具有较强的增值潜力。配套设施越全，会员所享受的设施越多，其价值就越大。

5. 会员名额

会员数量限制越严，会籍价值越高。一方面有限的会员可以使其更多享用会所设施；另一方面将入会条件提高，使会员之间的层次基本一致。

6. 转让条件

转让条件越明晰，就越有利于会籍的转让管理。转让条件包括年限限制、受让条件要求和转让费的收费标准等。

7. 果岭和球场品质

草坪的质量和球场品质影响球会的市场地位，还关系到球会的持续经营。

8. 特别权益

会员权益越多，价值越高，包括使用会所设施的权益、附属卡的数量和权益、带嘉宾的权利、使用练习场的权利、参加俱乐部活动的权利等。

9. 球场周边环境

球场周边环境越好，球场的吸引力越大。

10. 球场管理和服务水平

球场的管理和服务水平决定了球场的品牌和口碑，组织有序、管理良好的球会其球场长期持续经营的能力就强。完善的管理使球会的经营状况、业绩水平、抗风险能力、球童服务水平保持在良好的水准，使球会得到良性发展。

（二）与球会关系的情感利益

高尔夫作为一种高尚运动产品，仅仅从产品功能性利益的角度是无法对其会籍的价值做出全面解释的。由于消费者的价值认同不仅仅以产品的外在功能特点为基础，而更多的是一种情感性利益。人们通过拥有一个球会会籍来证实身份地位，进而获得社交平台。这样情感利益就远大于基本功能性利益，消费者就会以特有的球场形象来判断球会的价值功能。具有一定特色或独特个性利益的球会能够使顾客提高购买的意愿，球会特色关系到会籍的独特价值，并降低了顾客的价格敏感度。因此，在现实生活中，球会形象越好，知名度越高，购买的人多，会籍越贵。当一个人拥有这样的会籍时，就相当于拥有一个高级别的社交圈。深圳高尔夫俱乐部、深圳西丽、深圳云海谷、北京华彬、太伟等都是目前国内高端高尔夫会籍的成功代表。其特点是会员除了享受球场、会所配备齐全的硬件和软件外，还拥有基于与球会关系的情感利益的价值。这样的会员群体相对高端并且稳定，而球会会籍的高附加值又使会籍价格居于强势。

二、会籍的球会价值

会籍的定价是实现球会经营总目标的保证。所以，球会在定价时，要充分体现球会的价值，而球会价值主要表现在获取利润的能力。

一是利润最大化。利润最大化意味着服务的定价必须考虑球会所投入的成本，使价格高于其各项成本的总和，以便使出售的会籍和服务能产生足够的收益，来补偿成本并为企业发展提供必要的资本。价格向上变动1%能带来十几个百分点的利润，给球会带来竞争优势。

二是考虑到市场的竞争力。当我们考虑价格带来的溢价时，我们还必须考虑市场分额。即要考虑到市场的竞争力。这一点非常重要，竞争并不是完全的比价竞争，而是扩大市场占有率，即定价要考虑可能出现的竞争性反应，如果企业在决策价格时，没有仔细考虑到潜在的竞争对手是十分危险的。

三是球会市场定位中的功能作用。球会对提升周边环境、促进相关产品如房地产、旅游度假地等的销售作用。球会的价值也要充分反应这一功能。球会的产品和服务要适应相关产品市场需要。

四是球会的形象扩张。球会的历史、文化、经营理念和发展远景，不仅有利于市场竞争的需要，而且也会有利于整体营销目标的实现。

三、会籍价值与定价

一般来说，影响企业定价的因素主要有三个方面，即成本、需求和竞争。成本是服务产品价值的基础部分，它决定着产品价格的最低界限。另外，市场需求影响顾客对产品价值的认识，进而决定着产品价格的上限，而市场竞争状态则使价格在上限和下限之间不断波动，并最终确定产品的市场价格。除此之外，球会产品和服务越是独特，球会就越可以自行决定价格。在这种情况下，价格可能被用来当作衡量球会质量的指标。

（一）价值包装原理

球会如何向消费者传达自己的会籍不同于其他球会的会籍，这主要体现在与其他球会会籍价值的细微差别上。由于提供新价值的各种渠道的不断增加，以致顾客产生了区别使用的情况，我们需要对会籍的价值进行挖掘并进行适当的包装，来提高定价水平。顾客为提供给自己的价值而欣喜，并支付与其相符的价格。提供的产品和服务的价值优势越大，会籍价格就越会上涨。

（二）维持溢价的原则

会籍是一项高档消费品，一般采用高价来限定顾客数量。这种价格作用于消费者的心理效用，使顾客感受到好货不便宜，并逐渐在顾客心目中牢固树立高品质，高价格的信念，以确立球会在市场中的地位。同时，要求员工为顾客提供超乎想象的引以为豪的特有价值。价格高的产品和服务总是通过挖掘出无愧于价格的价值来维系的。球会应该建立这样一种质优价高的定价机制，让顾客找到价值与价格的平衡点。

（三）顾客终身价值

球会与每位会员保持持久的关系，并终身为会员提供价值，球会的回报就是获得相应的利润。球会的经营对会员的依赖性很大，所以必须针对每个顾客来提高业务量。会员与球会是一种持久的关系，开发会员所带来的高收益的业务机会，才是使球会摆脱价格竞争的关键。球会与会员终身的持久关系能够带来球会的持久繁荣。会员对球会的形象认同、服务价值认同等，并维持终身关系。

（四）差别定价

差别定价是在经济学价格歧视原理和需求预测的基础上，根据顾客不同的需求特征和价格弹性向顾客执行不同的价格标准。在高尔夫球场中，会籍定价是以顾客为对象的差别定价。高尔夫球会可以对不同权益的会籍进行差别定价，如公司会籍一般比个人会籍的价格要高，采取差别定价可以满足不同消费人群的需要。

针对非会员的定价并不是以成本为导向的，而是以顾客需求为导向的定价法，考虑非会员能够接受的价格，再根据季节按不同的价格出售。一般在需求低峰期时可以降低价格（制定的价格必须比边际成本高）来吸引顾客，在高峰期可以提高价格。高尔夫球会还要根据淡旺季、节假日和平日及同一天的不同时段来进行差别定价。我国南方球会10月份到4月份是旺季，这时需求较高，因而可以制定较高的价格；而节假日又比平日需求高，节假日嘉宾和访客的入场费是平日的一倍左右。一般来说，球会早上7点以前打球人数较少，下午和晚上打球人数较多，这时可以对早上7点以前打球的嘉宾和访客进行优惠，给予适当折扣；对晚上打球的嘉宾和访客加收灯光费，以此来平衡打球需求的不稳定性。这样不仅能保证球场的有效利用，获得更多的收入，还能提高顾客满意度。

第三节 会籍销售与营业推广

一、销售人员行为

高尔夫是一项相对高端的消费品,其潜在消费者基本是成功人士。会籍销售除了依靠球会良好的社会形象之外,顾客更多的价值诉求需要通过销售人员的一对一推广活动来完成。因此,高尔夫销售人员的职业素养、知识修养、行为举止等与会籍销售好坏直接相关。

(一)员工的素质

员工的素质代表了球会的形象。客户常常用高标准来要求员工。员工必须规范自己的言行。顾客希望员工友好且有礼貌,诚实开朗,保持愉快积极的心态,对对方表示兴趣,还要宽容、公正、积极主动。同时员工要有一定专业知识和技能,拥有独立工作的能力和随机应变应变能力。因此,每个销售人员都是球会的形象代表。应该对员工加强教育和培训工作,加强教育是为了提高他们的修养,通过培训可以让销售人员获取更多的销售知识,提高销售能力。

(二)营销团队建立

高尔夫球会为了扩大市场份额和提高获利能力,就需要建立一支强大而高效的销售团队。专业的营销团队就是能在技能上可以取长补短,在行动上相互协调,创造一体化销售概念,售前与售后服务紧密结合,给客人提供一条龙的服务,吸引更多的顾客加入球会和组织更多的客人到场打球。销售队伍的规模应根据球场的市场目标、所处的市场阶段来确定。决定一个销售队伍的数量,可通过计算每增添一位销售人员所带来的效益和成本,直到所增的效益和所增成本相等时,就得出了销售人员的最佳数目。或者是通过衡量必要的客户接触深度,如应该联系多少目标客户,多长时间应该联络一次,每次联络需要投入多少时间,从而计算出完成项目所需销售人员的数量。将两方面结合起来,在销售队伍的长期和短期规模之间求得最佳平衡。营销团队由以下人员构成:

1. 专职营销队伍

去职营销队伍包括球会专门的销售人员、销售策划人员、公关人员、客户关系人员等。

● 销售人员主要从事面向市场、分析顾客群资料、确定销售对象,与客户接洽、回答客户疑问、谈判和达成会籍销售合同等工作。根据业绩和能力分为一般销售到高级销售不同层级。
- 销售策划人员的主要精力和时间用于市场调查和分析、寻找潜在客源、策划销售的途径、手段及销售步骤。
- 公关人员主要与媒体、政府部门和潜在顾客单位打交道，并与潜在客户建立经常性联系，使客户加深对球场的印象，以此树立球会形象。
- 客户关系人员负责掌握会员或客户对会籍价格、球场质量、球会服务等方面的意见和反映，处理客户投诉，满足客户的个性化需求等。

2．销售业务代表

对于球场来说，向市场比较成熟地区派驻销售代表是比较常见的方法。

一种方法是球场直接派代表到市场销售地，如上海太阳岛高尔夫球会曾经派代表驻深圳，云南玉龙雪山球会曾派代表驻深圳等。这种方式，由于销售人员是本球场员工，因此工作比较投入，尽职尽责。但缺点是客源不足、销售业绩不好时，成本开支太高，包括办公室租用费、交通费、通讯工具及人员工资等。

另一种方法是在当地聘任销售代理和销售总代理。销售代理应聘请实力强、有一定知名度的专业公司。销售代理和球场之间签订一个销售协议，由球场让一部分利给销售代理，包括广告费和其他佣金，但此法对会籍销售收费的控制难度大。

3．合作关系单位和组织

球会还可以利用合作关系单位，实现跨地区代理销售。一是球场之间的合作关系，二是球场与中间商之间的合作关系。

二、会籍销售途径

目前，我国的大多数高尔夫球会采用会员制，所以会籍销售就成为球会前期市场营销的主要任务之一。会籍销售是球会回收投资的最关键环节。会籍销售的好就会减轻以后球会的经营压力。高尔夫球场会籍销售，就是用正确的、有效的销售途径和销售方法，让目标顾客群知道、了解高尔夫球会设施和服务，增加顾客对会籍价值的认识，并吸引他们购买球会的会籍。

高尔夫球会的会籍销售途径主要分两种：

一是直接销售方法。这种方法就是高尔夫球会的销售部直接向消费者销售，由销售会籍人员推销球会会籍和解答消费者对会籍的有关问题等。其优点是该高尔夫球会的销售会籍人员最清楚和了解该会的环境、产品、服务等，从而能制定最适合该会籍推广和推销的方法，增强消费者对球会会籍的信心而促成销售。如员工直接主动向消费者销售，从网上和有关的杂志介绍该高尔夫球会和会籍，可组织球友到球场了解球会和会籍，举办高尔夫球公开比赛等，同时，销售人员能够根据时间、条件等的变化而改变该销售会籍的方式。

二是间接销售方法。即高尔夫球会授权给代理商或经销商推销球会会籍。这一销售途径的优点是代理商或经销商凭借其专业的销售经验、市场渠道和经营规模为球会提供把会籍产品直接提供给目标市场。

采用什么的方式、活动等去推销会籍，不仅要考虑到会员的利益，还要考虑会籍销售的成本。高尔夫球会可同时采用这两种销售途径，互补不足，扩大销售范围，得到更多不同的销售对象，使销售会籍的工作效率达到最高。

三、寻找目标顾客

（一）寻找目标顾客

寻找目标顾客往往是销售活动的开始。销售人员要真正明白你的目标消费人群是谁？他们在哪里？在什么场所会出现？喜欢参加哪些种类的活动？活动时间是什么时候？他们的情趣和爱好是什么等诸如此类的问题。销售人员需要具备一种发现和识别潜在顾客的能力，才能通过采取灵活性或创造性的营销策略来提高寻找顾客的成效。

从目前市场来看，高尔夫的消费人群，局限在特定的范围，如果像大众商品那样通过大众媒体做广告的方法，可能覆盖面广，但成本高，收效不大。

第一，要通过资料的收集分析，了解本地高尔夫消费人群主要集中在哪些行业，避免营销工作的盲目性，提高工作效率。这些资料主要来自现有球场或练习场。一些有经验的销售人员，他们在寻找顾客之前，往往通过收集和研究大量的资料，对高尔夫球场的客人做出先期的顾客研究、分析，充分的了解顾客的特点、状况，提出适当的具有针对性的寻找目标客人的策略。根据我们的调查统计，目前，我国的高尔夫人群主要集中在大型企业或公司老板及高级管理者，证券、金融人士，政府官员，影视和体育明星，私企老板、外商及其家属，富有人家子弟等阶层。

第二，了解寻找目标客人的地点，寻找目标客人一定要有的放矢。因高尔夫运动需要很高的运动技巧，我国现有高尔夫人群中的大多数经常会到城市社区的高尔夫练习场练习挥杆，而一些新的高尔夫爱好者也不例外。所以，寻找目标客人的主要场所就是练习场。

第三，寻找方法主要是直接到练习场等地与球员直接接触。通过交流了解顾客，联络感情。其次通过已熟悉的客人介绍和提供信息，这种通过熟人介绍的方式，可信度高，成功的可能性也大。通过球会举办的公关活动，来接触顾客，逐步地了解，深入沟通。总之，寻找顾客的方法很多，作为销售人员一定要善于把握机会。

(二) 定位理想客户

一个球会所能接纳的会员是有限的,必须在目标市场中找到最适合球会的目标客人。从现有目标市场入手,认真分析已有客户,他们所在的公司及其类型,他们是否愿意与本球会保持密切的关系。会员对球会产品所持有的态度。从而确定自己的最佳联系对象。仔细定位理想客户是为了让销售人员不必在不可能购买球会产品或会籍的个人或团队身上花费时间,而将时间和注意力有效地投入到有价值的客户身上,通过考察分析顾客的年龄、习惯、背景、社会地位、收入。销售人员应该花费更多的时间和精力来接触、服务最可能购买的潜在客户,并与他们保持联系;找出适合客户,探寻客户的购买风格,并根据客户的购买风格,促进销售。

对球会来说,从针对一般顾客的营销转换到针对最有价值的顾客的营销已变得越来越重要。目前球会 20%～30% 的会员频繁到球场打球和会所消费,提供了 70%～80% 的收入和利润。所以在会籍销售阶段,如果能够发现其最有价值的顾客,就能保证球会源源不断的收入。

(三) 重视客户的推荐

现有客户的推荐是赢得新客户的最有效、最成功的途径之一。所以,尽可能地与现有客户或客户嘉宾联系和沟通,每位客户都有可能向你推荐 1～2 位潜在的客户人选。为了获得推荐客户,必须时刻维护并尊重信息推荐者的隐私权。所以,应做到:

1. 要与现有客户保持定期的联系,比如,每逢节日的问候,告知球会新的活动或产品信息等;

2. 要根据到球会打球的频率和消费次数,列出 20% 的重点客户;

3. 建议每隔 3 个月给所有客户打一次电话,尤其是一定时间内没有光顾球场的客人。

(四) 客户导向型的沟通与销售

在设计和实施沟通计划时,必须了解沟通的目标对象是谁,并对目标对象有预先的调查,比如他们的生活方式、教育背景、特殊的喜好和生活品位等。收集这些有助于与顾客沟通的信息,将保证沟通的有效性。拥有了这些信息,就为与客户沟通指明了关注的要点,可以合理组织这些信息设计出有吸引力的沟通方案。如:

1. 沟通的目标是什么;

2. 沟通的内容是什么,如何表达信息,何时传达信息;

3. 仔细聆听客户的请求,在沟通过程中收集顾客对球会产品的评价和态度

方面的信息;

4. 在沟通过程中要注意激发顾客的兴趣,使客户相信球会的信誉,并在客户参与过程中帮助客户解决疑问或满足客户的需要;

5. 沟通能推动顾客做出最终的购买决定,达到既帮助客户满足要求又使球会的销售得以增长。

销售人员要在销售过程中注意自己的言行举止,做到言必信,行有力,使客户感到你的言行有价值。

（五）主题促销活动策划

高尔夫球场在会籍促销过程中,常举办邀请赛、联谊宴会等主题促销活动。

1. 传统市场推广渠道

（1）根据不同地域、不同时期制定相应的推广活动,如练习场定点推销活动;

（2）会员嘉宾联谊日;

（3）推销资料设计与展示;

（4）全员推销,每个员工在日常服务工作过程中抓住机会,进行积极主动的介绍和推荐。

2. 拓宽推广渠道

（1）借助网络媒体;

（2）与会籍销售公司合作;

（4）球场参加高尔夫会展活动。

高尔夫会展活动在北京、上海、广州、深圳和香港等大城市举办。这也是球会向市场推广的机会。参与会展活动的关键是宣传资料的准备和展台的设计。鉴于目前消费者的局限,其推销效果并不如预期,只是在业内宣传。

通过这些大型活动,把会籍概念、价值、主要群体信息等传播出去。大型活动有目的、有计划、有步骤地集中传播了大量的球场信息。

首先,目的性强。主题活动必须有鲜明的目的性,围绕整个球场形象的塑造,并与会籍的销售同步协调,以吸引更多的顾客来购买球场的会籍。

其次,广泛的社会传播性。主题活动由于本身就吸引了媒介和公众参与,活动的内容会通过媒介或公众传播出去。关键是要认真组织参与者,如邀请影视明星、体育明星、时装模特等参加,才能保证在把大型活动的信息传播出去的同时,真正能够发挥作用。

第三,提炼主题。能够表达主题氛围的设计,必然给我们带来很好的效果,大型活动的策划和实施过程中,还有很多技巧方面的利用。高尔夫户外活动除考虑社会环境因素外,还要考虑天气情况的影响,这都是要进行可行性研究的。

（六）会籍销售的饱和点

会籍销售市场饱和反映的是会籍的供给和消费者需求的关系，当供给等于或超过消费需求时，市场饱和就会出现。根据现有球会的销售统计，当球会的会籍销售达到400张左右的时候，饱和开始出现，年均销售量达到峰值之后，开始回落。

由于会籍销售和消费者需求是动态的，饱和点也是动态的。有人认为市场饱和是一种球会设施的使用状态。当球会设施占有、使用人数达到一定数量标准的时候，处于饱和状态。但对于球会设施饱和程度，目前没有一个绝对的评价指标。因此，会籍销售市场饱和受多种因素影响，不能够简单地用一个指标来表示。

一是已有会员数量。会员数量多少一方面反映球会设施的被占用情况，如果人数少，说明空置率高，反之，就趋于饱和。另一方面，当会员达到一定规模时，会员的层次、类型基本定型，对其他人士就具有一定的排他性。

二是现有会员的打球频率。会员的打球频率的高低反映对设施的使用情况。使用率越高就越趋于饱和。研究发现，国外球会会员可容纳人数一般在 300～400 之间。我国会籍销售市场饱和程度，不应以国外的数字为标准。因为，无论是消费方式、消费水平，还是高尔夫市场发展状况差别都较大，而且，我国居民购买会籍的目的、设施使用频率、对球会忠诚度等有很大不同。

三是会员平均携带嘉宾人数。

四是会籍销售价格。随着会籍销售的增长，会籍销售价格也不断上升，当会籍价格上升到最初价格的一倍左右时，一些以投资为目的的人士认为会籍的升值空间有限，所以，不再购买。会籍销售饱和点就出现了。

会籍销售市场饱和程度与销售策略：

（1）球会开业初期，会籍产品处在市场试销中，球会为让消费者认识球会文化及会籍的投资价值，一般会采取积极市场销售策略，加强促销手段，如以创始会籍来促进销售。以此提高球会的知名度。

（2）当球会产品逐步为球手所熟悉，会籍的升值潜力较大，并受到高尔夫爱好者欢迎时，会籍销售就进入了快速增长阶段。这时球会不断提高球场产品质量和会所服务水平，建立多渠道销售网点，来提高市场占有率。

（3）当球会会员人数达到一定规模，球会进入成熟期后，球会要运用市场营销组合手段，提高产品的功能，降低成本，维护会员利益，以会员服务策略促进会籍销售。

（4）当球会产品进入销售后期，球会对会员的容纳有限，可销售会籍数量有限时，很多球会采取大幅提高会籍销售价格的办法来促销，而把销售重点转向促进会员消费和接待访客上，以增加现金流。

四、营业推广

由于我国高尔夫消费市场尚处于培育阶段，总体消费群体还很小。一些球会为弥补会员人数不足或平日球场打球人数较少，资源闲置的状况，开展了多种形式的营业推广活动。

（一）年度会籍

年度会籍并非享有完全权益的会籍，而是一种享有部分基本权益的年度推广卡。是为了使球会在特定时间内创造更多现金流而采取的推广措施。年度会籍是为短期居留人士和商务人士提供方便而设计的短期消费卡，年限1到5年不等。通常来说，这类会籍的年限设置以一年为好，这样球会可根据市场变化，及时进行调整。

球会年度会籍的年入会费比较低，大多数仅限制在平日使用。这样既保证不触及原有会员的利益，使会员卡保值，又能使年度会籍发售直接为球场带来人气和可观的现金流，促进球场打球人群的增长，使得不能或不愿意一次性支付全部会费的更多爱好者有了自己打球的场地。年度会籍也可以成为顾客以后升级为正式会员的一种过渡促销方式。上海滨海、深圳九龙山、珠海金湾、翠湖、東方、国际等球会都曾经销售年度会籍，当正式会员增加到一定规模后，年度会籍即可停售，但如果终身会员的利益受到了冲击，可能会在某种程度上降低球场无形资产的价值。

（二）时段会籍

会员主要集中在周末打球，平日球场的使用率偏低，球会为了提高平日时段的使用率，做到"地尽其用"，一些球会策划平日会籍来进行促销。时段会籍有明确的发行数量和使用年限的限制。持有此卡的会员可于星期一至星期五（周末及公众假期除外）在球会规定的时间免果岭费打球，并允许携带三位嘉宾，其果岭费可享有会员嘉宾价。如沙河球会的都市个人会籍。

由于时段分割降低了会籍的价格，使得更多的人能够进入高尔夫球场进行消费，并带来球场饮食、住宿及其他服务产品等消费，增加了球会的收益。但平日会籍很容易让人产生误解，降低原有会员证的价值。当终身会籍会员下场次数增加时，就会造成球场的拥挤，使原有会员的权益受损。

（三）签约球场会员互换

目前，一些球场为了增强对会员吸引力，提升会籍价值，同时提高球场的使用效率，签约不同地区球场为会员提供到对方球场享受会员待遇的权益互换计划。签约球场将多个高尔夫球场的资源整合起来，让会员的权益得到延伸，为高尔夫球场资源利用提供一种解决方案。

（四）网络协议会员

球手加入网络平台或旅行社，可取得网络内任何一家球会的打球资格并享有特惠价格。网络协议会员拥有更大的灵活性和更多的选择权。让球手能够以比市场便宜的价格获得球会产品的使用权益。

（五）消费储值卡

先期一次性购买一定场次（10次、20次等）的消费权限储值卡，使用人只需要凭卡即可以消费。每次消费从卡中扣除，储值卡次数越多给予折扣优惠越大。消费储值卡适合客源稳定的旅行社机构、高尔夫专业组团机构。消费储值卡也是目前最时尚的礼品。三亚亚龙湾球会根据自身旅游度假客人的特点推出了"到访制会籍"，办理这项会籍需一次性交纳一定数额保证金及储值金；每个会籍每日使用人数最多为12人，消费的费用按会员价格从储值金中扣除。

（六）旅游会籍

旅游会籍入会的费用低，并同时享有多个球会按会员待遇打球的权益。旅游会籍以朝向高尔夫分时互动计划（Forward Golf Tour Schedule，简称"FGT"）最为典型。FGT通过吸引高尔夫球会加盟，由球会发行自身的分时会籍，拥有其中一个加盟球会分时会籍的会员，即可通过FGT将所拥有的30天时段全部或部分交换到其他加盟球会享受会员待遇打球。不足之处在于，入会球场的地理位置较偏和球场品质并非一流，对于不常旅行的人士就不方便。

（七）特惠日

目前，我国很多球会根据地区人们的打球习惯，选择周一至周四的某一天，提供特别优惠全包价进行促销。特惠日价格包括18洞果岭费、球童费、设施费，个别球场还包括球车费。特惠日的价格一般比嘉宾价要低，要具有足够的吸引力。特惠日选择要考虑与周边地区球场错开。特惠日是当前较为有效的促销方式之一。

五、开发团体客户

由于我国高尔夫市场不发达，入会人数有限，很多球场同时接待访客和团队客人。远离市区的球场不能像城市周边球会那样销售常规的会籍，但却是人们休闲度假的首选。一般来讲，参加团体客户的大多是高尔夫的爱好者。他们把打高尔夫球作为专项旅游，高尔夫游客的团费比普通游客要高，购物及娱乐消费能力也较强。高尔夫球会通过开发高尔夫团体客户，提高球场利用率。团队销售是球场市场营销的主要任务之一。目前，我国国外团队市场主要在韩国、日本，各国内主要团队市场集中在广州、深圳、北京、天津和上海等大城市。

1. 团体客户标准

我国一些球会约定俗成，8人以上同时预订将被视为团体预订。

2. 团体客户优惠

团体预订可享受球会给予团队包价打球优惠。避免将团队活动安排在公众假期。

3. 团体客户预订

团体预订可采用人员、电话、传真、E-mail或信函等方式进行，球会回复应以书面形式并争取团体预订客人也同样以书面形式确认。书面确认中应注明日期、时间、人数、住房情况、用餐要求、付款方式、联系人、联系方式和特殊要求等。

接到客人预订信息后，首先查看预订日当天的球场使用状况，如符合球会团体消费要求的，则填写《团体预订单》，注明详细情况，然后上报市场部经理批准。经过批准后，用传真方式回复客人，请客人书面确认，同时在球会预订表上做记录，为团体保留预订日的开球时间。其中，每份传真应注明要求对方签复的期限，大型团体或节假日团体需要提前一个星期以书面确认。在到达期限的第二日，若对方没有回复，应做第二、第三次追询，第三次追询后仍无回复，应及时采取措施，取消预订，并通知对方，要确保对方收到通知。预订经双方确认后，最后以合同形式规定双方共同执行的条款，包括日期、开球时间、人数、就餐标准、住房情况、付款方式及其特殊要求等，合同条款中规定得愈细致，执行起来将愈便利。

如球会当天无法接受预订，应以书面形式礼貌地向客人致歉，征得客人理解后向客人建议预订其他时间打球，为团体客人下次光临本俱乐部打下基础，留下美好印象。为确保公众假期客人的预订，又不致使球会因客人未到或人数差距悬殊而造成经济损失，在预订的时候，应要求客人按合同规定交一定数量的订金，由市场部联络人跟进，协助客人到财务交款。

要积极地向团体客人推销俱乐部其他服务和产品，包括住宿、用餐和打球用品等，为球会争取更大的经济效益。市场部具体联系人负责该预订团队在俱乐部活动的全程跟进服务工作。预订人员将已确认的团体预订予以登记，并在到达前一周末送达球会各有关部门，包括营业部、餐厅、前台、竞技部、草坪部等。

每月最后一天将下一月团体预订制成"活动预报"，报送总经理及有关部门，以便球会各部门工作安排；如团体有取消或增加等，较大规模变化也应以书面形式及时通知各部门，将团体预订文件装订、存档。

第四节 入会程序管理

一、申请的重要性

任何有意成为会员的申请人必须从球会领取一份申请表格及相关申请入会的文件，填妥申请表格及文件签署后，连同相关证明文件及球会所需费用（包括会籍费及会籍月费）交回球会审批。

一是表明购买者的意愿，自愿加入球会；二是表明购买者认同球会的相关条款；三是为球会提供了必要的资料信息。

二、资格审查的必要性

会员是一个球会相对固定的消费群体。审查申请人是否符合球会的入会条件是保证球会整体和谐的重要程序。球会有绝对酌情权批准、押后或拒绝入会申请而无需给予解释及理由，同时球会拥有绝对权力的修订、增加或豁免入会申请的任何条款及条件。

首先，审查申请人的个人嗜好和品行是否会妨碍其他会员；

其次，审查申请人的整体消费能力和社会地位是否在同一水平；

第三，审查申请人的个人信誉度及支付能力。

审批申请通过后，由市场部向通过审批的申请人发出欢迎函和临时会员卡。球会向不获批准的申请人全额退回已收取的各种款项（不计算利息），但若款项以信用卡形式收款，球会须扣除一定比例款项作信用卡手续费。

三、交纳费用的规定

在球会审批会员入会资格时，会籍费用、月费等款项应由财务部审核。申请人入会一般为一次性将会费及其他所需交纳的费用直接汇入球会指定账号。申请人须签订会籍申请表、会籍章程及权益表，并缴付临时定金后的7天内付清会籍条款及当年月费，申请人如未能在规定时间内缴付之余款，球会有权取消其申请资格而无须退还已付款项。对于分期付款购买的会籍，市场部人员负责该类款项的收回工作，按照合同定期通知会员缴交分期款额，并负责跟进催收。对于已确认补账的款项，要及时登记并核销。

四、办理证卡

市场部销售代表负责跟进会员在"临时会员卡"上的签名。会员入会后20个工作日内市场部应为其办理好正式会员卡及球包牌,并于30个工作日内办理好会员资格证书。对于分期付款的会员,须在其付清所有入会款项之后,方可领取资格证书。会员在领取以上三种证件时须将临时会员卡及领取确认单交回。

五、会员月费等的收取程序

会员的月费收取主要由会员部员工完成,分为出单、催收、收款登记、核销、归档等程序。会员须于每年12月底前预交本人及其附属会员的下一年的整年月费。会员部与财务部核实确认后将会员缴费单寄出,会员在12月底前将款付清。将存包到期的客人名单逐一核对,打印并邮寄给客人,超过30天则加收滞纳金。

六、附属卡申请(取消)程序

凡会员之合法配偶及年龄介于12至18岁的未婚子女,均可申请成为附属会员。会员在申请附属卡时,首先须认真、详实地填写《会员附属卡申请表》。"会员签名"一栏须由会员本人签名,如申请配偶附属卡,应提交有关证明文件;如申请子女附属卡,须提交身份证件的复印件或其他有关身份证明文件。经审查无误后,提交球会各级领导批准后,接受该会员的申请,并在规定工作日内发给其附属卡。会员申请附属卡的时间最短不少于6个月。会员附属卡月费由会员一同于每年12月底前一次付清。

七、缺席会员申请程序

任何个人或公司会员若迁离或离开中国达6个月以上,可向球会申请成为缺席会员。缺席期间会员不须缴交会籍月费。欲申请成为缺席会员,须先缴清所有欠球会的费用,并至少提前15天向球会递交书面申请书。缺席会员须向球会交回所有的会员卡及附属卡,直至恢复其正式会员身份。在缺席期间,缺席会员、其配偶及子女均不可享受会籍涵盖的权利。缺席会员或其配偶、子女可以访客身份打高尔夫球及享受球会服务设施,并以嘉宾身份支付有关费用。若会员欲申请将缺席会员转为正式会员,需以书面形式通知球会或球会将在申请转为缺席会员2年后自动将其恢复正式会员身份。

案例：观澜湖球会会籍类型与权益

1. 观澜湖会籍类型及所享受权益

会籍类型		球场设施	会所及酒店	附属卡	打球权益
特许钻石会籍		尊享世界杯、维杰等12个球场	尊享4大会所设施；以会员待遇入住观澜湖水疗度假酒店及赛维纳酒店	配偶及年龄介于12～21岁未婚子女均可享受打球权益及球会设施；不需额外缴纳月费	主卡、配偶卡及子女卡周一至周五均可免果岭费打球；主卡及配偶卡可携带嘉宾打球
钻石会籍		尊享世界杯、维杰等10个球场			
金卡会籍	深圳	尊享世界杯、维杰等5个球场			
	东莞	尊享格诺曼、利百特等5个球场			
绿宝石会籍		尊享世界杯、维杰等10个球场			

2. 特许钻石会籍所享受的特别权益

会籍类型		特别权益
特许钻石会籍		独享北戴球场； 尊享提前15天预定球场、球童及穿梭巴服务之优先权； 任何时间可预定多至2组相连开球时间（差点球场除外）； 尊享临时到访特殊安排开球实践的[总裁时间]，先到先得； 尊享专用高球登记服务台； 尊享东莞会所特许钻石会员专用更衣区
钻石会籍		
金卡会籍	深圳	个人会员离境6个月以上，可申请办理会籍缺席手续
	东莞	
绿宝石会籍		

3. 嘉宾政策和会籍推广价

		会籍价格	嘉宾政策
特许钻石会籍		目前推广价 个人会籍　168 万元 公司会籍　168 万元 下一期推广价 个人会籍　188 万元 公司会籍　188 万元	平日 主　卡：可携带 7 位嘉宾 配偶卡：可携带 7 位嘉宾 子女卡：本人使用 周末及香港公众假期 主　卡：可携带 7 位嘉宾 配偶卡：本人使用 子女卡：本人使用
钻石会籍		目前推广价 个人会籍　108 万元 公司会籍 一位提名人　112 万元 两位提名人　180 万元 下一期推广价 　同上	平日 主　卡：可携带 3 位嘉宾 配偶卡：可携带 3 位嘉宾 子女卡：本人使用 周末及香港公众假期 主　卡： 8:30 之前，13:00 之后带 3 位嘉宾 8:30～13:00 带 1 位嘉宾 配偶卡：本人使用 子女卡：本人使用
金卡会籍	深圳金卡	目前推广价 个人会籍　66 万元 公司会籍 一位提名人　72 万元 两位提名人　98 万元	
	东莞金卡	下一期推广价 个人会籍　68 万元 公司会籍 一位提名人　73 万元 两位提名人　101 万元	
绿宝石会籍		目前推广价 个人会籍　42.8 万元 公司会籍 一位提名人　48 万元 两位提名人　76.8 万元 下一期推广价 个人会籍　43.8 万元 公司会籍 一位提名人　49 万元 两位提名人　78.6 万元	周一至周五（非香港公众假期） 主　卡：可携带 3 位嘉宾 配偶卡：可携带 3 位嘉宾 子女卡：本人使用 周一至周五（香港公众假期） 主　卡： 8:30 之前，13:00 之后带 3 位嘉宾 8:30～13:00 带 1 位嘉宾 配偶卡：本人使用 子女卡：本人使用

案例分析：

1. 通过观澜湖球会不同类型会籍之间的权益差异，分析对顾客购买行为的影响。

2. 根据上表中的会籍种类、权益及价格，分析观澜湖球会会籍推广的策略及启示。

3. 根据观澜湖球会的设施资源，在符合球会定位和发展战略的前提下，分组设计一套会籍方案，并解释理由。

思考题：

1. 所有的球场都会有营业的高峰期或低谷期。同一家球场，一年中的不同季节、一周中的不同时间甚至是一天里的不同时段，顾客的需求量都会有所不同。球会如何通过各种营销手段，尽量缓解这种需求的不稳定性，在淡季时刺激需求增长，在旺季时尽可能多地增加营业收入？

2. 为什么说球会会籍设计是一种概念设计，请举例说明。

3. 如何进行会籍的市场价格定位？

4. 会籍销售的途径有哪些？

5. 结合实例分析，说明球会在进行营业推广时如何实现营业收入增加？它和原有会籍的增值有什么关系？

6. 会员入会程序中的关键环节是什么？为什么？

7. 一个 18 洞球场会籍销售到 300~400 张左右时，会籍销售的难度增大，为什么？会籍销售的饱和点在哪里？

第七章 客户服务管理

第一节 会员服务作用

顾客成为会员后是否到球会消费,消费的频率有多高,都是有很大弹性的。球会作为一种相对封闭的消费场所,会员的忠诚度对球会的日常经营影响很大。会员的不忠诚一方面表现在转让会籍,另一方面则是不到球场消费。会员是球会稳定的消费群体,这就需要球会集中精力与会员保持经常性的双向沟通。英美等西方国家球会已经树立了"以客户为中心"的服务理念。这种理念已经深入到球会的制度中,通过服务保证了会员终生价值的实现。会员服务的目的就是将球会的会员作为最重要的资源,通过完善客户服务和深入分析客户来满足客户的需求。

一、会员的特征

(一)身份地位高

高尔夫球会的会员大多是商界、政界精英人士。他们积累了一定财富,具有了身份、地位和社会尊严,其生活方式、生活品位在很大程度上得到社会的认同。

(二)追求高品质消费

会员对球会的高品质产品具有较强的忠诚度,并形成稳定性消费,愿意支付高价购买高质量、品牌化的产品。会员在实际购买和使用过程中忠诚于特定品牌,无论是球具,还是服装、球场等,都会一直选择这些特定品牌的产品,以此满足其在文化上的、精神上的、心理上的需要。对品牌产品的消费不仅是对产品和服务质量的信任,而且获得一种安全感和信赖感。

(三)消费能力强

会员不仅具有超前的消费观念,注重健身和娱乐,消费意愿强烈,而且具有一定的消费能力。根据目前我国高尔夫球会的消费价格，球会会员打一场球的花费为300~400元，而作为嘉宾一场球的花费在1000元左右。而下场打球需要购买会员证、驾驶小轿车、购买球具等前期准备，这些前期开销需要投入较大的费用。目前在我国参与高尔夫运动的人，他们具有较高的收入水平和消费能力。高尔夫球手注重品位，讲究诚信，对高尔夫产品及品质形成自己的消费偏好。这种消费行为给高尔夫及相关产品带来了有形的和无形的、经济的和社会的价值。高尔夫球手除了打球外，对球会的其他产品如餐饮、住宿、娱乐、球具等也具有很强的消费能力，提升了产品的附加值。

（四）关注消费群体

每个人与生俱来就处于某种特定制度环境下，个体行为必然受到他人或既定环境因素的影响。所以，会员对其消费环境要求也越来越高，如要求多数成员在消费方式、消费行为等方面最大程度的保持一致和相似。因为他们之间的彼此交往密切，更关注彼此的消费行为，并通过模仿而接受共同的观点或行为方式，从而调整自己的消费方式。

（五）长期忠实消费

之所以成为会员是基于对球会及其产品的信任。信任感使会员对球会的产品产生特殊的好感和偏好，形成了重复购买球会产品等比较稳定的消费行为。

二、会员需求内容

会员服务必须充分满足会员的需求。会员的需求是由基本需求与期望需求组成的。

（一）基本需求

会员的基本需求是基于对球会产品和服务的基本功能的最低要求而提出的。

1. 服务态度

态度反映了每个员工的服务意识和服务水平。球会的员工要具有为顾客服务，让顾客满意的积极态度，以诚相待、礼貌的服务，把顾客的利益和需求放在第一位。亲切、温和、善解人意的员工能够保持很高的亲和力，做到热情、主动、尊重、友善、公平，才能在接待顾客的过程中主动迎合顾客需求。

2. 球场和会所设施

会员到球场打球最基本需求就是通过打球、休闲来健身。所以，为满足会员基本功能需求，提供高品质的球场，包括果岭和整个球场的风格和挑战性；会所设施，包括住宿、用餐服务等。

3. 及时方便服务

适时、及时地提供服务，不仅反映了球会的服务效率，更重要的是体现了球会对会员的重视，也节省了会员的时间。

4．安全性需求

会员对球会及产品的安全性需求反映出来，就是信任感。这就要求为会员提供有序、可预知的安全、卫生环境，保证会员的人身和财产安全。

5．专业服务

员工的技能、专业知识是保证服务质量的基础。会员要求员工受过最基本的专业训练，以便能提供最好的服务。

6．物有所值

会员可能不会在意价格，但他们关心产品质量，要求物有所值，更关心消费的明细，要求每一分钱花到明处，厌恶欺诈行为。

（二）期望需要

1．环境氛围

会员打球过程追求的是一种经历、体验。球会应提供轻松、高雅的氛围环境，帮助客人很好的享受打球的乐趣。人是社会中的一员，这就要求员工和球童与球手保持友好关系，让球手得到尊敬和赞美。

2．个性化服务

会员希望在球会消费时能够展现自我，希望能像在家一样根据自己的个性化需求提供量身定做的服务。所以，高尔夫球会的服务不应只是关注所提供的产品或服务，而更应重视其服务过程本身。员工拥有专业知识和技能，特别是球童具有一定的专业知识水平，才能在服务中提供个性化的服务，满足会员相应的要求。

3．球会知名度

球场的品质和球会的品牌是提升球场知名度的良好手段。这增加了球会的信誉度，是一种无形的资产。会员往往以拥有一个较高知名度的球会为荣。

4．归属感

会员加入球会就是希望能得到球会的重视和容纳。它包括三个方面的内容：一是通过球会平台结交朋友、交流情感；二是渴望参加球会的社会活动，与会员间相互关心并在事业上相互帮助；三是希望球会能提供综合的、多方位的服务，如代为接送飞机，安排住宿或旅行等。

5．受尊重

人们希望自己的能力和成就得到社会的承认。作为会员，在消费行为上就是渴望受到重视，受到尊重，并与球会建立一种相对稳定的持久的信任的关系。

三、会员服务作用

（一）会员重复消费的频率

会员服务最直接的结果就是忠诚度提高，具体表现在，会员在固定时间内重复到球场打球消费的次数增多。会员制的球场原则上不对外，会员消费次数越多，球场的日常营业额就越高，直接提高球会的日常经营效益。

会员的消费频率=会员重复消费的次数／时间单位

时间单位一般使用"周"或"月"来计算。目前在我国，一个会员平均下场打球的次数每月不到 2 次，这就严重影响球场的日常经营。相比之下，在西方国家高尔夫已成为人们的基本健身方式，平均每周能下场打球 2 次以上。我国的一些球场会员超过 1000 人，球场打球的人数依然很少，还要利用平日会籍或团体促销来扩大日常的消费。而在国外，球会一般 300 人左右，就能满足球会的经营需要。

所以，服务影响球会吸引顾客的能力。顾客是球会的宝贵资源，维持着球会的生存。服务决定了会员的参与程度。在会员服务中，要目标明确地提出提高会员在单位周期的平均消费次数，或促进高频率的重复购买。并要采取措施尽量使会员多下场打球，使其成为一种稳定的消费习惯。当球会的会员发展到一定数量后，必须在保证其他利益攸关者能接受的条件下，尽力提供高水准的服务。把注意力转向培养现有会员提高下场打球的频率上。这里强调的平均值，即在单位时间内用全部的会员数与会员下场打球的总次数之比。会员的消费频率增加必然为球会带来更多的现金流。会员无疑是球会最宝贵的财富。

（二）提高会员的人均消费额

会员的打球消费基本是固定的，但用餐、购物等消费是可以开发的。所以，我们应通过了解客人的人均消费数，采取相应的措施增加会员的相关消费。

人均消费额=会员消费总额／消费人次

（三）会员带嘉宾的人数

根据美国消费者协会的一项研究表明，一个高度满意或者忠诚的顾客平均会向 5 人推荐其产品。这在市场拓展方面产生了乘数效应。所以，分析并了解会员平均带嘉宾的人数，一方面，可以将这些潜在的客户发展成为会员；另一方面，可以掌握最佳会员与嘉宾的比例，在促进日常消费的同时，维护会员的利益。

会员带嘉宾的人数=嘉宾总数／会员总数

（四）会员把球会当成"家"

通过会员服务，让会员把球会当成自己的家，一方面他们会积极维护球会的利益，对任何损害球会产品和形象的人或事都会主动并坚决给予制止；另一方面，向其他朋友推荐、介绍并共同分享球会的产品和服务。

（五）降低球会的营销成本

大量的研究表明，发展一个新顾客所花费的费用是保留一个老顾客的 5 倍。会员的重复消费可以使球场设施得到最大限度的利用，同时也节省了大量的销售费用，从而降低了成本。

（六）潜在的顾客转变为现实会员

将潜在顾客发展成球会的会员是现代球会发展的重要动力。潜在顾客分为两类：一类是已有购买意向又尚未加入任何其他球会的顾客，没有形成对其他品牌的认同或对其他球会的忠诚的潜在顾客；另一类是已属于其他球会会员的潜在顾客。

第二节　会员档案管理

球手会购买了球会的会籍并成为球会的会员，说明他们是接受球会的产品和服务的，也证明前期的整个服务是令会员满意的。如果后期服务跟不上，就会使会员有被欺骗或被伤害的感觉。这对整个球会的形象将产生不利的影响。所以，为了让顾客满意球会的服务，球会必须以热忱的态度对待每一位顾客，尊重并尽可能满足顾客的需求。会员部是球会专门为会员服务而设立的部门，已建立了内部的制度支持，通过提供快速、周到、优质的服务来吸引并保持更多的客户，促进球会的销售和市场地位的提高。

一、会员资料管理

（一）建立客户资料档案

会员服务管理首先是要建立客户档案资料，即将客户的各项资料加以科学的记录、保存，并分析、整理、应用，借此巩固双方的关系，从而提升球会的销售业绩的管理方法。随着现代信息技术的发展，会员档案的管理越来越完善，档案管理的内容越来越丰富、精细。

客户资料档案的基本内容应包括个人资料、客户特征、客户类型和交易现状四个方面。

1. 个人资料

包括客户的名称、电话、地址、性格、爱好、学历、年龄等。如是团体客户应包括法人代表等。

2. 客户特征

包括客户的职业和社会地位。

3. 客户的类型

一般以会籍类型来表示,如个人会员、团体会员;也可以按消费级别区分为重点客户和一般客户。

4. 交易现状

主要指客户的消费状况,如交易的频率、带嘉宾数量、消费量、信用状况等。会员在球会的消费活动都会有记录,包括他(她)的来访日期、消费情况或使用的服务等。必须给每一个会员一个独特的身份——会员号码。

客户资料的收集要保持其有效性。所以,应对客户的变化要及时进行调整,剔除陈旧的资料,补充新的信息,使会员管理保持动态性。在会员服务过程中,要对客户的资料加以运用,充分发挥资料的价值作用。分析、整理现有会员的资料,建立科学完善的会员信息数据库。

(二)客户资料的应用

1. 发现最有价值的顾客

建立客户档案后,球会要通过选择和分析会员的消费数据,了解会员的消费习惯,了解客户的交易情况、客户的消费心理,便于进行有针对性的沟通,提供符合个性化需求的高品质的服务。通过顾客档案,统计、分析顾客的历史消费数据,找出哪些是最有价值的顾客。

球会可根据过去一年会员消费统计的数据,找出消费最多的前20名会员,对会员建立消费"积分奖励制度",促进会员多消费。消费金额与积分成正比例关系,按照客户的积分来给予奖赏。还要找出具有相似性的会员,找出个人偏好的所有信息,有针对性地开展营销活动。个性化服务可以使客户与球会之间建立更加密切的合作关系。

建立顾客档案是完善会员服务的一种手段。顾客档案的相关数据资料,为个性化服务提供了有效的数据支撑。根据信息,按照帕累托定律的反向操作,为20%的顾客投入80%的精力。对产品和服务进行定制化,按客户的需要提供产品和服务,进而安排相关的产品和服务。对于有潜力的会员,要有组织、有计划、有落实、有检查地进行服务定位,如制定省时间、高效率的具体活动计划,最终达到促进会员循环消费的目的。

2. 提供个性化服务

随着球会的发展,同档次球会的不断增多,使得会员在球会之间转换的成本变得相对低廉。一些顾客虽然成为我们球会的会员,但对其他球场的产品更为满意，可能会到其他球场去消费。因此，最终的消费选择就带有了很大的随机性。另外，当一个球会的后续服务跟不上，顾客提出的意见没有予以重视或给予及时反馈，会员会渐渐对球会失去原有的亲和力。会员——这类忠诚度极高的顾客——就会流失。

会员到场打球是购买会籍最基本的消费诉求。球会必须努力为会员营造高效、便捷、舒适、愉悦的打球环境。及时处理会员投诉、收集会员的反馈信息并及时根据会员意见改进服务，使得高尔夫球会真正成为一种高尚的休闲活动场所。

根据顾客信息资料，在更高层次上建立起牢固的战略双赢关系。例如，我们可以按其所在的行业将其企业产业链的会员组织成一个球友会，让他们在打球或具体的交流活动中更加体现出商务交流的价值，同时也就创造了影响行业内其他非会员企业家加入进来的良好机会。针对会员的营销，还可以考虑子女教育的需求、企业技术创新的需求、企业管理创新的需求等，只要我们从会员的利益出发，利用好球会这个平台，就能形成一个真正的商务增值圈，更好地服务于会员，让会员感觉到会籍在自己的事业、生活各个方面有明显的价值及增值效果。

二、会籍管理

会籍管理是构成球会管理有机整体的重要内容，要求"以客户为中心"来构架服务机制，完善对客户需求的快速反应的组织形式。只有会籍管理规范化，会员的合法权益才能得到维护。会籍是一种资产，有序、严谨的会籍管理，能促进会籍保值、增值，有效维护会员的利益，防止会员流失。会籍管理的基本内容就是规范入会、转会、退会程序和要求。

（一）转让管理

1. 会籍的转让需要有一定的年限规定，这是为了使球会拥有一个相对稳定的会员群体，一般球会规定购买会籍满两年后方可转让。

2. 明确转让的基本程序和权利义务。要求由原转让会员和新受让会员共同提出书面申请，经俱乐部理事会审核同意后方可办理转让手续。任何人在转让出所拥有的个人会籍后，将不再享受本俱乐部会员的所有权益。收回原会员的会员卡、会员资格证书，同时为获得批准的会籍转让的新会员制作新的会员卡和会员资格证书。

3. 会籍转让费管理。首先明确会员转让的盈亏责任归原会员，会员转让时，新会员向原会员支付转让费；其次，明确会籍转让手续费的缴纳标准，大多数球会规定由原会员向俱乐部缴纳总转让费用10%的手续费。

（二）公司内部转换提名人

公司会员内部转名不是指会籍所有权的转让，而是指公司内部提名人的转变。公司会籍每 12 个月可申请转换提名人一次，申请人须提交转换提名人申请书。公司会员转名除需要会员提供有关文件及签名外，还必须加盖公司的印章，此印章须与入会申请表中的印章相一致。经俱乐部批准后，方可办理转名手续。同时收取每位提名人的转名费。

（三）会员除名或停籍管理

对个别违反俱乐部规定的会员，或不符合球会要求资格的人，球会应根据有关章程给予除名或停籍管理。这对维护球会形象、保证球会正常营运非常重要。

1. 对于一些有损俱乐部名誉，或破坏俱乐部秩序，或其他违反了俱乐部规定，或触犯国家法律的个人，球会有权根据球会章程给予除名。

2. 对延迟缴纳年费或其他费用的，经书面警告 3 个月仍不履行，给予停籍，待全部费用缴齐后再给予恢复。

3. 对发生被理事会确认须处分行为的会员，视其情节轻重给予停籍或除名。

4. 对除名的会员收回会员卡，保证金、入会费等不予退还，该会员资格由新招募会员补充。

（四）会籍的继承管理

我国很多高尔夫球会不允许退会，除可以转让会籍外，还可以根据以下具体情况来管理。

1. 个人会员在死亡，或丧失行为能力，或永久性离境等情况下，其会员资格可由 1 名法定继承人继承，办理更名手续，缴纳相应的手续费。

2. 法人会员在该法人破产，企事业解散，或遇到重大诉讼案时，其会员资格可由法人的债权人继承，办理更名手续，缴纳相应的手续费。

第三节 会员的权益

1985 年，联合国大会通过了《保护顾客准则》，对顾客的权利作出了明确确认，并敦促各国政府维护顾客的权利。1993 年我国制订了保护消费者权益的基本法《消费者权益保护法》。这些法规成为高尔夫俱乐部确定会员权益的基本内容。

一、会员权益的内容

（一）安全权

根据《消费者权益保护法》第 7 条规定，消费者在购买、使用商品和接受服务时享有人身、财产安全不受损害的权利。会员在球会的一切正常活动得到最佳的安全保护和服务。高尔夫球会要求管理严谨、产品卫生安全可靠、个人信息资料严格保密、服务专业化。

（二）知悉权

《消费者权益保护法》第 8 条规定，消费者享有知悉真情权，即消费者在消费过程中，享有知其购买、使用的商品或接受服务的真实情况的权利。会员有获得球会产品和服务信息的权利，并享有得到每次活动的通知和计划变动的信息的权利。

（三）自主选择权

《消费者权益保护法》第 9 条规定，消费者享有自主选择商品和接受服务的权利。会员享有自由选择到球场打球消费，参与各类活动的权利，并对会籍有转让的自由。

（四）公平服务权

《消费者权益保护法》第 10 条规定，消费者享有公平交易权，第 4 条规定，经营者与消费者进行交易，应当遵循自愿、平等、公平、诚信的原则。会员依照入会协议，有权平等享受球会为会员提供的各种消费服务及优惠政策；有权平等参与球会举办的各项比赛及其他商务联谊活动；有权平等参与每月举办的各类高尔夫赛事及各类会员活动。

（五）消费权

享有俱乐部各相关配套设施以及俱乐部的各项特色服务，会员每年不限次数享受本球会会员（免果岭费）待遇，可携同三位嘉宾，其果岭费可享有会员嘉宾价。随着球会服务内容的扩展，会员权益亦可免费获得增加，如免费参加球会在各地定期举办的高尔夫培训课程，获得俱乐部定期出版的各类刊物与球会最新资讯服务。

（六）人格尊重权

享有人格尊严的尊重权，会员有权受到俱乐部的尊重和礼遇。

（七）监督权

《消费者权益保护法》第 10 条规定，消费者享有对商品和服务以及保护顾客权益工作进行监督的权利。会员有对球会经营和服务的监督权，对俱乐部管理有监督、建议和批评权，有权对俱乐部的各项制度提出批评和建议。

（八）隐私权

享受个人隐私权，所有个人资料完全保密。保证对会员所提供的个人资料保密。球会所收集的个人资料仅用于为会员提供服务。除此之外，只在会员允许的情况下才使用会员的个人资料，决不会出售或与第三方共享会员的个人资料。

（九）赔偿权

《消费者权益保护法》第11条规定，消费者因购买、使用商品或者接受服务受到人身、财产损害的，享有依法获得赔偿的权利。会员有优先优惠使用球会各项设施和享有服务的权利，如果这些权益受到侵害有投诉权，人身财产受到损害，有依法要求获得赔偿的权利。

二、会员权益的保护

尽管每个高尔夫球会所规定的会员权益不尽相同，但球会必须兑现承诺，让会员享受到自己应得权益。服务是满足顾客权益的过程。

（一）尊重会员

会员作为自然人，首先需要赢得他人的尊重。尊重会员是球会与会员建立良好关系的基本前提。球会只有尊重自己的会员，会员才会维护球会的声誉。

尊重会员基本的是服务态度。当会员到球会打球消费时，球会必须了解会员的需求，尊重客人的习惯风俗和嗜好，让会员有宾至如归的感觉。如经常称呼对方的姓名和头衔，时刻使用"请"和"谢谢"等礼貌用语，表现出对顾客的关心，对顾客的需要给予及时满足，让会员感受热情的服务，使每个会员的尊严和价值得到体现。不得不拒绝时，一定要向他们解释清楚原因。

（二）提供安全可靠的服务产品

球会提供的产品和服务除保证质量外，必须符合安全要求。球会只有保证服务和产品的安全，才会获得会员较高的满意度和忠诚度。需要向会员时常提醒注意在球场打球过程中的安全，使用球车的安全。

（三）提供产品或服务的真实信息

球会与会员之间在产品和服务的信息方面是不对称的。球会活动信息的透明度和可靠度关系到球会的诚信问题，也会影响球会在会员心目中的形象。首先，及时向会员提供更详细、具体或有帮助的信息，并让所有会员了解球会的优惠和服务项目。球会还必需定期向会员传递关于球会的相关资料和最新活动信息，以保持球会与会员之间的密切联系。其次，球会为了能够使会员之间增进感情，需为顾客提供更具体的咨询、服务，如各项联谊活动、各类赛事等，以增加会员的权益。

（四）提供有质量保障的产品和服务

球会必须履行对会员的承诺，始终如一提供高质量的球场产品和服务，让会员感受到切身利益受到保护。在服务质量上，要始终强调服务效率，如及时服务减少顾客的等候时间，消除顾客不安；及时就地解决问题、处理投诉；用规程和具体时间来确定效率标准等，使员工的行动与顾客的需求保持一致。

案例：2004年6月，北京杨先生花5.8万元购买了海南某高尔夫球会的旅游会籍，根据该会籍章程规定，会员每年可享受30天球会会员待遇，或将这段时间通过时段交换到分时互动计划的球会享受会员待遇。会员卡使用年限至2061年5月。杨先生后来三次到当时是该高尔夫球会的北京某联谊球场打球却没有享受到该会员卡文件中所承诺的权益。其后，杨先生发现该高尔夫球会一些相关承诺并不能实现。为此，他将该高尔夫球会告上法庭。后来，北京市第一中级人民法院对杨先生与海南某高尔夫球会之间的这起服务合同纠纷案做出终审判决，认为，民事活动应遵循诚实信用、等价有偿的原则。海南这家高尔夫球会应承担相关合同文件中约定的义务。由于没有按照相关文件的承诺全面履行自己的义务，应当认定其行为构成违约。解除了杨先生与海南某高尔夫球会之间的会员服务合同，判令海南某高尔夫球会退还杨先生人民币56982.45元。

（五）提供公平机会

球会和会员是平等交易的主体。在交易过程中，球会不能因信息的不对称欺诈会员。每位会员期望得到平等礼遇、公平机会。

（六）开展会员增值服务活动

球会不仅仅是提供会员打球的场所。球会应通过组织各种相关活动，促进会员个人价值的升值，把球会变成会员之家，让会员得到更多的实惠。

1. 组织联谊活动

不定期举办各类旨在促进会员沟通的联谊活动，如高尔夫旅游、品酒会、专题投资讲座等，还可以根据会员特点，帮助会员通过各种社会资源的重新组合，搭建信息共享、平等沟通的交流平台。纯粹的娱乐活动与商业活动的结合，既满足会员休闲的需要，又加强会员间的交流，提高会员对活动的参与性以及忠诚度，促进会员间交流，增进感情和共享资源。

2. 提供便利服务

为会员制定个性化的服务计划，如高尔夫旅行方案、家庭亲子活动、朋友聚会安排等。

3. 高尔夫知识培训

培训内容包括挥杆技巧、高尔夫历史、规则、礼节及其他高尔夫的知识，丰富会员对高尔夫的理解，在高尔夫的传统与价值之间提供一种强有力的联系纽带，提高会员的忠诚度。

（七）接受会员的监督

会员的权益和球会自身的利益密切相关。球会管理者应当听取会员对其提供的商品或者服务的意见，接受会员的监督。因为会员到世界各地和全国各地打球经历多，对球会提出新的要求有利于球会不断完善产品和改进服务。对于球会来说，会员的监督有利于不断改进球会管理和服务中的不足。

第四节 会员服务质量管理

一、服务质量的内涵

顾客服务不应该仅仅关注投诉的处理，还应该关注质量问题和改进顾客服务。芬兰学者格朗鲁斯在《服务管理与营销》一书中指出，目前的市场处于服务竞争阶段，这促使企业经营战略转向以服务为主导，并明确指出服务管理就是将顾客感知服务质量作为企业经营管理的第一驱动力。所以，顾客服务管理的核心是服务质量。

（一）服务质量与顾客的感受相关

有形的球场和会所设施是提供服务的载体。顾客对服务质量的认识取决于他们的预期同实际感受到的服务水平的对比。顾客对服务质量的预期主要是基于球场的形象、顾客的经历以及市场口碑。

高尔夫球会以球场作为生存和发展的基础，其服务质量就成为赢得竞争优势的关键。世界著名的高尔夫球会奥古斯塔在保持球场的总体规划设计风格不变的前提下，近年不断对球场进行改造来提高球场的挑战性和观赏性。设计者琼斯的基本观念是，尽可能多地利用球场的天然条件而不必依赖于人工设置的障碍，来使比赛变得生动有趣。球场边缘美丽的花树和灌木丛细心呵护及球道和果岭的精心修剪相映成趣。球道生机勃勃，沙坑零星可见，果岭速度十分快，整个球场看起来非常吸引人。奥古斯塔的球道无疑是世界上最优秀的，具有很大诱惑力。球员可根据自己的水平选择击球路线，不仅可以享受打球的乐趣，而且可以饱览球会风光。同时，奥古斯塔俱乐部一直保持最佳服务质量。世界最有权威的《高尔夫》杂志评定，奥古斯塔球会在美国前100个著名球会中，排名第四。在1997、1998和1999年，奥古斯塔俱乐部连续三次被评为最佳球会。目前，我国一些高尔夫相关机构也对国内高尔夫球场进行排名，在一定程

(二)服务质量的评价

会员对服务质量的评价往往通过在服务过程中员工的表现及其与顾客的互动关系来进行。球会与会员的关系不同于一般企业与顾客的关系。会员与球会的关系发生了根本性的转变,价格问题已退居次要位置,他们已经参与到球会的经营管理过程中。一方面会员要得到个性化的服务,需要积极与球会合作,描述其需求,参与整个服务过程。另一方面,球会必须把会员的需要纳入到日常的经营管理和服务中来,使产品和服务真正做到有针对性。球场可以根据会员的特殊要求,针对性地提供会员所喜好的球、衣服、球童、餐饮等。

(三)服务质量是可感知的

尽管服务是无形的,但通过员工服务过程的行为和服务细节等可以让顾客把握服务的实质。也就是说,服务过程中员工的行为提供了服务质量的可见性,直接影响到顾客对服务质量的评价。

可靠性:球会要兑现服务承诺。诚实、值得信赖的员工,是提供可靠、准确无误的服务的基础。

保证性:具备专业知识和礼节的员工,拥有让顾客产生信任和信心的能力。如果员工缺乏高尔夫专业知识,其服务是不会有保证的,服务质量也必然让顾客失望。

可见性:不仅仅是球会有形设施设备具有可见性,而员工的仪表、员工的服务行为和服务结果都是能具体感受的。

关怀度:即员工的友好态度,对顾客的关怀和关注程度。比如,员工要记住会员的姓名、职务及从事的行业;见到会员要称呼会员的职务头衔;关心顾客,记住顾客上次来打球的时间,对较长时间没来打球的会员,热心询问原因;记住会员一杆进洞,和其他获奖事件;了解会员的特殊喜好和禁忌;记住会员感兴趣的话题;了解会员的家人和嘉宾朋友,并时常问候和关心;对会员好的成绩给与鼓励。

反应力:对待顾客的要求,员工的反应要及时,服务传递的速度要快,提供的服务要周到,如球童要为会员打球提供方便、有效、迅速的服务。

二、服务标准跟进

(一)服务标准跟进

服务标准跟进,是指球场要将自己的产品和服务与市场上最优的竞争对手的服务方式、方法等标准进行对比,在比较和检验的过程中逐步完善自己的标准,从而提高服务水平。目前我国的高尔夫球会的服务标准尚不完善,一些球会在会所服务方面就以五星级酒店标准来制定会所服务标准。

高尔夫球场产品和球会服务必须达到一定的水准和要求。这些标准包括产品质量和服务的品质保证。如为会员及时预订到打球的时间，确保服务的速度和准确等。设定这些标准的目的，既要使员工服务操作有依据，又可成为检查评估的衡量尺度。任何一个服务环节都要一个定量标准，即使是定性服务规范也要求能有定量的质量指标，并规定相应的验收和检查标准。

制定服务标准就是将整个服务过程分解成若干个作业步骤，进而描述每一个步骤的作业方法和要求。减少员工在服务过程中的差错，并使服务质量达到一致性。制定各环节的服务标准和细则，并对易接近性、安全、卫生及顾客舒适性、私密性等问题都要做出详细规定。服务应被视为一种价值创造的过程。因而，通过服务可提升球会的价值。

下面是接听电话的服务标准：

● 电话铃响起，三声内必须接听，这反映球会员工的工作效率，也是对会员的尊重。

● 接听电话时，应主动热情地问候客人并报上球会名称："您好，（某某）高尔夫球会，请问您有什么需要帮的？"礼貌待客反映了员工的基本素质和工作态度。

● 耐心回答客人提出的各种问题，主动为客人介绍球会各种服务设施和服务项目，抓住机会向客人推销。员工在回答客人问题时，不失时机地促销，体现员工的利益和球会的利益融为一体。

● 当接到客人预订电话时，应详细记录客人姓名、日期、时间、人数、联系电话等信息，要求字迹清楚。任何工作都要有记录，要有据可查。强化过程管理。

● 复述客人预订等信息内容，向客人核对。准确了解客人需求。

● 对客人来电表示感谢。礼貌道别，待对方切断电话后自己再放下话筒。

服务流程优化的基础就是要重视服务过程。过去往往强调服务结果，其实只要对客户服务过程的各个环节充分的重视和控制，就能保证服务的结果和服务的过程都使客户满意。

（二）在会员的体验中提供服务

服务是双向交流过程。在服务过程中顾客参与并亲身体验，是最容易获得服务满足感的。

1. 情感体验

员工在与会员的沟通与交流中，应真正关心会员，用发自内心的情感与会员培育情感关系。

一是在球场服务过程中,恰到好处地与顾客交谈,如用恰当的方法赞扬对方的服饰、挥杆的动作,夸奖击出的好球,谈论天气及对方感兴趣的其他话题。如文体、职业、小孩和熟人等。要注意语言清楚、真诚,给人以愉快,不要喧宾夺主。

二是恰当使用肢体语言。用眼神和身体语言与顾客交流。从姿态表情判断顾客的情绪。用自己的姿态表情来影响顾客。用微笑表示信任和愉快的感觉,反映出精神状态和修养。

三是在与顾客交流过程中注意倾听。要用同一感受、赞同的心情听其述说;顾客反复陈述的问题要不厌其烦的听,不要贸然打断顾客的说话。不要提及以前顾客间的谈话和其他顾客的话题。不要总是询问同样的问题。不要急于讲出自己的看法,要沉住气。

2. 产品体验

球场质量是会员体验的核心。在球场打球的过程中,会员体验球道、果岭的品质和功效以及球童服务的水准。会员是高品质和高质量产品的直接受益者。产品体验使会员有球会的主人翁的感觉,会对球会改进球场质量和服务有更大的热情和动力。会员在体验过程中主动发现问题,反馈改进意见,明确表达自己的需求,从而与球会的沟通越来越多,参与程度越来越高。

3. 环境体验

会员在球会的消费过程中,能感受到打球的气氛,服务氛围及会员之间的友好互动关系。环境是会员整体体验的一部分,球会应重视营造各类环境文化。

(三)提高会员的服务的针对性

强化跟踪服务,使员工特别是球童能够协同建立和维护一系列与会员之间卓有成效的一对一的互动关系,及时了解会员的真实需求,并以有效的方式为其提供所需要的产品和服务。为使客户的需求得到满足,球会应提供一对一的互动服务,使每一次互动更为有效。球会要针对会员要求为其提供专门的球童服务,进而提升会员的价值,提高会员的满意度。

(四)关注细节服务,增加服务价值

在为顾客的服务过程中,球会的每个员工都要把注意力集中到为顾客服务上。员工的每个细节都是至关重要的,任何一点点失误,会引起客户的不满,甚至可能失去客户。这些细节包括向客户提供信息的方式,传递服务和产品的信息等。员工从思想上对工作、对会员认真负责的行为,将会对产品价值、服务价值有极大的提升,并会减少客户的时间成本、体力成本和精力成本。有利于增强会员的信任感。

第五节 顾客投诉处理

当会员和其他顾客到球场消费时，对球场本身和球会的服务都抱有良好的愿望和期盼，如果这些愿望和要求得不到满足，就会心理失衡，由此产生抱怨和不满。处理顾客投诉是会员服务的内容之一。顾客投诉处理目的是改善球会与会员之间的关系，便于球会有效实施市场营销、接待服务与经营管理等。首先要明确会员投诉提供了有价值的反馈信息，将为改进产品和完善服务提供机会，其次，令人满意的会员投诉处理，意味着顾客变得更加忠诚。

一、客户投诉产生的原因

1. 球场和会所产品质量问题。产品质量达不到客人的要求，会所设施、餐饮质量，特别是球场质量，如果岭的状态，草太高，打球速度太慢，容易使顾客产生不满情绪。
2. 球童及其他员工的服务态度与服务水平问题。球童和员工的经验不足，服务态度不佳，会严重影响球员技术水平发挥和打球的心情。
3. 会员对球会的经营方式及策略不认同。对球会无限制发行平日会籍，造成球场订场难，或因销售会籍，而忽视后期会员服务。
4. 会员对球会服务的期望超过球会的预期。
5. 顾客在球场打球期间遇到安全事故或财物损失等问题。
6. 顾客由于自身个性原因提出要求得不到满足，有些问题是球会未向会员解释清楚享受该项利益的适用条件等原因造成。

二、处理投诉的技巧

（一）先处理情感，后处理事件

善待提出投诉的顾客，因为他们的投诉表明特别在意球会中提供的服务，他们愿意球会能把服务做得更好，所以，首先要考虑客人的感受和心情，告诉客人你的姓名，使客人确信你能够解决问题，先承认自己的过失，来缓和顾客的情绪。

（二）耐心地倾听顾客的抱怨

只有认真听取顾客的抱怨，才能发现其实质性的原因。一般的客户投诉多数是发泄性的，情绪都不稳定，一旦发生争论，只会更加火上加油，适得其反。

真正处理客户投诉的原则是：开始时必须耐心地倾听客户的抱怨，避免与其发生争辩，在客人陈述完他的不满之前只听不说，了解顾客真实想法。

（三）使用恰当的身体语言表达对客户的同情

使用富有同情心的语调，在态度和语气上不能粗鲁，耐心接待，让他们怒气冲冲而来，心满意足而去。

（四）对存在的问题表达歉意，及时明确客户遭遇问题的严重程度

漠视客户的痛苦是处理客户投诉的大忌。员工必须站在顾客的立场上将心比心，诚心诚意地去表示理解和同情，承认过失。因此，对所有客户投诉的处理，无论已经被证实还是没有被证实的，不是先分清责任，而是先表示道歉，这才是最重要的。这并不意味着你接受全部指控。因为，不同程度的问题对客户造成的损失不同。对客户遭遇问题的严重程度了解的越清楚，在之后就越助于采取准确的方式进行处理，从而使顾客满意。

（五）不要打断客户

使用有效的聆听技巧获得对问题的整体认知，并且反映出你真诚的对待客人；

（六）采用积极的姿态，诚实地向客户承诺

对客户提出的投诉与不满，应采取积极的态度来处理，进行及时的补救。但当问题比较复杂或特殊时，如果我们不确信该如何为客户解决，就不要向客户作任何承诺。而是诚实地告诉客户情况，并尽力帮客户寻找解决的方法，但告诉客户需要一点时间。然后约定给客户回话的时间，一定要确保准时给客户回话。即使到时你仍不能帮客户解决，也要准时向你的客户解释问题的进展，表明自己所做的努力，并再次约定给客户答复的时间。同向客户承诺你做不到的事相比，你的诚实会更容易得到客户的尊重，可以维持好与客户的关系。

（七）迅速采取行动

对于顾客的抱怨应该及时正确地处理。拖延时间只会使顾客的抱怨变得越来越强烈，顾客会感到自己没有受到足够的重视。通过核对细节和记录来弄清问题，以便能对投诉进行全面处理。例如，顾客抱怨球童服务不好，就应该立即调查，了解真实情况，如发现确实存在问题，尽快告诉顾客处理的结果。

积极关注会员投诉的具体内容，有助于我们了解自身的不足以及客户的需求变化，进一步改善自身的产品质量和提高服务品质。球会的不足或缺点，如果没有顾客的投诉，我们自身是很难了解和发现的。关注客户投诉的内容，可以帮助球会改善产品和服务的品质，提高服务的能力，保持对会员的吸引力，有利于提高球会的竞争力。

三、客户投诉管理

（一）查明原因，追究责任

为了改善服务，球会要避免日后发生类似的问题。球会不能仅仅根据表面上的现象来解决问题，必须调查问题发生的原因并全面了解和认定当事人和主管人员的责任，从责任的归属角度来考虑并根据球会有关规定给予处理，追究责任。客户投诉的管理是要建立监视、奖罚机制，避免在服务过程中重复犯同样的差错。

（二）投诉的归档

建立处理会员投诉档案，应分门别类、科学管理、方便查阅并尽量建立电脑查询。档案内容要完整，包括投诉问题、接待人员、处理方法、处理结果等。对典型案例要定期或不定期汇报给总经理，对于有教育意义的应通报全体员工。

案例：云海谷球会会员理事会

深圳东部华侨城云海谷球会是一个不对公众开放的封闭式会员制球会。球会会籍发行总量限定为480个（包括个人会籍、法人会籍和球会财产所有人为别墅产权人配置的个人会籍和法人会籍）。

球会为了维护会员的权益成立了会员理事会，作为球会经营管理的咨询机构。理事会由会员和公司代表、球会管理人共同组成。理事会原则上每年召开一次，代表会员向球会提出建议和意见，包括协助球会审查及确定会员入会资格，制定、修订各项收费标准；协助对球会章程、细则的制定、修改和废除；协助球会制定会员纪律；协助制定球会职员的管理制度和纪律；对球会设施的保养、维修及改良提出建议；对球会运营提出建议；对球会赛事和会员之间的社交活动提出建议；参与策划球会的特别庆典和活动等。球会对现行各种制度、细则的修订、颁布、废除都必须得到会员理事会的通过。会员理事会及其主席每两年换届一次，可以连任，但理事会成员将不会获得任何形式的报酬和特权。

为维护球会全体会员的权益，维护球会的品质与形象，对违反球会管理规定、影响或妨碍球会其他会员正常活动的行为，球会将有权对违纪会员做出纪律处理。纪律处理等级分为提示、警告、通告。对轻微的违纪行为，球会管理人员仅对违纪人员作口头提示；对严重违纪行为，由球会向违纪人员发出书面警告，但不公开披露；对于三次以上（包括三次）严重违纪的会员，将由球会提交理事会三名以上的理事批准,在球会范围内通告。

案例分析:
1. 会员理事会在维护会员权益方面的作用有哪些?
2. 对其他球会有何借鉴意义?

思考题:
1. 高尔夫球会会员有哪些特征?
2. 分析高尔夫球会会员的需求。
3. 如何计算会员重复消费的频率?
4. 简述会员服务的作用。
5. 如何在会员服务中应用客户资料?
6. 简述会员权益的主要内容及如何保护会员的权益。
7. 什么是服务标准跟进?
8. 分析客户投诉产生的原因及处理技巧。

第八章　球具经营管理

第一节　球具经营概述

球具销售是高尔夫球会业务的组成部分，不仅能满足球手的需要，还是球会经营收入的来源之一。球具店（Proshop）是指专门为高尔爱好者提供各种品牌用品与服务的专卖店。专营与高尔夫相关用品，包括球杆、球包、球衣和手套等。

一、球具需求特点

（一）目标顾客明确

目前国内高尔夫球具用品消费人群市场较小，仅局限于高尔夫爱好者和高尔夫球手。参与这项运动的人尽管年龄结构、家庭状况、消费观念、受教育水平和消费频率等有差异，但他们的消费特点和利益追求是相同的。他们对高尔夫用品共同的消费需求形成了相对稳定的顾客群，并支持着球具店的稳定和发展。

（二）消费需求特征明显

球具商品是以满足高尔夫运动的需要为主，在这样的市场环境下，提供有品质保证的产品和服务就非常重要。

1. 高尔夫爱好者的日常消费

每个球手不仅要配备一套自己的球具，而且还会随着球技水平的提高，不断更换自己的球具。球手入门时，通常一套球具使用1~3年；成绩到90杆左右时需要更换相对专业的球具，使用时间为3~5年。

另外，球、手套、鞋、服装、雨具等成为日常消费品。

2. 高尔夫用具作为时尚礼品消费

高尔夫用品的品质和国际知名品牌已成为身份地位的象征，受到大众的追捧。人们以穿戴高尔夫服装、使用高尔夫用品为荣耀。高尔夫用品成为当今最为时尚的礼品之一。

3. 高尔夫用具作为装饰品消费

参与高尔夫运动是身份地位的象征，而高尔夫用品又成为时尚品。所以，球具和用品成为一些场合的装饰品和摆设。

（三）球具品牌化

高尔夫用品非常注重质量与品牌。球具品牌越来越趋向一致，在此背景下，惟有服务才能吸引顾客。球具店要实现个性化服务，与顾客进行细致地沟通，了解消费者对球具的基本性能、功能特征、使用与保养的需要，并结合顾客个人身体特征、技术水平提供服务；让顾客真正感受到自己是上帝。服务是球具店的灵魂。专门的品牌和专业化的服务相结合，可增加球具用品的附加价值。

二、球具用品规划

（一）高尔夫用品种类

1. 高尔夫球具

球具是高尔夫运动中必备的工具。高尔夫球杆包括：木杆，主要用于远距离击球，杆面角度小，方向不易控制；铁杆，一般用于球道击球，易控制落点和方向；劈杆、切杆，主要用于果岭周边的击球；推杆，主要在果岭上使用。

根据高尔夫规则，球手的球包最多可以放入14枝球杆。球手在买球具时不仅考虑价格的高低，最重要的是适合自己。一套适合自己的球具是指杆身的软硬度、杆头的重量与自己的挥杆速度相吻合。若是购买了一套价值不菲的名牌球具，可是在打球的过程中，总觉得不合适的话，那么这套球具就没有起到真正意义上的作用。

打球用品种类较多，如球、球座、球标、球杆握把、杆身、杆头、球杆套、球包、旅行袋、手袋等。

2. 高尔夫服饰用品

高尔夫服饰是高球人士在打球时的必备品，包括球帽、服装、球鞋、手套、雨伞、毛巾、太阳眼镜、防晒护肤用品等。在高尔夫规则中，对服装、鞋等有严格规定，有些球会自己的规定要求更严格。高尔夫的服装已成为一种时尚品，受到社会大众的欢迎。

3. 运动练习辅助用具

专门为高尔夫爱好者提高学习和练习技术动作用的辅助用品，包括书籍、学习光盘、辅助器材等。另外，一些专卖店也经营练习场的用品如练习垫，练习场附件（距离牌，装球篮，果岭标志等），发球器，练习杆，练习球等。

（二）高尔夫商品品质管理

高尔夫产品和服务在质量上、功能上同质化的趋势越来越明显，即各供应商产品的功能基本相同，唯一可以区隔开来的就是产品的品牌。同质化的产品带给消费者的功能性满足大同小异，在这样的情况下，消费者的消费行为由产品消费转向品牌消费，并感受和认同产品的特殊功能、文化取向及个性差异。目前，国内外一些高尔夫用品厂家开展品牌差异化策略，将产品的核心优势或个性差异转化为品牌，以满足目标消费者的个性需求。

1. TaylorMade 专注球杆技术

TaylorMade——阿迪达斯高尔夫球有限公司（TaylorMade-Adidas-Salomon AG）1979 年创立，以专注球杆技术而知名。一直是高尔夫球具科技发展的先驱。在 1998 年被运动鞋巨擘阿迪达斯收购后，消费者便可在 TaylorMade 的连锁店中同时买到运动鞋。然而，TaylorMade 公司依靠在球杆技术上的优势，专注在高尔夫球杆的生产上，不断地推陈出新球具产品，其中 R7 一号木杆连续几年占据销售榜头名，并推出 R7 系列产品。

2. Acushnet 高尔夫用品占据全球最大市场份额

Acushnet 高仕利（又称阿库斯奈特）公司的高尔夫用品占据全球最大市场份额。旗下拥有 Titleist、FootJoy、Cobra 和 Pinnacle 四个品牌，高尔夫球、鞋和手套等产品是当今世界上销售量最大的。2002 年，它成为第一个收入超过 10 亿美元的高尔夫公司。Acushnet 的品牌战略专注产品的品质，Titleist 成为高尔夫球手最喜欢使用的球。2006 年 1 月，高仕利高尔夫用品贸易有限公司在中国正式成立。重点放在帮助促进中国高尔夫运动的发展上，以提升打球者水平为目的。

3. Callaway 强调产品的科技性

Callaway 高尔夫公司 1982 年创立，1988 年推出了一套革命性的产品，其专利则称为 S2H2 "Short，Straight，Hollow Hosel"。当年他们将公司名字改为 Callaway Golf Company。旗下拥有四大高尔夫品牌——Callaway Golf、Odyssey、Top-Flite 和 Ben Hogan。强调产品的科技性，并在青少年球员相关产品的研发和晋级方面获得突破。借助其他球具商来完成前期的市场培育以及推广，进一步完善整个市场策略和销售网路。

4. NIKE GOLF 以成功明星形象代言

1998 年 NIKE GOLF 才正式成立。同年，推出了高尔夫球系列，定位 NIKE GOLF 并推出全新的 NIKE GOLF 盾型标志。虽然进入高尔夫球市场的时间不长，但是凭借着强大的品牌、优异的设计、优良的产品质量，特别是 Nike 采取名人代言方式，泰格·伍兹（Tiger Woods）、魏圣美等作为其形象代言人，是他们品牌战略之中的重要一环。高尔夫爱好者深受他们的影响，成功的明星策略使"NIKE GOLF"的产品在全世界范围内大受欢迎。

5. G. T. GOLF 专注于服装

飞腾高尔夫企业有限公司专注于高尔夫服装，2000 年进驻亚太地区，全力拓展中国市场。公司拥有雄厚的专业生产力，营销策划团队，集设计、生产、研发和销售于一体。在高尔夫用品功用同质化的情况下，G. T. GOLF 推崇"高雅品位、健康靓丽、休闲时尚"的理念，借助不同的产品概念表述，以 G. T. GOLF 来规范 LOGO 彰显时尚简约。秉承欧美各国和中国香港地区的流行趋势，针对亚洲人的肤色和着装特点，成功地将欧洲文化融于高尔夫服饰文化之中，让产品的价值显得与众不同。

GT 高尔夫产品每季推出多款经典服饰。G. T. GOLF 高尔夫服饰做工十分考究，生产的每一道工序与流程都有专业的技术工程师负责检查和管理。长期致力于面料研发，在面料、辅料的选择上要求不用氯气的漂白方法，不用甲醛进行后处理，确保面料辅料无任何有害物质，并注重吸湿性、透气性、柔软性等良好功能，保证服装所用面料的舒适度和美观性，如埃及棉、瑞士棉、健康棉及中空纤维、功能性面料等。在营销方面，拥有近二百个销售点，形成规模巨大的销售网络，几乎所有的球会都有 G. T. GOLF 品牌服装。目前 G. T. GOLF 在业内知名度达 100%，在市场及消费者中已获得相当信誉，市场占有率 80%。

GT 高尔夫品牌发展战略长期致力于开拓中国高尔夫市场，一直不断地通过各种有影响的赞助，建立品牌形象。主要赞助包括"广东省业余公开赛"、"贺龙杯"、"张连伟青少年杯"、"银联白金杯"、"维信杯"、"印象杯"、"FGT 业余巡回赛"、高尔夫职业经理人论坛等大型活动。通过赞助赛事获益匪浅，现在该公司业务也已经拓展到全国很多大中城市，G. T. GOLF 的品牌已推广到北京、上海、广州等几个大的高尔夫人群相对集中的城市，并得到高尔夫业界的认可，为 G. T. GOLF 成为业界权威性的品牌奠定了良好的基础。

6. 高尔夫用品品牌主要以国外为主，国内为辅

下面表中列出各类用品常见的品牌。

商品类别	品牌
球杆	PING、NIKE、Taylormade-Adidas、Callaway,Slazenger、HONMA、SRIXON、Cleveland、Mizuno
球	Titleist、NIKE、Wilson staff、PING、TopFlite、Freeline、Dunlop
手套	NIKE、PING、Ambition、Wilson staff、Prostaff、Southsport、Gicoo
球鞋	FootJoy、NIKE、Southport、V-LITE
球帽	Southsport、Titleist、PING、Sunwik、Gicoo、NIKE、G. T

续表

商品类别	品牌
袜子	Southsport,，Liddon, LITE, Gree Nano
服装	Ashworth, BCLN, Nike ，Sunwik, G. T. GOLF
皮带	Southsport 等
毛巾	Newcentury golf towe, Gicoo, yoyogj
伞	Gicoo 等
手提包	yoyogj，Sunwik，Southsport, Gicoo
球包	LuckGolf, Gicoo，Southsport, MEASHINE

（三）商品的结构

下面简述专卖店经营的商品类别及各类别所占的比重。

1．主力商品

高尔夫用品种类和品牌较多，一个专卖店不可能经营全部的产品，所以，每个专卖店要根据球会定位和目标客源来确定自己的主力商品。主力商品应该是在市场上具有竞争力的商品。

一是可以从球具市场上占主导的品牌来体现，如 CALLAWAY、MZURO、NIKE、TITLEIEST、TYLORMADE、DUNLOP、PECOVER、KING、PING 等。

二是可以从球具类别上来体现，如服装、鞋等。在球具店较为集中的地区，突出主力商品可以实现差异化经营，强化自身特色。

2．辅助商品

辅助商品是对主力商品的补充，起到陪衬作用。可以增加顾客选择权，丰富商品内容。辅助商品的配备应随季节变化和流行趋势而调整。

3．关联商品

关联商品是用途上与主力商品有密切关系的商品，方便顾客的购买，同时有利于扩大商品的销售。

（四）商品规划要注意的问题

1．经营球具用品必须要做好市场的调研，分析目标客源的需求，进行商品规划定位。商品规划是根据市场状况提出关于商品的构成规划，如类型、价格及数量。专卖店所面向的顾客相对稳定，所以，在产品选择时不能"贪大"，要把专卖店有限的资源用到符合目标客人需求的产品上，使这些产品形成自己的优势。

2．在规划商品时必须把握顾客的特点。根据球手需求组合进行产品选择，并根据球手的球场消费特点引导消费。

3. 高尔夫产品具有技术或艺术等方面的先进性，特别是球杆和球的技术含量越来越高，对击球的距离和方向有一定的作用。球手们对具有先进性和品位的产品更会表现出浓厚的兴趣和购买意愿。

4. 球手的需求符合社会时尚和潮流，在新款服装、球具和球面市时具有巨大的需求力。时尚产品能满足球手们的精神或情感需求，并影响他们的购买决定。在确定经营的范围内，选择产品的品种、规格、质量除了基本的功能外，还应当注意顾客的需求动向和购买习惯的变化，掌握商品的流行趋势，使之符合时尚和潮流发展的需要。

5. 高尔夫球具、服装等新款推出的周期越来越短，市场变化快。做到既要保持充分的供应量，又不能出现滞销。

6. 球手消费水平高，最关注的是球具品质。品牌球具具有稳定的产品品质，球手往往比较信任，球手认可程度高，并愿意支付更高的价格。品牌球具具有获得超额利润的溢价能力，产品具有魅力和市场竞争力容易在专卖店的销售中引起注意，获得销售的成功。品牌球具能为球具店带来持续和超额的利润。

7. 防止不合格产品进入球具店。目前高尔夫球具市场，假冒伪劣产品盛行，如果没有严格把关，这些劣质产品会破坏球具店形象。现在一些球手已开始从国外购买中国制造的正品球具。这种现象表明，人们对专卖店出售的产品的质量开始不信任了。

三、高尔夫球具店的选址

高尔夫球具店面向特定的消费群体，所以选址比较容易。

（一）球场、练习场内

一般高尔夫球具店会选择在高尔夫球会和练习场内设置，因为球场和练习场是与高尔夫消费市场最终消费者联系最为紧密的一个平台，并且直接接触最终客户，所以球具店无需花费很多的财力和人力去进行产品的宣传、吸引顾客上门、寻找客源，可以为球具店节省成本投入，获得更多利润。

（二）高尔夫球场附近

球具店设立在进入球会道路的两旁或球场附近，最大的好处是可以给高尔夫爱好者提供方便。

（三）高级商业区

在高档购物商厦，高星级酒店（五星或者五星以上）设置球具店，主要是面向高档消费客人和成功的商业界人士。

（四）高档住宅区

中产阶级一般都偏好以购买高档住宅为显示自己身份的标志，所以，在高档住宅区设立高尔夫球具店，拥有密切贴近消费群体的特点。

第二节 专卖店进货管理

一、高尔夫球具店类型

高尔夫球具店一般不是直接的生产者，而是以零售商或者代理商的角色处于分销渠道的中间环节。高尔夫球具店通过打通对生产者的通道，以及对消费者的通道来实现企业的利润。

1. 自营销售模式

著名高尔夫用品企业通过开设自营店，专卖自己的产品。自营销售渠道是最能够节省成本的，且利润空间大。自营店的拓展需要考量有商业价值的地理位置，用科学的计量方法测定预计销售情况。以自营为主要渠道模式需要拥有雄厚的实力，包括品牌优势和产品质量。自营模式的渠道拓展中常常会出现价格问题，这是需要渠道拓展专员和销售人员联合解决的。

2. 代销模式

市面上的球具店大多数都是品牌代理店，同时代理多种高尔夫球具品牌。这种代销模式通常是国内代理商将产品交由球场专卖店或者百货商场代替销售，专卖店跟品牌总代理商拿取销售提成，这在品牌进驻专卖店时的合同里就会显示。这种渠道模式是使用频率最高的，约达到70%，大部分品牌都采用这种模式进行市场的拓展。

以代销模式进行渠道拓展，渠道拓展专员需要选择有实力的分销商，加强和分销商的客情维护，同时和片区经理进行分销维护，并加强对终端销售人员的激励和培训。分销商问题和供货问题是代销模式渠道拓展中急需解决的问题。目前在国内只设有区域代理商和普通经销商，统一对全国进行市场和销售支持，统一培训，对不同区域的市场价格进行协调。

3. 购销模式

销售直接面向终端客户，根据客人需要来采购产品的模式叫购销模式。特点是能够及时地将产品的所有权转移，从而降低了企业的产品库存积压的风险。购销模式对于企业来说是一种有利的销售模式，直接面向客人，节省交易成本。

二、进货渠道管理

高尔夫用品从生产者流向最后消费者的过程,要经过若干中间供应商转手的分销渠道。因此,对供应商的分析是不可缺少的。现今,许多企业与供应商建立了有效的信息沟通渠道,并保持良好稳定的关系。

高尔夫用品企业在渠道管理和供应链管理方面存在一些环节沟通上的偏差,一般体现在货源缺乏、过季货品堆积、货品信息反应不及时等问题上。使公司在供货上难以保证客户需要,使销售渠道出现一定的混乱。

经营一家高尔夫球具店,进货渠道是一个很关键的因素,它不仅影响着高尔夫球具的质量,还和球具的价格及球具店的声誉紧密相关。好的进货渠道,不仅可以保证球具店的销售量,还可以为球具店带来丰厚的利润回报。供应商所提供产品和服务的质量、价格直接影响到球具店产品和服务的质量及成本水平。

高尔夫用品企业节约成本的最好方法就是提高进货渠道的有效性。应考虑选择进货渠道的三要素:一是供货商的信誉好,确保所供应产品的质量可靠、正宗;二是商品的品种数量、花色、规格、质量的保证;三是供货条件,距离远近,交通费用等。高尔夫球具店的进货渠道,归结起来,主要有以下几种:

(一) 直接渠道

直接渠道就是直接从商品的原生产厂家进货。这一渠道的优点是:可以降低进货价格,利润空间大,直属管理,防止假冒伪劣商品进入。全球知名的高尔夫品牌用品公司纷纷在中国设场加工,目前中国已成为仅次于美国的世界第二大高尔夫球具生产国,并每年平均以30%速度成长。但全球知名品牌对球具生产的数量和质量都有严格控制。专卖店一般不能从厂家直接进到这类货。只有高尔夫用品企业设立的销售机构通过开设自营店,专卖自己的产品来实现直接渠道。

(二) 固定渠道

全球知名品牌的球具店在国内设立自己的代理商,为了防止假冒产品,对货源的渠道基本控制,款式、品种统一上市。固定渠道就是选择资信好、生产能力强、商品质量高的供货商,与他们建立长期的合作关系。固定进货渠道可以通过良好的合作关系规范采购活动,适时保障市场供应,并可通过长期的合作关系使买卖双方受益。但经过一层接一层的供货商渠道,客观上提高了球具的成本,也使得价格居高不下。知名品牌建立垂直管理的连锁专卖系统,可以大大增强企业对市场和渠道的掌控能力。进货渠道清楚、管理规范、正轨,每一支球杆上都对球杆、球头的生产地、组装地标明的一清二楚。能够严把产品质量关,并对进货渠道建立可追溯制度和责任追究制度。

（三）区域渠道

目前，国外品牌在我国市场占据主导优势，消费者对外国的品牌认可度高，所以大多球具店都经营外国品牌的产品。各地市场对球具用品的需求不同，需求量较大地区，知名品牌球具企业会建立独具特色的商品货源代理或直销店。区域渠道进货策略就是根据自身的经营需要，从知名品牌商品区域总代理的渠道进货。选择有特色的商品货源作为进货渠道，可以进行细致地比较，择优而购。

（四）加盟

加盟高尔夫用品网络会员专卖店，由总部进货，可以保证进货质量和统一的价格。总部是一个大型的集团采购平台，通过直接和生产厂家建立合作关系以较低的价格获取进货渠道优势。各特许经营专卖店则是终端销售系统，这样就减去了批发商和经销商这一中间的差价，各店接受统一的管理，更有利于经营。采用特许经营模式可以有效降低经营成本，直接让消费者受益。

（五）网上进货

直接从高尔夫球网上进货，通过网络的便利，信息的快速传播，使得进货的渠道更加广泛，选择的范围相应扩大。但商品的质量没有确实的保证。

进行有效的渠道管理，与经销商建立长期的合作关系，有目的地进货，避免资源的浪费。

三、进货原则

1. 勤进快销。在采购活动中做到公正、诚实、原则性强，有效地履行岗位职责，以增进与供应单位之间的关系。高尔夫球具用品每年都有新款面世。专卖店必须以较少的资金占用，经营多的品种，加速商品周转，避免商品积压。

2. 诚实守信。诚实，保证产品的正宗和品质，守信，遵守经营合同。与供货方互相信赖和支持。不允许接受礼物和收取回扣。如果一个采购员接受供货单位的几十元、上百元的礼品，就有可能使企业每年在采购过程中多付出几万元或几十万元的费用。

3. 以需定进。专卖店的经营业务是围绕着商品这个核心而展开的。一旦过多采购造成积压和大量的库存，不仅会影响现金的周转，而且，球具款式更新速度快，老款球具会随新款的面市而加快降价速度。过多积压会使球具店遭受损失。保证进货渠道畅通，根据市场需要数量来进货，非常重要。

四、存货管理

（一）入出库管理

1. 首先，根据商品销售情况，由专卖店提出采购计划，由店面经理审核，报总经理批准,纳入财务收支计划,由采购部门负责实施采购。

2. 商品到店后,按质按量组织验收。对入库商品的供货商、入库时间、物资名称、规格型号、数量、单价、金额、交货人、承运人和验收入库人等栏目均应逐一填写,不得漏项。当前,验收货品的关键是要防止假冒伪劣商品进入自己的专卖店。

3. 对经质检部门验收合格的产品,应加盖"合格章(单)",由保管员按规格、品种分类入库管理。质检员、保管员和当班生产经理均应在入库单上签字。

4. 对于商品数量短缺、品种质量不符等问题,应明确责任,立即退货处理,由此而造成的损失由采购人个人承担。

5. 对货品出库应履行审批手续,填写"出库单"及相关手续,仓库保管员凭"出库单"据实发货。

(二)库存管理

1. 保管员应建立各种存货保管明细账,并依据出入库单进行账簿登记,经常与财务核对账目,实地盘点实物,保证账实相符。物资要堆放整齐、标签清楚、计量准确、存放安全。保管员对存货的安全和完整负责。

2. 盘点时,由库管、采购、财务等对存货进行实地盘点,查找盈亏、积压等原因,编制盘存表,提出处理意见。参与清查的人员应在盘存表上签字,以示负责。

第三节　商品陈列管理

球具店应设计成为吸引顾客的观光点,成为顾客了解球具最新信息的地方。商品陈列是进行商品介绍和商品宣传的综合性广告艺术形式,对商品的展示与销售具有举足轻重的作用。

一、空间布局

高尔夫用品种类、品牌多样,所以布置要给人鲜明的印象,突出特色,才能赢得顾客的青睐。专卖店以空间格局突出自身实际需要来陈列商品。空间布局包括商品陈列的场所,店员服务空间和顾客参观、选择和购买商品的空间。在布置专卖店店面时,要考虑空间的最大化利用,商品的样式和功能,灯光的排列和亮度,通道的宽窄,收银台的位置和规模等。另外,店面的布置最好留有依季节变化而进行调整的余地,使顾客不断产生新鲜和新奇的感觉。一般来说，专卖店的格局需要每 3 个月更新一次。

专卖店是一个封闭型空间格局，商品空间将顾客空间与店员空间隔开。大多采用开架陈列布置，顾客活动空间也很宽阔、充裕。宽阔的顾客空间可使人们自由地参观和选购。专卖店的整体布局、设计，需要线条简洁明快，不落俗套，在自由、漫游式环境中提高顾客的购买情绪。顾客可在不受打扰的情况下，悠闲自在地在店内选购、参观。这种格局的最大特色是向顾客发出"店员不对顾客推销商品"的讯息。店面布置的主要目的就是突出商品特征，使顾客产生购买欲望，又便于他们挑选和购买。

二、商品布置

店面布置的主要目的是突出商品特征，使顾客产生购买欲望，又便于他们挑选和购买。专卖商店的设计需要线条简洁明快，不落俗套。

（一）突出主力商品

根据商品的关联性分类，要将主力商品陈列在显眼的位置和高度，能引人注目。并在陈列方式上采取集中展示的特点，将主力商品陈列在显眼和高效位置上。用灯光加强对商品的照明，突显其效果。

（二）突出特色商品

将商品分类，利用多种陈列方法，突出商品特色，将其立体的陈列起来，并使商品生动，提高商品的新鲜度，借助主题发挥吸引力作用。要把商品摆放在离地面 0.9~1.5 米的位置上，让顾客易取易拿。只要专卖店打造出特色，就会有吸引力。

（三）突出商品价值

陈列要突出商品的功能和价值，如通过照明张显商品的材料、颜色。在品牌商品的风格、个性既定的前提下，可以通过多种方式来表现商品价值。这样自然会使每种商品更细致地表达品牌、风格和价值。顾客通过自主选择，来满足自己的需要。

三、商品陈列方法

商品陈列是一门艺术，倘若陈列得当，不仅能促进销售，而且还能给人带来一种艺术的享受。

（一）主题陈列

根据经营商品品种，分区陈列突出一个专卖主题，如球具、服装分类，每类再细分，如服装可分为女装和男装区等。主题陈列可以吸引顾客注意力，将顾客自然分隔。

（二）定位陈列

对顾客购买频率高、购买量大、且知名的商品，固定在同一个位置或区域，方便回头客的光临。最流行的品牌放在正中间，可以直接把消费者吸引过来。

（三）关联陈列

对关联性强的商品，采取关联陈列的方法，方便顾客在购买了一种商品时顺便购买相关商品，增加专卖店的销售。还可将球、球座、手套和帽子组合成一个包装盒出售。

（四）分类陈列

根据商品的性质、功能、特点和使用对象进行分类陈列，便于顾客寻找、区分比较、挑选。还要注重在视觉上使顾客感到商品丰满，通过商品不同的角度与侧面进行组合。

四、球具的定价

目前，在定价上存在比较明显的问题，就是在全国各大球会里面销售的名牌球具价格参差不齐，有时候价格差距极大，导致客人不敢消费，造成了品牌利润下滑。同时，经常因为竞争或经销商的因素造成产品价格波动，形成了渠道的许多不可控因素。以下简述球具定价遵循的原则。

（一）按产品成本和产品质量定价

成本是高尔夫商品定价的重要依据之一。一般来说，价格最直接反映成本因素。高尔夫产品成本不仅包括制造成本，还包括专卖店的营业成本。现阶段因销售数量较少，营业成本分摊到每个产品上就会较高，造成价格相应也高。

当前，产品的价值和质量是顾客最为关心、最为敏感的实质性问题。顾客总是希望购买的产品能"物有所值"，只要能够买到正品和质量有保障的商品，即使价格高一些也无妨。产品的价值和质量可以提高企业的信誉和整体形象。

（二）超值服务的附加定价

产品的价格是以产品的价值为基础的。定价除了考虑产品的价值和质量等因素外，服务质量优劣也直接影响价格的确定。优质优价是定价的基础原则。优质高价，实际上，是超值服务的附加费。提供超值服务的方法有多种，如产品实行三包、送货上门、终身保修、礼品包装等。

（三）品牌定价

品牌产品是市场公认的优质商品，顾客在购买时比较放心。品牌具有带动销售的效果。因为拥有品牌，顾客就会更相信其产品、更乐意购买。高尔夫爱好者，十分注重其身份地位的象征，于是购买品牌球具，就成为了他们的一种需求。球具定价必须考虑到消费者这一需求。

只有遵循以上的原则对产品进行定价,才能制定出合理的、适应市场的价格,争取到最多的客户群,才能尽可能地获取最大的利润。

第四节　球具店服务与销售

一、员工素质要求

（一）商品知识

营销的重点是传达商品知识。如果员工自己对商品的特征都介绍不出来,销售就不可能做好。所以我们在进行销售前,要不断地学习专业知识,了解顾客的心理;在推销产品时,一定要让顾客了解商品的特性、优点、好处及保养方法。这就必须要注意以下几点:

1. 熟悉球具店内所有商品的名称、特点、性能、用途、产地、价格、使用方法等。

2. 了解仓库内新进货品信息,保证"仓有柜有"。

3. 当好客人购物参谋,介绍并突出商品价格、性能、特点等,使其符合顾客需要。员工应针对顾客的球技水平和身体特征进行建议性销售,保证选择的球具对提高顾客的成绩是有帮助的。让顾客自己拿注意,充分尊重顾客。

4. 每日将商品销售情况汇总,完成销售报表。要掌握需要有多少库存量、品种及所占用的成本。随时掌握商品的销售情况,及时上货。做好物品保管工作。

5. 一个合格的营业员不但应有良好的推销能力,还要有收集市场信息的能力,经常注意收集客人对商品的意见或建议,并收集新商品的信息。

（二）服务操作规范

1. 员工要求统一着装,佩带工号,梳理整齐,化淡妆,面带微笑,展示专业形象、精神风貌。强调使用规范礼貌用语。

2. 提前到岗,认真阅读交接班记录,做好商品清点工作;根据交接班记录,补充商品数量。

3. 负责球具店内商品、柜台摆放,使商品陈列新颖、独特,方便顾客购买。

4. 按商品类别,按不同方法、要求清洁商品,使商品外观整洁,摆放美观,易展示。

5. 清洁球具店内环境卫生,为客人提供整洁、美观、舒适的购物环境。

6．热情待客，在顾客多的情况下做到"接一应二联系三"，避免冷落客人。

7．每月末定期统计各代销商商品销售和库存数量，负责制定统计表报送营业部经理。

8．客人购买商品后，负责将所购商品数量、名称、金额等记录在客人消费本上，或协助现金付款客人到前台交款。

9．认真核对交款收据，包装好客人购买的商品。

10．做好销售记录，全天营业结束后做好营业日报表。

11．下班前，认真检查水、电开关是否关闭，门窗是否锁好，有无烟头等安全隐患。

12．做好当日交接班记录。

二、球具店与销售服务

经营的直接目的是取得最大的经济效益。顾客需求的满足程度是随服务质量的优劣而上下波动的。服务质量的优异，顾客需求的满足程度就会提高。根据球手的消费特点及习惯，设计出合理、标准化的服务流程，使顾客在购买过程中，能够有愉快的心理感觉，这样不仅有利于光顾频率提高、产品销售量增加，而且可以使产品获得情感支持，增加对产品和品牌的吸引力。正如国外一份研究报告中所说，一个满意的顾客会对 3 个人说好，一个不满意的顾客会对 10 个人说不好。因此，一个提供优质服务的专卖店，会因顾客的宣传而使客源增多，销售量增大，企业利润也会随之而增加。反之，服务人员态度差，服务等候时间长，时效性差，也难以有好的服务质量。

（一）提供售前专业服务

销售人员要了解球手的需求，如解决球手想把球打远等，使其买到的球具能真正满足需要。所以，在客人购买时要能提供专业优质的服务，为顾客提供更多咨询和参谋。店内可配备专业的高尔夫教练及相关的销售人员，在客人挑选球具时，销售人员可根据客人打球的实际水平为客人配备合适的球具。店内还可配置一套试打的装置，在专业的高尔夫教练的指导下进行试打，以此来检测客人打球的实际水平或挥杆速度，同时判断球具是否合适。能在销售中提供专业的服务，如注意杆身材质、软硬度的选择等，这样可减少了售后客人不满意的比率，为售后服务扫除了一定的障碍。

（二）个性化服务

每个人都有自己的特点和偏好，特别是由于人体生理上的差异，人们往往会选择使用适合自己不同品牌的球杆。球具店在销售球具的时候应当尊重顾客的个性化需求，结合客人的生理结构特点、打球习惯和消费能力，为他们推荐真正适合他们使用的球具。球具产品的销售为销售人员与顾客之间建立起了情感交流平台。通过恰到好处的方式，给予顾客具有人情味、面对面的个性化服务，让顾客拥有快乐、难忘的购买经历，可以拉近与顾客心理距离，这样产品才能获得成功销售。高球爱好者需要通过高球用具的品种、型号，体现自己的个性，如提供个性化订造球杆、一件与众不同的T恤、个性十足的球包等都会充分展现高球爱好者的个性。

（三）安全保障促进销售

销售的产品能获得球具店相关的保障承诺，如售后三包，顾客就拥有了安全感觉。如当球杆出现了质量问题时可以到球具店去更换或维修。这些保障承诺将促进顾客放心购买。顾客通过使用球具感受产品质量，并最终认可产品。

（四）优惠促销

目前，球会专卖店对会员实行优惠。其他顾客在店里购物达到一定数量时也可以得到一定的返利，以实物或购物券的形式兑现，吸引的消费者成为长期客户，并有效地培养顾客的忠诚度。利用积点消费的促销方式，关键是要讲信誉，承诺的政策一定兑现，让消费者得到切实的好处。除此而外，还可以采用会员间的交流与联谊，参与店内定期的活动，发放本店最新的商品信息等。其他经营者也可以与球会俱乐部联系，对这些俱乐部里的会员也实行优惠，以吸引更多顾客。

（五）建立顾客消费档案

和客户建立良好的合作关系，把客户每次购买的商品的名称、品牌及特殊要求等登记清楚，建立客户档案，实行数据库营销，提高专卖店在顾客心中的形象及影响力。如果一个专卖店把到它那里去过的客户、购买过产品的客户、提出过意见或建议的客户等都登记备档，就能发现顾客的需求，并在以后的服务中，与顾客进行深层次沟通和交流，就能满足客户真正的需求。这些客户就会感觉他们受到了重视，在日后的不断沟通中也自然成为"回头客"。

（六）建立虚拟销售网

建立虚拟销售网，可以扩大球具店的影响范围与增大其商品的宣传力度，提高其知名度。方法一：在互联网上建立一个虚拟球具店，在网站上不仅介绍该球具店的特色和产品的种类，而且要通过网上购物的形式，实现商品的跨地区销售。方法二：定期举行一些活动，如周年纪念，挥杆比赛，高尔夫综合知识竞赛等，并且邀请新闻媒体进行报道。

（七）开发团购客户

高尔夫消费群体较小，但层次较高。大多数高尔夫爱好者都是企业老板或高层管理者。他们对高尔夫用品及品牌的偏好，会促进对其批量购买。企业在举办活动时批量购买他们喜好的高尔夫用品，如服装、衣物包等作为礼品等。开发团购业务需要立足于现有高尔夫客户的关系维护，把握客户的忠诚度。

（八）服务于赛事活动

高尔夫用品主要用于参加高尔夫运动时的消费，而赛事活动参与人数多，人们需求多样且消费量大。球具用品与赛事活动联姻，通过赛事活动来促进高尔夫用品的销售，是当前球具销售最有效的途径之一。

案例：肯吉逊球具品牌战略

KING GIBSON 源自于美国，由 Ken·Gibson 在纽约州创立。Ken 成长于一个面料经营商的家庭，在美国纽约州经营销售来自于欧洲及中东的珍贵面料。他对做生意有着天生的爱好。在爷爷和外公的指引下，他游刃有余地进入了欧洲的主流市场经营珠宝，成功地成为了一名珠宝和面料的贸易商。1989 年，Ken 与他人合作创造了 KING GIBSON 品牌。1996 年开始 Ken 在全球 26 个国家注册了 KING，并以 KING GIBSON 命名，成为国际高尔夫品牌。

KING GIBSON（肯吉逊）于 2002 年进驻亚太地区，并于 2003 年授权深圳市金活吉逊高尔夫用品有限公司全力拓展中国市场，并成为肯吉逊公司在中国大陆的营销管理中心，负责中国区域 KING GIBSON（肯吉逊）特许经营、连锁专卖的拓展和服务。

KING GIBSON（肯吉逊）服装主要有男女 T 恤、休闲裤、风衣、夹克、毛衫、背心、衬衣等，及高尔夫帽子、手套、袜子、鞋、皮带、手表、钱包、证件包等配件。在服装功能设计上强调舒适、透气，辅以防风、防雨、保暖；在产品风格上体现简约、高贵、典雅、休闲的高品位文化内涵。

KING GIBSON（肯吉逊）服饰以简约俊朗、潇洒利落传递高尔夫的价值观、文化属性，并使之与中国的文化习俗特征相结合，表达尊贵典雅的个性特征，造就了非凡独特的产品魅力。男士服饰注重高雅、绅士、稳重；女士服饰讲究优雅、活泼、时尚。精品服饰成为深受高尔夫爱好者喜欢的产品。

凭借 KING GIBSON（肯吉逊）品牌，以考究的面料、时尚的设计、卓越品质为基础，公司多年来专注产品质量，稳健经营，使实力快速提升，公司获得持续、快速发展，规模不断扩大，行业影响力持续增长。目前以 KING GIBSON 品牌为主，不断拓展经营领域，KING GIBSON（肯吉逊）高尔夫产品从服饰类，延伸到球杆类、专业配件类、时尚精品类等系列产品。公司以"诚信、创新、自然、健康"为理念，为顾客提供专业的、优质的产品和服务，高尔夫产品深受消费者喜爱。

肯吉逊高尔夫产品的消费群体主要是高端人群。目前，加入肯吉逊会员俱乐部的消费群体是企业 CEO、高层管理人员、私营企业主和专业人员，占了总人数的 92%。其中 36% 以上人士的学历在硕士以上。肯吉逊会员俱乐部的消费群体中的男性占 83%，女性占 17%，女性消费群体有不断上升的趋势。从消费群体的年龄分布来看，19～29 年龄段的人士占总人数的 9%，而在 30～49 岁之间的人士占总人数的 84%，这是肯吉逊会员俱乐部的主力消费群体。肯吉逊会员俱乐部会员是一群善于品味高品质生活，与肯吉逊会员俱乐部具有相同的文化理念的群体。

为适合新市场需要变化，公司调整布局，设立"一站式"直营专卖店，专卖店经销除本公司品牌外，还经销众多国际一线品牌的高尔夫用品，以店面树形象，让新老顾客买的放心，在提供优质产品的同时，提供一流的售后服务。深圳市金活吉逊高尔夫用品有限公司荣获 2003～2004 年"中国最佳高尔夫球具经销商"称号。2006 年获第四届中国最具影响力高尔夫球具经销商。

深圳市金活吉逊高尔夫用品有限公司还致力于公司文化、制度建设，通过每年一度的"KING GIBSON（肯吉逊）慈善名人邀请赛"筹集善款，投入一系列高尔夫助学基金计划，为中国高尔夫教育和慈善事业贡献一份力量。

案例分析：
1. KING GIBSON（肯吉逊）高尔夫用品的品牌战略成功之处在哪里？
2. 通过调研比较分析肯吉逊与 GT 高尔夫的发展战略。

思考题：
1. 高尔夫用品中哪些产品的利润最大？球具店为什么要经营具有品牌竞争力的球具？
2. 调研深圳球具市场，分析球具品牌代理商与分销商的关系？
3. 调查分析具有市场影响力球具店的经营特色（经营品种、店面布置、服务等）。
4. 介绍十个世界知名的球具品牌及产品特点。
5. 从本章内容，分析一个高尔夫球手的"行头"包括哪些内容，最基本的支出是多少？以此制定一份球具店经营计划。

第九章　练习场管理

第一节　练习场功能与定位

高尔夫练习场是供客人热身和练习球技的地方，具有提高运动技能所需的各种设施和服务。练习场满足打高尔夫球的人的需要，以帮助一个高尔夫新手尽快地动作定型并提高球技。高尔夫练习场成为人们接触高尔夫运动的一个很好的切入点。

一、练习场的功能

1．练习场的功能区分

高尔夫练习场是为高尔夫爱好者提供球技练习，并具有独立服务功能的场所。独立练习场主要包括会所和练球区两大功能区。

（1）会所是提供接待服务的区域，包括停车场、前台、球具店、卫生间、更衣沐浴室、餐厅和水吧。

（2）练球区一般包括挥杆练习区、果岭练习区，沙坑练习区、球员休息区、教练室和教学区。

2．练习的必备器材

练习场地设备：距离牌（码数牌）、洞杯、旗杆、旗面、球场围网、修剪、维护草坪设备及场地照明各类器械。

洗球区设备：场地拾球机、售球机、洗球机、烘干机等。

球道休息区：桌、椅、VIP贵宾室。

打位：练习球、打击垫、捡球机、胶球座、分隔栏板、发球机、发球盒、球包架、装球盒、装球篮。

教学区：动作分析设备及其他教练辅助设备。

二、练习场的定位

1. 自然环境

高尔夫练习场即使在城市中心,也不应该仅提供水泥地的打位,而应有良好的绿化,使空气中含氧量高,依靠自然风景,使人们有置身大自然真实球场的感觉。因此,练习场的自然环境尤为重要。

2. 人文环境

人们到高尔夫练习场的主要目的是学习和交流。所以,练习场上顾客类型、球技水平、人员素质等人文环境,构成了练习场最为吸引人的一部分。

3. 交通方便

无论练习场是处在球会,还是在社区,交通方便的地理位置非常重要。

三、练习场消费群体

1. 初学者

高尔夫练习场是为初学者提供入门的最佳练球场所。到练习场练球主要目的是加强技能训练,提高球技水平。一方面可以为初学者打好一定球技基础,另一方面,也可以节省费用。不仅成年人,而且现在越来越多的青少年开始在练习场里练球。

2. 健身爱好者

高尔夫作为一项运动,因高尔夫的独特魅力以及练习场相对便宜的价格,吸引了许多人将其作为健身项目。在我国有相当多的人,只到练习场练球,达到出汗健身的目的。

3. 热身活动球手

一些球手下场打球前,先到练习场进行热身活动。

4. 青少年球手

一般来说,青少年球手把练习场作为练球训练基地。通过在练习场练习来提高打球球技。他们追求更高的球技目标,技术进步以年为单位,所以,会花大量的时间来练习,是练习场的主要客源之一。

5. 团队活动群体

很多单位如银行、中国移动公司等组织VIP客户到练习场举办活动,人们在练习场的气氛中,相互交流、学习,在提高球技的同时使身体得到锻炼。

第二节 练习场主营项目

一、练习场球的销售

1. 练习场球的销售

高尔夫练习场经营的主要收入来源是以销售球的数量多少来衡量。球是练习场经营的载体。目前深圳高尔夫练习场散客消费100个球的价格为70元左右，即每打一个球消费0.7元。练习场为销售更多的球数，对一次性批量购买者提供各类优惠的价格。

（1）设立储球卡、次卡

储球卡中球的数量越多，球均价格越便宜。储球卡的价格大致是2000元／5000球（40元／百球），3500元／10000球（35元／百球），6000元／20000球（30元／百球）不等。

次卡就是按一次性购买打球次数的多少给定优惠价格，档次分为10次、20次、30次等。

（2）练习场会籍方案

练习场通过设立年卡会员、银卡会员（3年）、金卡会员（5年）等，会员一般实行记名制，只允许本人使用，给予持有卡的会员不同优惠，包括免开道费、夜场灯光费、推杆果岭费等。一些练习场还设立季卡、月卡，但优惠条件不同。

（3）团体销售

练习场在非节假日常举办团队优惠活动。主要接待大的公司、企业开展的高尔夫促销活动。如接待大型电信公司、银行信用卡俱乐部会员活动。练习场专门的销售团队，主要是以团队销售为主。

2. 练习球的质量

练习球材质的硬度和弹性不如正式比赛用球，但球采用的是双层结构，里层的材料一般是聚丁乙烯，即橡胶；外皮用Surlyn材料制成，即离子树脂的一种。

练习球因使用时间长，与正式比赛用球相比，里层的层次较少，无内核层，弹性差，距离受影响，但要求外层更具有耐磨性，耐撞击性。球又有软、硬之分，太硬的球影响击球感。如果击球感觉太差，会影响练习者的兴趣。

一是练习球的重量及直径与正式用球要一致。根据规则规定，每个高尔夫球不得重于 45.93g。球可以轻于这个重量，但不能重于这个重量。因为较重的球打得更远。高尔夫球的直径不得小于 4.267cm，而且球体必须对称，因为较小的球飞得更远。

二是球的风洞数，即球表面凹窝应为 392 个，392 个风洞数为世界上最完美的，具有飞行距离远、飞行方向稳定性强的特点。因凹窝与凹窝间的致密性，使每个凹窝看上去已不成圆形，基本上成六角形，为的是让其棱角更为锐利，可以大大减小风的阻力和提高风的后向推动力。

3. 练习球的更换

当一颗练习球表面趋于平滑时，击球的距离会受影响。凹窝棱角分明的球发球距离为 260 码时，表面光滑的小白球只能飞行 120 码，飞行距离大约只是表面有凹洞的球的一半。所以当球的凹窝严重磨损时，要定期更换，每年至少更换一次，以保持球的质量稳定。否则，缺乏练习的感觉，最终影响客人光顾练习场。球的更换是练习场投入的主要成本之一。

二、教练服务

1. 具有良好的职业素质

教练服务的目的是为了帮助初学者规范挥杆动作，提高击球技能。所以教练首先要具有一定的专业素质。不一定要求是职业球手，但要具有教球的能力。教练需要具备专业知识、高尔夫专业技能及训练方法等；除此之外，还要对人体解剖、运动生理、营养、心理学及运动损伤等有一定的了解，更需要具备一定专业素质及职业操守，以积极的心态"言传身教"，用心服务每位顾客；要善于与顾客沟通，以准确了解顾客的需求并提供帮助。

教练服务不仅可以丰富练习场的经营内容，而且能增强球会客户的满意度。高尔夫教练目前有职业教练和业余教练之分。练习场教练大体有三种：

一是签约驻场教练，基本工资＋提成；

二是驻场教练，0 基本工资＋提成；

三是自由职业者，自己招生，自己教球。

2. 制定详细的教练计划

首先要熟悉学员的身体条件或动作特点，在此基础上量身定制教学方案。通常规定一段时间内的训练内容和训练进度安排，确定每月（周）的训练时间。训练计划一般是稳定的，但也可根据需要进行修改。

其次，设定目标。为了使教练工作更为有效，制定明确的目标是非常重要的。设定明确的目标，不仅对学习者，而且对教练都有了努力的方向。

第三明确每次的训练内容。从基本功训练到针对性有效解决技术上存在的问题，包括一般体能训练、基本站姿、挥杆训练、场地训练、针对薄弱环节专项训练、挥杆节奏训练、心理训练等。

第四找到有效的训练方法。以最专业的服务针对学员的不同特点给他们量身定做一套练习方案，教练提供一对一的长期跟踪教练服务，传授基本知识与技能。学员经过培训和指导，很快能掌握要领，学到了技术。训练的主要方式是教练做示范动作，动作对比分析，学员模仿动作，教练纠正错误。只有通过不断重复、强化训练、养成习惯，专业术语称之为肌肉记忆，才能使练球者真正领悟到技能的精髓。既能发现问题，又能找到如何达到正确动作的针对性解决办法。

能够熟练运用教练技巧或工具、策略。教练与学员之间的关系不仅仅是单纯的合同关系，教练就是老师，学员就是学生。教练对学生要全心全意，学生对老师应当尊重和关心。

第五总结。要求每一位教练要完成每天的和阶段性的训练计划和总结。这些资料将永久保存，便于学员在必要时中断一段时间的训练后，依旧能够保证学习的连续性和完整性。

3. 打造一支优秀教练团队

教练的最重要的作用，在于能吸引众多的高尔夫受好者聚集到练习场练球，学习并提高技能，这有利于练习场的经营。练习场打造一支优秀教练队伍，树立"多才多艺"的私人教练形象。就能发挥整体的优势，使球场形成合力，扩大客户群，确立在行业中的地位。

第三节　练习场服务

一、练习场日常服务

1. 服务人员基本素质

练习场服务活动最终会落实到服务人员的身上。这就要求服务人员具备基本素质。

（1）有良好的仪态、健康的体魄。

（2）穿着干净、统一的制服，保持口腔清洁，女性球童避免浓妆、饰物、香水、散发等。

（3）机智灵活，有应变能力，理解能力强。

（4）真诚服务，恰到好处地给客人帮助。

（5）掌握球童服务技能，了解服务程序。操作流程要规范化。

（6）具备高尔夫球知识。

（7）具有合作精神。

（8）注重服务的礼节、礼貌，记住客人的姓名，为客人提供微笑服务。

（9）用语规范，说话亲切。

（10）掌握说"NO"的艺术。对客人不符合"规则"要求的行为，要及时制止。

（11）工作中不能失态，要有涵养、有耐心，善于控制自己。

高尔夫练习场中的球童与来球场消费的各种客人相处时间长，球童个人素质的好坏与服务水平的优劣，将使客人对练习场的印象产生十分重要的作用。

2. 迎宾服务

（1）前门值班球童要精神饱满、站姿规范、仪表端正、微笑地迎接客人，是为客人服务好的开始。

（2）主动接下客人球包，并将一式两份的球包对换卡，一联交客人保存，一联挂球包上待查。

（3）主动接下客人球包，并送客人到希望的打球席边。

3. 球道服务

（1）快速地为客人送上一筐练习球，并在练习场消费本上做好相应记录。

（2）经常在打球区巡视，不得站在一旁说笑或闲坐，看见客人的球快打完时，应主动上前询问客人："还需不需要增加球？"为额人添加的球要做好相应记录。

（3）如果客人有什么疑问或需要时，尽力帮助客人解决。

4. 结账服务

（1）当客人打完球后，根据消费记录结账，每日下班前汇总当天消费记录并填制报表。

（2）欢送客人。清点客人球杆数量，帮助擦净球杆，整理球色，主动将客人球包送到出发台或客人车上，并感谢客人，欢迎其再次光临。

（3）捡球。每天根据安排服务人员应开车到场中捡球，并把球清洗干净后清点并收归仓库。

附：

练 习 场 DRIVING RANGE

NO.

会员姓名：
Member's name _____

发球号码：
Bay NO. : _____

会员号码：
Membership NO.: _____

嘉宾人数：
NO. of guest: _____

签名：
Signature: _____

服务员
server: _____

日期：
date: _____

项目 Item	数量 Quantity	追加 Extra	单价 Unitprice	金额 Sum
练习球 Golf ball				
租杆 Rental club				
教练费 Leson fee				
入场费 Entrance fee				

其他费用
Other expenses

项目 Item	数量 Quantity	单价 Unitprice	金额 Sum

总计　Grand Total:

消费单号：
Rec NO.: _____

正楷姓名：
Print name: _____

会员号码：
Membership NO.: _____

签 名：
Signature: _____

练习场消费登记表

序号	日期/时间	消费本号码	消费项目	经手人	备注
1			练习球： 租杆：		
2			练习球： 租杆：		
3			练习球： 租杆：		
4			练习球： 租杆：		

二、会员的服务活动

（一）会员服务的重要性

会员服务活动是高尔夫练习场经营的重要组成部分。它不仅承担着为打球客人服务的任务，同时还承担着无形促进会籍销售的作用。练习场的会员活动并不是仅仅针对持有会员卡的会员而言，而是对到练习场打球的整体客人而言，包括访客、嘉宾。因为一般会员为年卡、3年以上的为银卡、5年以上的为金卡。会员期限相对时间短，具有不断变化的特点。所以，会员服务也包括了储球卡球友，这有可能吸引其他球友加入会籍。

（二）会员服务的内容

1. 传统的会员服务

传统的会员服务是指会员在练习场消费享有免费、优惠、优先等特权。具体免费项目有：俱乐部会员优惠练球，免推杆果岭费，夜场灯光费，存包费优惠，免费使用更衣柜、淋浴设施的权利等。会员携带嘉宾，嘉宾享受比访客优惠的服务，在各项服务中均有打折优惠。

2. 特色的服务

（1）不定期的举行会员联谊活动，举行活动期间免费进行高尔夫知识培训，同时联系高尔夫专卖店开展高尔夫服装、高尔夫球具的展览与讲解。这样既增加了高球爱好者的高球知识，又能激发对高球更深更浓的兴趣。

（2）练习场可以与负责高尔夫旅游的公司以及高尔夫会籍销售公司建立业务联系，建成一个多功能的高尔夫服务平台。另外，还可与一些著名球场进行沟通，在练习场内建立球场的办事处，担起为大球场调配客源的责任。

（3）定期举行会员竞技比赛活动。如深圳市所有高尔夫练习场每月举办一次联盟杯赛。比赛地点可以根据比赛活动灵活确定，可以在练习场内部举行，如小型的推杆果岭赛。也可以组织会员到球场举行会员下场比赛。

（4）组织会员进行高尔夫之旅，即不定期的组织会员到国内外知名球场去参观、打球。

（5）组织青少年球赛。目前我国高尔夫球手逐渐出现了年轻化的趋势。随着青少年爱好者在练习场练球的增多，他们的父母也带着子女积极参加高尔夫活动。这就要求安排好少年打球或组织青少年球赛，使会员享受到人性化的服务。

突出自己的特色。会员服务忌讳千篇一律，毫无个性。在各项服务均有所设计的情况下，更应该突出自己的特色。使练习场能够吸引众多的访客慕名远来。

三、练习场配套服务

练习场的附属服务设施除了餐厅、吧台和教练服务外，还有如球具店、球杆出租、球包存放服务、洗浴、桑拿、健身体疗等服务。这些服务在无形中增加了球场的价值。

（一）球具用品店服务

现在的练习场一般都配备有或大或小的球具用品店，或是单独成店，或是只在会所设立展柜，售卖球杆、球包、高尔夫的衣帽、手套等相关用品。球具用品店有的是独立于练习场经营；有的是归练习场营业部管理的，作为营业收入的一部分。

（二）出租存放服务

出租存放服务也是练习场的常见的服务，包括出租球杆、更衣柜，租鞋，存放球包。虽然这些收入很零碎，也很不起眼，但却能在营业收入占一席之地。其中球杆的出租费10元到30元不等，更衣柜在20元左右，球包的存放一般是按时间付费，有的是按天数，有的是按周或月计算。以深圳华侨城练习场为例，租杆：木杆20元／支，铁杆10元／支；更衣柜20元；球袋存放（每袋每周）50元。出租存放的单项服务成本是一次性投入的，无需再增加其他成本，所以说出租存放业务既方便了客人，也给练习场带了经济效益。

（三）商务会议服务

练习场中有商务会议的服务是很常见的。一般练习场都有大型或小型的会议厅。以前在我国，高尔夫练习场与商务会议的融合只在商务度假村和大型酒店、会议中心出现，高尔夫只是其配套设施中的一种。不过目前，随着越来越多的会议走向休闲场所去举行趋势的增强，也已经有高尔夫练习场开始设立会议厅，给客人提供商务会议的服务，让客人在开会之余，尽情体会挥杆乐趣。该项附属服务的提供，会增加那些定位于中高端消费群的练习场的客人数量，其带来的无形价值远远大于经济价值，应该是未来练习场附属服务发展的一个趋势。

（四）洗浴等休闲服务

练习场一般都配套有洗浴、桑拿服务，洗浴费用通常是 20 元到 30 元不等。特别的练习场还有其他休闲服务如香熏浴、药物浴、按摩、足疗、火罐、刮痧、耳烛等，让球场不仅成为客人打球的场所，也是其休闲的好去处。

（五）健身保健服务

有些练习场还配有健身房，为客人提供常用的健身器材，有的还配有体疗室、针灸室，这些配套设施都提升了练习场的档次，增加了其附加价值，满足了中高端消费者的需求。

（六）亲子服务

现在的服务行业中体现了越来越浓的人情味，本着"人性化服务"的理念，为顾客着想，为其提供贴心服务。高尔夫行业也不例外，为了方便顾客放心打球，有些练习场为孩子们开辟了"儿童乐园"，有专门人员负责照顾看管小孩；还有些练习场对客人携带的不会打球家属进行免费的指导。无疑这些对客人家属的关爱服务，在无形中都会增加练习场的竞争力。

（七）VIP 包厢服务

为了给客人提供一个舒适的打球场所，方便客人和朋友间的交流，目前已经有练习场针对客户提供了 VIP 包厢服务，包厢中有空调、电视、迷你吧台等。这种服务，受到了客人的好评。

（八）讲座服务

我国很多打高球的客人对高球的文化、规则等并不熟悉，针对这种情况，有的练习场为客人举办小型讲座，向他们介绍高尔夫的有关知识，加强他们对高尔夫的进一步了解。

每个高尔夫练习场，除了给客人提供一个练球的场所外，在行业间竞争越来越激烈的今天，球场经营者更应该努力为顾客提供个性化服务，在完善自己的附属设施上去下工夫，从客人的角度出发，多为他们着想，多提供细微服务，这样才能提高自己的竞争力。

案例：华侨城练习场的经营

深圳市华侨城高尔夫俱乐部有限公司成立于 2000 年，地处深圳最大、最美的旅游圣地景区和高尚社区。优美的环境、清新的空气和便利的交通成为社区的标志性休闲运动场所，吸引了大批的高级管理人士、科技文化精英等。

公司以"创造新的生活品质"为企业理念，以一流的软件和硬件设施，为广大会员和嘉宾提供了优质的服务。公司拥有占地面积5万平方米的高尔夫练习场。练习场双层76个打位，球道纵深350码，设有4个目标果岭和6个沙坑。练习场还设立了供会员、嘉宾练习的3个大型推杆果岭和1个大型沙坑，同时还配有标准球场的灯光照明系统。无论是完善长杆挥杆技术，还是提高短杆水平，都能找到合适的练习区域。

练习场内拥有面积3万平方米的小九洞高尔夫球场。球场造型独特，高低起伏，散布在球道中和果岭旁的沙坑极具挑战性，球道距离从50多码到80多码不等，特别适合初学者和欲提高短杆技术的球友们。

2004年1月，深圳市青少年高尔夫培训基地和华侨城高尔夫学校正式挂牌成立，俱乐部长期坚持与知名度较高的职业教练签约，教练与球会双赢互利。现有4名职业球员、4名职业教练和1名助理教练，特聘英国PGA教练，专业而强大的教学队伍，帮助客人迅速提高球技，增加打球乐趣。

俱乐部产品质量、价格、服务员的素质、提供服务的速度、热情友善的态度、电话接听服务等项目令顾客满意。

练习场价目表

项目	会员	访客
入场费（开道费）	/	10元
练习球100个	/	80元
推杆果岭	/	60元/小时
夜场灯光费	/	20元
租杆	/	木杆20元，铁杆10元
球球包	50元/周	100元/周
更衣柜、淋浴	/	20元/次
教练费	九五折	480~780元/小时

华侨城练习场每月组织一次会员联谊活动，到国内外知名球场考察并举办赛事活动。华侨城练习场与深圳其他高尔夫练习场联合发起"联盟杯"赛事，每季度为联盟练习场的会员组织一场赛事。赛事的挑战性，使会员对公司有了更强的归属感。这种高水平的赛事深受会员的欢迎。

华侨城高尔夫练习场会员卡种类及收费标准如下表：

练习场会员卡价目表			
会员卡类	入会费	月费	备注
金卡	31800 元	120 元／月	有效期 5 年
银卡	23800 元	120 元／月	有效期 3 年
年卡	9800 元	120 元／月	有效期 1 年

华侨城练习场定期根据销售的状况和数据，分析每个产品的销售情况，然后不断调整练习场销售内容。如练球票不方便客人携带，改为主推储球卡。储球卡一是携带方便，二是客人使用此卡，每次消费后，签字确认即可，有如会员的感觉。

一年期畅打卡	9200 元	有效期 1 年
练球票	1650 元／套（30 张）	有效期 6 个月
储球卡	2500 元／5000 球	有效期 1 年
	4500 元／10000 球	

华侨城练习场通过球道出租、小时计费等促销方式，开发周边的企业和公司团队活动。同时与周边的房地产商合作，吸收新楼盘的业主为会员，另外，还充分利用迷你球场的资源促销。

华侨城练习场充分利用场地条件，出售场地广告位，如为球会提供会籍销售展示位，练习场立柱广告位，球道广告位，码标和分隔板广告位等，主要为高档汽车、银行信用卡、高档葡萄酒等做广告。另外，为球具店球杆销售提供试打位。华侨城练习场的广告位出租收入，占到整个练习场营业收入的 10%。

案例分析：
1. 华侨城练习场经营的特色是什么。
2. 分析华侨城练习场球卡销售方案的设计特点。

思考题：
1. 说明"练习球"的质量对球场经营的重要性。
2. 如何做好练习场的日常服务？
3. 教练服务对球场经营的影响。
4. 练习场与球会的关系。
5. 练习场销售的本质是什么？
6. 练习场的消费群体特征。
7. 怎样开发练习场配套服务项目？

第十章 餐饮服务管理

第一节 球会餐饮的功能

一、会所餐厅服务功能

高尔夫会所被称为"第十九洞",餐饮服务是顾客在球会重要经历的组成部分。餐饮服务工作的好坏直接影响高尔夫爱好者对球会的整体印象和评价,也直接反映出球会的管理水平和服务质量。球会的餐饮设施主要是为球会会员或其他到球会消费的顾客服务的。球会餐饮的营业场所,包括会所餐厅、别墅、厨房、小卖店等。餐厅收入在球会营业收入中占有较大比重。随着餐厅对外经营的开展,所占比重越来越大。

（一）为会员提供日常餐饮服务

球会餐厅主要是为会员到球场打球提供日常餐饮服务的,菜品以快餐为主。顾客到餐厅消费食品、菜肴、饮料等不同种类的餐饮实物,以解决饥渴、补充营养等生理需要。为适应打球客人的要求和特点,球场的饮食服务必须遵循"方便客人、快速高效"的宗旨,以优质的食品、周到快捷的服务来满足顾客的需求。

（二）为场上球手提供服务

球场上设立了小卖亭,根据球道走向不同,一般设在离会所最远的球道,一个18洞球场设置2～4个。小卖亭是为球手提供冷饮、小吃和休息的场所,也是雷雨等恶劣天气时球手的紧急庇护设施。

（三）为赛事活动提供宴会服务

球会餐厅是赛事等活动举办宴会的场所,球手们可以享受和同伴在一起的快乐；宴会常与颁奖结合在一起,形成高尔夫宴会服务个性化的重要内容,满足了球手们的社交需求。

（四）向社会提供餐饮服务

球会的餐饮设施因其地理位置独特，独享高尔夫球场的景色，使其具有完整的高尔夫视觉。顾客到球会餐厅用餐，既可体验餐厅的环境、气氛，又能获得感官上和心理上的满足。在苏格兰的球场餐厅，已成为本地居民经常光顾的就餐聚会的场所，满足宾客便利感、身份地位感、自我满足感等的需求。

二、营养对运动的重要性

高尔夫作为有氧运动，具有强度适中，节奏慢，持续时间较长的特点。大自然的天然氧吧能大量呼吸新鲜空气，增强和改善心肺功能。长期坚持能增加体内血红蛋白的数量，提高机体抵抗力，并增强大脑皮层的工作效率和心肺功能；分解体内的糖分，消耗体内脂肪，预防骨质疏松，降低心脑血管疾病的发病率，调节心理和精神状态。但，高尔夫运动使人体消耗大量的水分、营养物质和微量元素，这就需要重视日常膳食，注意营养补充。如果长期补充不足，可能出现体能下降、身体素质变差等现象。

（一）合理营养可以保证运动的质量和效果

高尔夫运动持续时间长，身体营养物质消耗多。因此，及时补充营养以使球手的身体处在最佳竞技状态，保证运动效果。维生素丰富的水果，也含有人体所需的微量元素，适当补充是增进身体耐力的物质基础。

（二）合理营养可以促进运动后体能恢复

运动过程中或运动后，由于能量大量消耗，蛋白质大量分解，电解质丢失，酸性代谢产物堆积等多种原因，会导致身体出现疲劳，产生饥饿感。及时、合理地补充营养，如维生素类、糖类的食物，饮用含糖量高的运动饮料，可以补充体内糖元消耗、维持血糖正常水平，可以促进疲劳快速消除，使体能迅速恢复。

（三）合理营养可以促进运动后的新陈代谢

运动过程中，汗液排泄增多，维生素和微量元素的消耗也随之增多，如果没有及时补充，不仅影响到机体的生理功能，还会造成运动能力减弱、免疫力下降、代谢紊乱等问题。要及时饮用矿泉水，有利于血液浓度恢复正常，适当吃含糖量高的香蕉等水果，以提高运动能力。运动以后身体里面会产生很多酸性的代谢产物，还有很多对人体有害的自由基，机体需要补充维生素和微量元素如绿叶蔬菜，来促进新陈代谢。

（四）合理营养有助于蛋白质的摄入

长时间的有氧运动使蛋白质代谢加强，而且由于运动时红细胞合成代谢增加等因素，会增加蛋白质的需要量，蛋白质缺乏就会出现疲倦，因此，经常运动的人要重视蛋白质的补充，并注意一些科学补充蛋白质的方法。在补充蛋白质时要注意蛋白质的营养价值，总体来说，动物性蛋白质和大豆蛋白的营养价值高于其他植物性蛋白。

三、运动与营养补充

人体在运动过程中需要一定数量和质量的营养素，人体吃进的营养素和人体消耗的营养素，在数量上应达到动态平衡。按照营养原则，应科学搭配，使多种菜品及菜品组合后的营养供应充足。蛋白质、碳水化合物、脂类、维生素、无机盐、水等成分的合理搭配，保证运动过程中热量的需要，维持理想体力和处于良好的健康状态。

（一）水分

过度缺水，会使身体调节体温的功能下降，导致体温升高，体内电解质不平衡，肌肉携氧量减少，因而出现抽筋、肌肉痉挛等状况。然而，过多摄入水分，会加重肾脏负担。所以，要在运动前、中、后适当补水。最好的办法就是饮用矿泉水和运动饮料。

（二）微量元素

高尔夫运动中流失大量的电解质、矿物质等微量元素。经常进行有氧运动，要注意补充含微量元素丰富的食品，水果中含有丰富的微量元素，有利于维持机体内体液的酸碱平衡。含铁丰富的水果，有利于促进血红蛋白再生，维生素 C 对提高运动能力有作用。另外，钙的平衡对保持运动能力非常重要，维持神经和肌肉细胞的兴奋性、骨骼肌的收缩等都需要钙的参与，钙缺乏可引起肌肉抽搐。

（三）蛋白质

蛋白质是人体的物质基础，是人体最基本、最重要、最必需的营养物质，它能帮助身体维持良好的新陈代谢，加速机体修复；提供多种氨基酸，为细胞输送氧和各种营养素，调节体内水分和电解质平衡，提高免疫力和身体素质。运动中通过饮用牛奶、吃茶鸡蛋来补充蛋白质。

（四）碳水化合物

碳水化合物是人体最主要的能量来源。有氧运动消耗大量能量，补充足够的碳水化合物，可以迅速恢复体力，为运动添加燃料。在高尔夫大赛中经常见到世界一流的球手，在打球过程中吃香蕉等含糖量高的水果。所以，在运动中特别要注重补充中长链复合碳水化合物，它能在较长时间内使碳水化合物的供给保持理想的水平，长时间提供足够的能量，持久保持血糖稳定，使肌肉蛋白得到保养。

四、菜品定位

餐厅的经营宗旨是要迎合会员的需求，球会餐厅经营需要进行菜品定位。

菜品定位可以帮助客人通过菜单了解到餐厅所经营的菜品的档次、风味特色、价格等多方面的信息。简单地说，当一个餐厅明确了菜品主题之后，那么突出其纯正特色和地道口味就非常重视。菜品选择必须能够迎合目标顾客的需要。球会餐厅需要有几个招牌菜，如名商高尔夫餐厅的包子、红烧肉。招牌菜具有极高的知名度，而且知名度会随着时间的推移，在会员和其他客人中扩大。招牌菜对顾客始终具有一种吸引力。球会菜品确定需要考虑以下因素：

（一）菜品要有独特性

无论是单一菜品，还是套餐，菜品的选择要突出餐厅的形象，为球会创出名气。独特性主要是指菜品拥有其他餐厅没有的独特质量和品质。

（二）菜品搭配要平衡

球会日常提供的菜品以方便快捷的套餐为主，要强调菜品搭配的平衡，以适应和满足顾客的需要。菜品的丰富搭配会让顾客产生物有所值的感觉。球会的菜品主要是针对会员和来球场打球的顾客，所以每一类菜的价格应尽量在一定范围内。

（三）烹调方法平衡

中餐菜品以炒菜为主，但应适当辅以使用不同烹调方法制作的菜品，如炸、煮、蒸、炖。口味要咸甜、清淡、辛辣搭配合理。这就要求必须考虑餐厅菜品特征，要选择一些既具有代表性和能反映菜系特色的菜品，又要能发挥厨师特长的菜品。

（四）品种不宜过多

菜单所列的品种不宜太多。因为菜单上列出的品种应保证供应，不应缺货，否则会引起顾客的不满。品种过多意味着餐厅需要很多的原料库存量，由此会占用大量资金和高额的库存管理费用。菜品品种太多还容易在销售和烹调时出现差错，延长顾客点菜时间。因此，球会餐厅菜品应该做到少而精。

（五）与整体就餐经历相适应

菜品的选择应与客人到球会打球的经历相协调。菜品的款式、烹制方法等要与球会客人的整体消费需求一致，也就是说要迎合目标客人的需要。菜品的制作要精细，服务要讲究。

球会餐厅主要为会员提供两种菜单。

一是套餐菜单。套菜是为了迎合人们追求快速服务的心理，配选若干菜品组合在一起以包价形式销售。中式套餐要求最少包括主菜、主食、汤、小菜、水果等。套餐种类有限，便于厨房准备，价格合理。

二是零点菜单。菜单上每一道菜都标明价格，能适应不同层次宾客的需求。为客人提供范围较广的选择。零点菜单所提供的是现点、现制作的菜品，生产批量小，加工精细，等侯时间较长。

五、菜品价格管理

（一）菜品价格定价构成

菜品定价的主要方法都是以成本作为基础。下面介绍菜品价格定价的构成。

1. 食品饮料原料成本

食品原料成本是餐饮产品定价的最重要的基础之一。

2. 营业费用

在菜品定价时需要考虑的第二项重大开支就是营业费用。营业费用包括人工费、折旧费、水电燃料费、维修费、经营用品费等。

3. 营业税金

餐饮产品的定价还要计算球会需承担的税金，包括营业税、城市维护建设税、教育附加费、房产税、车船使用牌照税、所得税及印花税等。

4. 经营利润

利润目标是定价的另一个关键要素。利润率要根据产品的竞争情况以及其他各种因素来确定。目前，一些球会采用高利润率的方法，菜品价格较高，但要考虑顾客对产品的价值价格比，如果价格太高，会影响消费需求，会对整体经营效果造成负面影响。所以，在餐饮定价时必须均衡这些因素，合理确定价格中究竟应考虑多大利润为好。

（二）菜单的定价方法

1. 原料成本系数定价法

使用原料成本系数定价法，主要需要每份菜品的原料成本和成本率两个数据来计算售价。

$$售价 = \frac{原料成本额}{成本率}$$

成本系数是成本率的倒数。因为乘法比除法运算容易。例如有些餐厅的管理人员按原料成本额的 3 倍给菜品定价。成本系数 3 意味着成本率为 33%：

$$100 \div 33 \approx 3$$

原料成本系数定价法的公式是：

$$售价 = 原料成本额 \times 成本系数$$

以该方法定价需要两个关键数据：一是原料成本额，二是菜品成本率，通过成本率可轻易地算出成本系数。

2. 全部成本定价法

全部成本定价法是将每份菜品的全部成本加一定百分比的利润来计算价

格。其计算公式是：

$$价格 = \frac{每份菜的原料成本 + 每份菜加工人工费 + 每份菜服务人工费 + 每份菜其他经营费}{1 - 要求达到的利润率}$$

每份菜的原料成本和加工人工费的计算如前所述。根据以前会计统计的经营数据或预测值可得到餐厅人工费用及餐厅其他经营总费用，将其除以菜品的销售份数会得到每份菜的费用。全部成本法能够把各种费用都考虑到价格里，以保证餐厅能获得一定量的利润。但该方法没有将由产量变化所引起的单位平均成本的变化这一因素考虑进去。因为单位全部成本中有一部分是固定成本，这样随着销售数量的增加，单位固定成本将下降并使单位全部成本下降。

3. 毛利率定价法

毛利率定价法是在食品原料的成本额上加一定额的毛利作为售价。这种方法计算起来十分简单。毛利率分为销售毛利率和成本毛利率。

销售毛利率是指毛利与销售价格的比率，又称内扣毛利率。

$$菜品售价 = \frac{原料成本}{1 - 内扣毛利率}$$

成本毛利率是指毛利与原料成本的比率，又称外加毛利率。

$$菜品售价 = 原料成本额 \times (1 + 外加毛利率)$$

总之，成本只是菜单定价的基础，企业菜品的价格最终必须根据市场供需状况或平均价格水平来确定。这就要求餐厅尽可能降低成本，使企业菜单价格在市场竞争中赢得优势，取得主动。目前，高尔夫球会餐厅菜品价格的定价都比一般社会餐馆要高，如一份套餐价格在58元左右。其原因之一，就是主要面向到球场打球的客人，消费人数少，造成固定成本分摊后较高。

第二节 产品质量控制

一、餐饮服务质量的构成

（一）餐饮有形产品质量

餐饮有形产品是影响服务质量的第一要素，也是球会顾客最为关心的。首先，食品如菜肴、面点、饮料等的质量是满足消费者需要的主要物质要素，它们的品质——色、香、味、数量和营养是否符合顾客的需要，是餐饮服务质量的决定因素；其次，餐饮企业为顾客提供的设施设备、餐具以及用餐环境，也直接影响服务质量，餐厅环境豪华能使人感受到高贵地位的心理满足；第三，餐饮服务过程包括服务程序也是服务质量的内容，服务程序不合理，也会引起顾客的不满。

（二）餐饮无形产品质量

在餐饮服务过程中，人们更重视在人际交往中是否受到尊重与礼遇。由于员工与顾客是同处于一个生产消费过程并在相互交往中完成的，服务人员能否与顾客保持良好的交往关系，取决于服务人员的服务态度、礼仪礼貌、服务技能、交流能力，以及员工与顾客之间愉快和谐的交往。

（三）时效要素

到球场打球的人们时间观念越来越强，要求高效率、快节奏。缺乏时间观念的服务，如等候时间、服务时间、结账时间等过长，会影响服务质量。因此，高质量的餐饮服务要求服务人员准确、迅速、有效地为顾客提供服务。保证餐饮产品即时服务，如时间过长、热菜变凉、凉菜变温都会影响餐饮产品的服务质量。

二、采购过程原料质量控制

把好采购关，避免因采购的原料质量不稳定而引起产品质量不稳定。

（一）明确采购质量标准

为了采购的顺利进行，避免发生分歧和矛盾，必须明确提出各种原料的质量标准和要求，以便减少工作量。

（二）依据质量标准进行原料验收

验收也是对食品原料的数量、质量、价格控制的关键。采购时要求的数量、质量合格，价格最优，但如果不加以严格的验收控制就不能保证实际发送的货物与采购时一致。验收就是要核实这些标准是否与定单一致，检查送货量和价格是否与发货单一致。因此，验收工作是餐饮管理中不可缺少的重要环节。验收内容包括参照订购单盘点数量、检查质量、核实价格三项。

三、菜品制作质量控制

实行厨房生产的质量控制，必须制定相关的质量标准，并对影响菜点质量的各种因素进行分析研究和全面系统的综合性控制。为此，必须做到以下几点：

（一）生产的操作规程化

采用标准的配料和标准生产规程，可保证菜品每次的生产质量一致，使菜品的口味、外观和顾客欢迎度保持稳定。因为标准的配料和配合量，标准的烹调方法是质量控制的有效工具。

合理的操作程序是创造优质餐饮产品的重要保证。在制定菜点质量标准和菜点操作规程时，要制定出从菜点的制作过程到销售过程的每一个环节的操作程序和质量标准。加工质量影响菜肴的色、香、味、形，加工任务的分工要细，要严格控制原料的成形规格，不合规格的不能进入下道工序。另一方面可以提高厨师专项技术的熟练程度，有效地保证加工质量。加工数量应以销售预测为依据，以满足需要为前提，避免加工过量而影响质量，并根据剩余量不断调整每天的加工量。

（二）提高厨房人员的技术水平

不断提高厨房生产人员的业务知识和技术水平，是提高餐饮产品质量的关键。要提高餐饮产品的质量，就必须要进行多层次、多种类型、多途径的技术培训。多层次，是指初、中、高等级的厨师培训都要进行，要有目的地培养，使厨师队伍的技术力量形成一定的阶梯形，这样有利于厨房的管理。多种类型，是指厨房各岗位、各工种的专业人员的技术培训要同步进行，提高整体素质。多途径，是指厨房应采用多种方式方法提高专业技术。只有这样，才能使厨房生产出来的产品质量保持稳定。

（三）建立餐饮产品质量检查制度

质量检查是优质餐饮产品生产的重要保证。为了确保产品质量，必须制定餐饮产品质量检查制度，建立质量检查小组，设立专职的质量检查人员，把住菜肴生产和出品的质量关。餐饮成品的色、香、味、形质量好坏的关键是烹调。烹调过程中要对厨师的操作规程、制作数量、出菜速度、成菜温度、剩余食品等五个环节加以控制。管理人员要督导厨师严格地执行标准菜谱和操作烹调程序，要制止那些图方便、违规的做法。其次要严格控制每次烹调的生产量，这是保证菜肴质量的基本条件。在开餐时要有专人对出菜的速度、菜肴的温度、装盘规格保持经常的督导。在成品间菜品送出前进行检查，严格把关，质量不合格的菜，不能端出厨房。

（四）制成品的保管要求

食品及其外观的质量是脆弱的，大多数食品、饮料在刚制作完成时达到质量最佳状态。如果烹调后放置时间过长或放置条件不宜，质量会迅速下降。如油炸食品在刚烹调完是外脆里嫩，炒菜香喷可口，服务员应尽量趁热送至客人桌上。冷菜要凉，客人吃起来才爽口，服务员应保持凉的状态下尽快送给客人。成品在烹调后的放置必须注意以下几点：

1. 尽量缩短放置时间

餐厅为提高服务效率对一般的菜品要尽量缩短放置时间，菜品在烹调后立即服务。

2. 放置温度要合适

为保持食品的质量，食品烹调后放置的温度要合适。保证热菜品要保温存放，凉食品要冷藏。

第三节　餐饮服务管理

一、餐饮服务卫生

餐饮服务要自觉遵守国家《食品卫生法》、《餐饮业食品卫生管理办法》、《全国餐饮业职业道德规范》等相关部门颁布的有关法律法规。饮食卫生被视为餐饮服务整个产品的一部分。餐饮卫生不仅关系到餐饮服务的好坏和餐厅信誉，更重要的是直接影响到顾客的健康。餐厅在追求食品的色、香、味、形时，决不能忽视食品卫生。

（一）**餐饮服务的基本卫生要求**

员工须养成良好的个人卫生习惯，做到勤洗手、勤洗澡、勤理发、勤更衣，不留长指甲、不涂指甲油，持有效《健康证》和《食品卫生知识培训合格证》方可上岗。

1. 手的卫生：服务人员的手最有可能传播细菌。服务时手握拿杯子的柄部或杯底，不能碰杯口；在端菜的过程中，手指不能触到食品。操作时一般都应带上服务手套。

2. 口的卫生：操作时服务人员应带口罩。食品在服务前要加盖，避免打喷嚏或咳嗽带出的唾液飞沫飞落到食品上，而传播细菌。

3. 防止熟食品接触带菌的生食品。

4. 避免不卫生的设备、容器、工具的表面接触食品。

5. 在餐饮服务的各个环节都要把食品和食品原料保存在7℃以下或60℃以上，做到热食品热服务，冷食品冷服务。

（二）**准备过程的食品卫生**

食品的准备过程通常是在常温下进行的，这很容易导致细菌的传播和细菌的繁殖。所以，在准备食品时应注意以下几点：

1. 购进的食品应当新鲜、干净，符合食品卫生要求。

2. 准备食品时要尽可能用夹子或其他工具来代替手，尽可能少用手接触食品。用干净、卫生的工具设备进行操作。

3. 加工生的家禽、肉、鱼和鸡蛋所使用的设备事先要清洗和消毒，用后也应立即清洗和消毒，餐厅应尽量避免宰杀活的动物。

4. 生菜和水果要洗干净。

5. 冷藏的食品应在加工、使用前一小时取出来。

6. 不要将剩余食品和新鲜食品混在一起。

7. 烹调所有肉类食品的温度至少在65℃以上。

8. 加工前员工应检查待加工的食品及其食品原料，发现有腐败变质或其他感官性状异常的，不得进行加工或使用。加工后清洗台面用具、砧板并竖起放好。

9. 配菜员工，应检查已加工好的原料，不新鲜、有异味的不得进行配菜。配餐应在专用配餐间内进行，配餐间内只能存放可直接入口的食品和必需的餐具，不准存放任何杂物及私人物品。

10. 烹调时注意原料的种类、性质、厚薄和数量，必须煮（炒）熟、煮（炒）透；尽量使用绿色环保蔬菜；对蔬菜应做到一洗（洗干净）、二浸（水中浸泡30分钟）、三烫（开水烫）、四炒，以防止蔬菜上残留的农药引起食物中毒。

11. 把容器、餐具浸泡在77℃的热水中持续30秒钟消毒，若使用机器洗涤，则需把水温升至82℃以上。

12. 空干洗净的容器和器皿，不要用布或其他物品擦干，应使其表面的水自行沥干或空干，以减少细菌传播的机会。

（三）环境卫生

餐饮环境是餐饮服务卫生中最基本的部分。餐厅的卫生如果不好，即使有美味佳肴也不会赢得好名声。所以干净、整洁的卫生环境不仅增添餐厅就餐的气氛，而且也能使客人心情舒畅。餐厅环境卫生包括以下几个方面。

1. 营业前清扫墙壁、窗帘和室内家具，清扫地板，吸尘桌椅、柜台表面和柜架等。营业前的工作还包括清洗杯、盘等餐具及服务用具如服务车、容器和调味品盒等。天花板、墙壁、各管道表面无破损、无油污、无霉点，通风良好，地面平整干爽、无杂物，下水道通畅，地面、沟渠、柜内、柜面不能有老鼠、蟑螂、苍蝇及昆虫活动，及时清除垃圾，垃圾桶应有盖并盖好，无破损无溢漏，桶盖与外壁应保持清洁。

2. 准备餐厅服务台。服务台包括贮藏抽屉、碗碟橱，所有的餐具和用具都要整洁有秩序地按固定位置摆放。服务台备齐盘、碟、杯等餐具和其他容器及餐巾、毛巾、托盘、调味品、账单盘等。服务台任何时候都必须保持干净、整洁。装备完善的服务台能节省由餐厅到厨房的来回时间，有利于提高服务效率。

3. 服务结束后的工作范围是打扫餐厅和清理用具。餐桌上的用品要清理干净。清洗后的盘、碟、杯子等按要求消毒贮放。桌椅和工作台表面要清扫干净，如暂时不摆台，应把椅子倒放在餐桌上。

所有的容器要洗净并擦亮，容易腐烂的食品要妥善贮藏。盐瓶、胡椒瓶、糖罐和其他调味品容器应收拾在一起擦干净并加满调料；烟灰缸、咖啡壶、咖啡炉和牛奶容器等应洗干净。

二、餐饮服务规范

（一）餐厅服务规范

服务员必须知道本职工作范围和要完成的具体工作。员工要提前将准备工作完成，服务时才能把注意力集中在顾客身上，把更多的有效时间用来为顾客服务。保持工作节奏，要尽量做到用最少的时间服务最多的客人，走最短的路线以节省时间，最大限度地满足顾客的需要。

1. 餐桌服务员的岗位

服务员上岗前，必须明确自己的职责及被指定的服务餐桌。在开始营业前召集一次服务班组会，可利用这段时间检查一下工作，说明当天有关重要活动及用餐的服务要求，回答有关的问题，核对菜单价格及有关计划，尽量减少服务中可能出现的问题。

2. 按程序和要求做好服务准备

服务期间，要求服务人员展示专业素质、服务的技巧和人情味。服务时尽可能快速地撤掉用过的餐盘、餐具，重新布置餐桌，检查调味品容器，把椅、桌擦干净，摆上干净的杯、盘等餐具。把溅到地面的饮料或食品迅速清扫干净。

3. 安排顾客就座

安排顾客就座的服务员，有责任按顾客提出的一些特殊要求，提供最满意的餐桌。

4. 平均分配工作量

为防止工作量集中在个别服务员身上，应将顾客合理安排到不同的区域，从而保证服务员的工作量分配得均匀，餐桌能均衡地交替使用，并为顾客提供优质的服务。

5. 避免餐具破损

为了减少餐具破损，应培训员工学会如何堆放使用过的碗碟或使用餐具箱。洗涤人员将用过的餐具按服务器皿的品种放置在指定位置，采用有助于减少碟子在洗涤区破损的系统。

6. 强调辅助工作的重要性

装饰、摆台和清洁工作，通常称为"辅助工作"。为了提供周到的服务，必须做好餐前的服务准备工作，如果这些工作没有预先做好，在繁忙的营业时间就有可能增加工作量，而服务人员在工作时也不可能做到得心应手。

（二）员工行为规范

员工在高尔夫球会的餐饮服务中扮演非常重要的角色。礼貌及训练有素的员工，具有一定的专业知识，顾客对他们具有一定的信赖感。高尔夫的餐饮表现出一种集饮食、文化、运动为一体的特色，针对不同的人士，推出不同的服务，使顾客产生一种归属感。会所餐厅员工的个人行为举止，可直接影响球会的形象。

1. 树立良好的职业道德、爱岗敬业乐业，以积极态度投入工作。
2. 具有集体精神，同事之间团结合作，互相帮助，互相尊重。
3. 上班提前15分钟进行交接班，不得迟到或早退，工作中保持最佳精神状态。
4. 服从分派的工作，遵从先服从后上诉这一准则。
5. 有事应首先向直接上司报告，客人意见需反映给领班或主管。
6. 不得向客人索取小费或收受客人礼品，拾获客人遗失物品要立即交给当值领班。
7. 注意个人仪容仪表，制服整齐干净，员工牌佩戴端正。
8. 站立姿势要规范，常保持身体挺直，不得倚靠墙壁等站立；服务时动作快速而麻利，不能跑动。
9. 要克服不良习惯。不得随地吐痰，不得在餐厅梳头，挖鼻、耳；不得面对客人或食品咳嗽、打喷嚏或打呵欠等。
10. 不得与客人或同事争吵，不得将手插入衣袋、裤袋，或双手插腰；不得大声喊叫，不得粗言秽语或唱歌、吹口哨等。不得对客人指手划脚、评头论足。
11. 服务人员非工作需要不得进入厨房，以免干扰厨房运作。严禁进食餐厅出售的食品、饮品。上班时禁止看报纸、杂志等。
12. 台椅、工具、台布做到干净、无油污渍，摆放整齐。取用或为客人递送餐具时，应避免接触盛装食品的部分。

三、餐饮服务程序

餐饮服务从迎客到送客的整个过程都是按照一定的程序来进行的。

（一）招呼客人

餐厅服务人员应以真诚态度去迎接到球会餐厅用餐的客人，要用礼貌语言愉快地打招呼，并使他们感觉真正受到尊重和欢迎。

（二）引客入座

服务员根据餐厅座位情况引领客人入座。如有预订，迅速将客人引领到其所订的餐桌。如果客人没有预订，应根据客人人数的多少及餐厅就座情况安排客人入座。

（三）呈递菜单

客人入座后，把菜单递给他们。在递菜单前可以根据客人的需要斟茶倒水，提供餐巾。

（四）解释菜单内容

服务员应对菜单上顾客有可能问及到的问题有所准备。对每一道菜的特点要能予以准确的答复和描述，如哪些菜是套餐、特色菜，每道菜需要准备的时间等。

（五）点菜和取菜服务

1. 点菜服务

点菜服务是餐饮服务中一道重要程序。在客人点菜时，服务员应以机敏的方式察知客人是否在赶时间，然后，根据客人的需要推荐套餐或零点。服务员应记住各种菜品的烹调时间，并告知客人。

2. 记录客人点菜的方法

为使服务工作顺利完成，客人点菜时，服务员必须系统地把客人点的菜记录下来。如果没有一个明确而系统的记录点菜方式，点菜时便会发生混淆。服务员在离开餐桌前要重复客人所点的菜品，以免遗漏或错记。

3. 上菜服务

在大多数餐厅，都有特殊的呼叫系统来通知服务员菜已准备好了。如果没有这样的系统，服务员需要估计准备好菜的大概时间。应尽可能在菜烹调好时就取走，以保证正常的服务温度。取菜时，服务员常需要配备调料、装饰物和服务用具。

所有点菜都要按标准分量和相应烹调方法准备并制作。决不允许短斤少两或偷工减料，否则不仅影响到菜的质量，而且严重影响球会的声誉。

（六）送客出门

客人离开餐厅时，要说一声"再见，欢迎下次光临"。

四、宴会服务管理

球会餐厅经常用来举办赛事的颁奖宴会和接待团队的会议。颁奖宴会是整个赛事活动中非常重要的环节。宴会常作为举办赛事活动中的高潮部分，往往与表演等相结合组成整体活动。宴会一般要求格调高，与颁奖活动结合气氛热烈，要求服务工作要周到细致。宴会的档次综合体现在饮食原料、服务规格、环境布置等方面。颁奖宴会的举办涉及到设计、布置、灯光、音响等多项工作，需要通力合作。

（一）宴会前的组织与协调

颁奖宴会需要餐厅经理与赛事举办方、会员部等协调，协助客人制定宴会活动程序、菜单选择等，并为宴会团体活动提供服务。组织协调的范围包括以下几方面。

1. 预订宴会要与会员部协调落实宴会的用餐人数、时间、规格和标准。
2. 与宴会团体或赛事主办方确定详细活动内容。
3. 同有关部门共同协调，为宴会团体提供特殊服务。明确各部门在宴会活动中各自的任务。
4. 管理和协调后勤服务工作，诸如原料采购、准备、供应及其他后勤服务，设施安装等环节。
5. 管理和协调宴会组织日常工作。
6. 协商确定菜单、价格、服务方式等餐饮服务内容。
7. 协调并分派工作，进行服务全过程的预演等。
8. 掌握全面的活动进程，控制时间进度和完善服务功能。
9. 宴会开始前按布置清单验收准备情况。包括：宴会厅内各项卫生是否达到要求；宴会厅的气氛是否按宴会目的要求安排设计；宴会所需各种设备是否按要求安排就绪，音响、照明等效果是否良好，空调运转是否正常；餐桌设计是否符合宴会主办单位的要求；座席卡是否已放在指定的位置上；摆台是否符合本次宴会服务方式的要求；餐具摆放数量是否恰当；纪念品、礼品是否备齐；签到桌、笔、纸或签到簿是否备齐。

（二）宴会服务的特点

宴会具有就餐人数多、消费标准高、菜点品种多、气氛隆重热烈、就餐时间长、接待服务讲究等特点。

1. 颁奖宴会服务于赛事目的

颁奖宴会不仅仅是为了颁出各类奖项，而且更重要的是通过宴会活动达到组织赛事活动的目的。无论是产品宣传、市场推广，还是慈善募捐等公益活动，通过宴会组织精心安排每个环节的工作。每一个环节密切配合共同达到赛事举办方的目的。

2. 宴会活动搭建交流平台

赛事组织者为参与者提供独特的人脉资源，在宴会活动中，通过颁奖形式，在轻松、愉快的过程中使参与者更高效、更亲密、更有人情味的交流，广结朋友。让每个参与者在宴会活动中充分感受高尔夫球运动的独特魅力。

3. 宴会服务的高标准

颁奖宴会大都邀请重要的社会名流、商界精英、各级政要和文体明星等参加。所以，对服务要求有较高的标准。服务人员要严格按规定的顺序和操作规范上菜、斟酒。满足赛事参与者的需要。

4. 宴会活动提供感谢赞助商机会

大多数赛事活动或多或少会得到国内外知名品牌的商家和主流媒体大力支持，宴会期间应对他们的赞助表示感谢。

案例：名商球会国宾楼经营

名商高尔夫球会位于深圳市南山区沙河东路，处于市区的黄金地段，毗邻风景优美的旅游区的世界之窗、民族文化村、欢乐谷，地理位置得天独厚。球场风景怡人，鸟语花香，既崇尚自然又富挑战性。球会1996年开业，球会餐饮部初期主要服务于会员，以快餐、套餐为主，球会客流比较少，用餐人数不固定，而且在球场营业时间内，球手需要随时都有餐饮食品供应。一方面增加餐饮供应压力，另一方面，球会餐饮不盈利，设施闲置，成为球会负担。

球会经过8年经营后，于2004年具有了一定知名度，会员已累计到一定数量。这时，球会开始在餐饮上大做文章，以餐饮部为基础成立国宾楼，一要服务于球会会员，承担原餐饮部的功能，二要面向市场独立经营，成为球会增加收入新的突破点。

球会餐饮定位于高端，以经营国宴大餐、谭家筵席、精品粤菜为主。谭家菜是中国最著名的官府菜之一，在发展过程中结合了粤菜与京菜的特色，容纳了众多文化，形成了鲜明的特色。国宴菜点都是经过国家级技师多年的研究和重新配比烹调后，用于国宴上的美味珍品。在菜单结构、原料精选、烹饪上做了精心安排，突出了中西结合、营养平衡、科学用餐新概念。

国宾楼拥有600平米超大宴会餐厅和独立包房超过20间，有着浓郁高尔夫文化气息的装饰、布局和点缀，在朴实、安逸中流露出别具风格的品位，给人高雅、自然而舒适的感受。宴会厅主要接待寿宴、婚宴、大型宴会等豪华气派的宴客。独立的宴会厅门庭为客人提供餐前活动及观赏高尔夫夜景的平台，而且可作为室外烧烤、酒会场地。球会餐饮在环境上有着得天独厚的优势，依托绿色高尔夫美景，可以吸引到球会以外的客人。

国宾楼的餐饮经营不忘会员的需求。经营主要分为两部分：

一部分是简餐、快餐：打球前球手一般选择快餐，根据客人需求特点，要求服务员接到订餐单后，用最短的时间、最快速度为客人服务；在操作规范中对上餐时间进行精确地规定，比如包子须在45秒钟内送到客人面前。另一部分是谭家菜、国宴大餐：不仅接待会员，而更多地面向社会经营，接待各类用餐团体。

国宾楼的包房不设最低消费，并且用餐不受时间限制，让客人在国宾楼有着主人的感觉。专业的餐饮服务不仅保证效率与质量，而且中西结合的国宴用餐形式和特色谭府佳肴，让客人尽享国宴礼遇。球会还特别打造独特婚宴主题，以高雅气派宴会厅、特色婚礼仪式、专业的音响设备、幽美的高尔夫夜景、独特的谭家官府菜、热情周到的星级服务组合来吸引举办婚礼的客人。

国宾楼餐饮营业额每年以25%左右的速度稳步递增，其收入很快会占到球会总收入的25%～30%。

案例分析：

1. 名商餐饮国宾楼经营的成功之处是什么？
2. 结合你所熟悉球会所处的地理位置，谈谈我国高尔夫球会餐饮经营的出路在哪里？

思考题：

1. 参观当地高尔夫俱乐部餐厅，就以下几个方面进行具体观察和分析。

内容	优点	缺点
员工 Staff		
服务 Services		
菜单 Menu planning		
食品准备 Food preparation		

续表

内容	优点	缺点
卫生与安全 Health & Safety		
价格 Costs and pricing		
原料储藏管理 Stock control		
现金管理 Cash handling		
执照齐全与否 Licensing		

2. 解释不同类型高尔夫球场餐饮经营的差异。
3. 说明合理营养对高尔夫运动的重要性。
4. 球会宴会服务有什么特点？
5. 饮食卫生安全的重要性是什么？
6. 如何合理进行球会餐饮定价？

第十一章 球场质量管理

第一节 球场草坪的质量

高尔夫球场是高尔夫运动的基础设施。球场质量的好坏直接影响人们的参与兴趣和程度。高尔夫球场质量主要是由草坪质量决定的。草坪质量的好坏直接影响球手竞技水平发挥，也就关系到球会对球手的吸引力。一个草坪质量高的球场对球手会产生很大的吸引力，球手对它的评价也会是正面、积极的。因此，高尔夫球场草坪的管理是高尔夫球场管理中至关重要的一个环节，最终将直接影响会籍的销售和球场的经营。

球场草坪区可大致分为：果岭、果岭边、发球台、球道、长草区、林带、备草区、练习场、会所周围草坪等。高尔夫球场草坪质量是一个综合指标，且要求较高，其中果岭草坪的质量用其均一性、光滑性、韧性、弹性、耐低修剪性等进行评定。发球台则要求平滑、坚实、致密、均匀、有弹性等。达到这些指标都与草坪营养元素的种类及数量紧密相关。

一、草坪的视觉质量（Visual Quality）

人们判断草坪质量首先是从草坪外观来感受和评价，外观整洁、层次分明，使人赏心悦目是球场的基本质量，我们称之为视觉质量。

（一）颜色（Color）

颜色是用以评价高尔夫草坪质量好坏的重要指标。高尔夫草坪颜色源于光反射率（x, %）和叶绿素含量（y, mg/g）并为人眼感受而成。高尔夫草坪颜色因季节和肥料的不同，颜色变化从早春到深秋，草坪的颜色由浅到深，色彩由浅黄、黄绿、嫩绿、浓绿，入冬后变为枯黄，但总的色相为绿色。大多数高尔夫球手喜欢绿色表面。绿色越长，颜色越稳，说明草坪的质量越高。另外，人们可根据草坪颜色来判断草坪的营养、评估草坪疾病等。

（二）密度（Density）

密度一般可以用草坪的盖度来测量，即每平方米内的草坪的根茎或叶片的数量来测定。一般来说，盖度越大，密度越高。草坪的密度对球的滚动速度产生影响。密度越大，摩擦系数越大。所以，合理的密度对球的滚动是非常重要的。

（三）均匀度（Uniformity）

均匀度是指草坪表面均一、无裸露、颜色一致。具体要求是无杂草、无病虫害污点、无烧斑，草坪表面粗细、高度一致。草坪的粗细主要以叶宽来表示，通常高尔夫草坪叶越窄，品质越优。高度的一致性是均匀度的重要指标，一般通过修剪来达到。保持草坪的均匀度需要根据草坪的生长习性进行草坪的维护。

（四）质地（Texture）

草坪的质地通常由草坪的叶宽来评价。优质草坪的叶宽通常为1.5~3毫米。叶越窄，质地越优。果岭草一般选择质地较好的草坪。

（五）生长习性（Growth Habit）

草坪草，特别是果岭草保持向上生长习性对叶片生长非常重要。向上生长比横向生长有利于光合作用，促进茎叶生长，增加叶绿素含量。向上生长的草具有耐低剪、耐践踏、抗病能力强、恢复速度快等优点。

（六）光滑度（Smoothness）

光滑度主要由草坪修剪的根部质量决定。光滑度将影响球滚动持续的时间和滚动的速度。草坪根部质量越光滑，整个草坪就越光滑。我们可以根据草坪的光滑度来测定果岭速度和增加推杆的准确性。

二、球场草坪的功能质量（Functional Quality）

（一）生长量（Yield）

它可以用草坪草茎密度数量来测量。草坪茎数越多，草坪密度越大。保证适当的草坪生长量是非常重要的，它与水、温度、肥料及其他自然环境因素有关。

（二）生根度（Rooting）

生根度能反映出草生长的状况，同一种草生根度越深说明草生长的越好。土壤的类型和结构对草坪的生根有重要的影响。肥料对草根系的生长有影响，水肥不足时，根会向深处延伸，追寻水肥。

（三）坚硬度（Rigidity）

坚硬度是草坪草叶片的挤压产生的阻力，它与草坪的耐磨性有关。营养水平对草坪坚硬度有影响。同一类型的草坪草在相同营养条件下，坚硬度与草的密度成正比。我们可以通过球的滚动来测试草坪的坚硬度。

（四）回弹力（Elasticity）

回弹力是指球落到草坪上的回弹高度。它不仅与草坪质量，而且与土壤表层质地有关。这对草坪，特别是果岭草的功能质量非常重要。好的回弹力将保持果岭的视觉质量。一般来说，充足的肥料和足够的水分将增加回弹力。

（五）滚动阻力（Resiliency）

滚动阻力是用球在草坪的滚动距离表示的。它与回弹力相似，但还是有一些区别，主要是回弹力由草坪质量决定，而滚动阻力主要是受草底的中间层（枯草层和土壤混合部位）厚度的影响，它与草根的繁衍和土壤类型与结构有关。草根中间层越厚，滚动阻力就越大。当中间层厚度超过1厘米时，就容易产生病虫害。

（六）恢复力（Recuperative Capacity）

恢复力是指草坪被脚踩后和被球击打后的恢复能力，也称草的韧性。它是高尔夫球场选择草坪草种的重要条件。球场一些因素如严重板结的土壤，过多的养分和过量水分，不适宜的温度，日照不足，病虫害和有毒的土壤残留物等，都会降低草坪恢复能力。

（七）葱郁度（Verdure）

葱郁度是以修剪草坪后叶的直立并保持绿色的数量来测量的。在同样的高度，草坪草的葱郁度越大球场越好。葱郁度受人工和自然环境的影响。在冬天可以增加草坪剪草的高度来保持绿色。

第二节　球场草坪的专业养护管理

球场草坪管理是一项非常专业的工作，要求根据土壤条件、水文状况、地形、坡向、坡度及植被等具体情况对整个球场草坪进行养护，保证喷淋均匀、修剪得法、施肥施药适度。草坪的管理包括草坪的修剪、施肥、灌溉及排水、覆沙、打孔、碾压、除草及疏草、切边、防虫害等。草坪养护要强调专业化、精细化，实行专业化有利于草坪质量的长期稳定，有利于球会的长远发展。

一、草坪的修剪

定期、专业化的草坪修剪能改善参差不齐、杂乱粗糙的现象，使草坪整齐、美观。按1/3修剪理论，修剪即当高尔夫球场草坪草的定额高度高于适宜修剪高度的50%时，被修剪的部分一定是草坪草生长总量的1/3。草坪经常修剪可以改变草坪的生长习性，使草坪密度增加，刺激草坪草的均衡发展，同时可以延长草坪使用年限。

1. 草坪修剪要求

（1）发球台的草坪

在球场中发球台的重要性仅次于果岭。发球台的草坪要求再生能力强，耐践踏，耐低剪。一般在温暖地区采用狗牙根草种；寒冷地区采用混合草种，如草地早熟禾等品种的混合草种。使击球削起小草块后能很快再生。发球台草坪高度要求10毫米左右，每周必须剪草2~4次。保持草坪密度和颜色均匀一致，土壤硬度适宜。

（2）果岭草坪

现在的球手都追求打球的难度及高的挑战性，对果岭草坪的质量、速度要求越来越高，并且要求一个球场内的所有18个果岭区的球速基本相同。果岭草坪就成为高尔夫球场的灵魂，果岭质量关系到球场质量的好坏，也直接影响球手的成绩。这就要求一个球场内的果岭区的草坪的高度、果岭硬度、弹性和速度要保持一致。果岭草坪是高尔夫球场草坪养护中难度最高的。不同区域的果岭有不同的起伏和坡度，要修剪出高度一致、均匀平坦，并保持草坪表面具有一定弹性的草坪，以便球顺畅滚入洞内。草的生长季节，每天修剪1次。日常剪草高度要求3.~6.5毫米，比赛用果岭草坪的剪草高度一般控制在3~3.8毫米。草坪修剪后最直接的衡量标准就是果岭速度。果岭速度是用斯迪普仪（stimpmeter）来测量的。这种仪器因爱德华·斯迪普森（Edward stimpson）发明而得名。测量方法是将一个长0.91米（36英寸）、带U字型的凹槽铝板，一端放在平坦果岭上，另一端抬起，倾斜到20度角度，将球从顶端自然滚下来，到底端时的速度可达到 1.83 米/秒（6ft/s），然后测量球实际滚动距离（单位是英尺Feet）。锦标级比赛时果岭速度要求达到3.2米（10.5英尺）以上，较快为2.89米，中等为2.59米，稍慢为2.28米，最慢为1.98米。高尔夫球手一般喜欢较快的果岭速度。

（3）球道草坪

由于球员要求的越来越高，球道面积较大，且有起伏变化，球道草坪的修剪精度也随之要求越高。球道草坪的修剪应使其保持到日常营运的最佳状态，达到地表平坦，草层较厚，叶片稍硬，球接触到草坪时能停住。球道区的草种应呈自然状态，与杂草竞争能力强，抗病虫害能力强。球道草耐剪，修剪后再生力强。球道的宽窄决定了球场的难度。而宽窄又是由剪草的高度来调节的，如赛事要求时，就可把半长草区增宽，球道变窄。球道草坪的修剪高度为 10

毫米，修剪频率为每周修剪 2~3 次，要求草坪密度和颜色均匀一致，覆盖度达到 98%以上。

(4) 过渡区

过渡区草坪，又称为半高草区，是球道到长草区的过渡区，也使球道及果岭界限分明，增加球场的美观。半长草区草坪高度为 25 毫米，过渡草坪地带宽度 1.5~1.8 米。

(5) 长草区

高草区是球场果岭、球道、发球台之外的绿化区，长草区的面积大，对修剪的要求相对要低。高草区的面积、地形每个球场都不一样，且相差很大，球场管理的要求不同，高草区的修剪周期和修剪高度没有明确的要求。长草区草坪高度 70~100 毫米，景观长草（如芦苇）的高度可以按其自然高度生长。长草区通常为自然式开阔的景观，一般采用适应性强、管理粗放的草种。我国北方可采用野牛草、结缕草；南方则宜采用假俭草、狗牙根等草种。

(6) 草坪修剪的技术要求

技术要求见下表。

区域 项目	果岭	果岭边	发球台	球道	长草区
高度	3.~6.5 毫米	1~1.5 厘米	10~15 毫米	1.0~2.0C 厘米	5.5~10 厘米或不修剪
频率	每天 1 次	隔天	每周 2-4 次	每周 2~3 次	每周一次
方式	每次轮流按四个方向修剪	正反轮流	按不同方向轮流进行	成 45 度方向修剪	纵横向均匀
机械	果岭机	果岭边机	发球台机	七联剪草机	五联剪草机
其他	每天 6 点钟前进行		剪下茎叶移出原地	周五前完成	

草坪修剪高度、频率应视草坪的生长期的不同而适时调整。既要考虑草坪修剪到最适合于球手的技能发挥，又要最大限度保证草坪的生长。冷季型草坪草在春季生长较快，夏天生长慢，秋季生长适中。相反，暖季型草坪草夏天生长最快。生长的越快，修剪的频率越高。

2. 草坪修剪管理

(1) 草坪修剪的工作标准

果岭、TEE 台、球道定期进行修剪，不漏剪、不铲草，保证修剪的纹路明晰、整齐。为了使草坪色度均匀，一定要注意修剪方向。果岭、TEE 台的修剪方向为：正对球道修剪，横对球道修剪，与球道左右分别呈45度修剪。球道修剪方向为：分别向左右边倾斜45度修剪。顺时针和逆时针等正反方向轮回操作，避免总是向同一方向修剪。这种剪草的方向在太阳光的反射下可呈现出明暗相交的草色条纹，给球员带来强烈的视觉冲击。总是同一方向修剪容易使草坪朝一个方向倒伏。

（2）剪草前要保持滚刀和刀片锋利

钝刀片对草坪的破坏性很大。因为被撕开的草叶比整齐切开的草叶受伤的创面更大，病菌十分容易侵入，因此钝刀剪草之后往往使草坪一两天之后变成焦黄色，不及时处理往往引起大片坏死。

（3）保持草坪修剪的均匀美观

均匀修剪是草坪养护中最重要的环节。同一区域草坪高度一致，不同区域轮廓清晰，整个球场错落有致，美观。剪下的草叶不能留在草坪上，特别在高温、高湿的夏季，草坪易染上病菌，发霉腐烂。

（4）剪草情况每天要进行登记管理

剪草情况由草坪班长进行检查并记录于《剪草情况登记表》，交部门存档。

剪草情况登记表　　年　　月

日期	星期	果岭	果岭边	发球台	球道	长草区	林带	备草区	会所草坪	环场路边	别墅区	练习场
1												
2												
3												
4												
5												
6												
7												
……												
28												
29												
30												
31												

班长：

3. 草坪数据管理制度

数据收集、整理工作是实现草坪科学管理的重要依据，球场草坪部的一项重要工作内容就是收集、整理数据。草坪部设专人完成数据收集工作，观测人员应按规定定时、定期、定点、准确完成观测记录工作，并保持记录的完整性，禁止出现观测数据断档及人为主观判断数据。要收集整理的数据包括：

①气象数据：气温（最高温度、最低温度）、地温（最高温度、最低温度）、湿度、降水量、日照、风力、风向。

②草坪情况养护记录：草坪生长情况，草坪维护保养情况，病虫害防止情况。

③观测人员应按月将原始观测数据分类列表，并将分类表呈报草坪部经理，同时交部门秘书处存档备查。数据记录应客观、真实且具有代表性。工作记录的数据收集中，发现重大异常隐患，应及时记录并立即报告草坪部经理。

④观测数据实行分类建档管理，分类数据应如实源于观测记录，并应包括草坪部日常工作所需数据。数据资料应妥善保管，不得遗失、更改。未经部门经理批准，不得将相关数据向外单位或个人提供。

二、草坪维护

草坪维护包括排水、打孔、铺沙、更换草皮、形状改造等工作，以保证土质的疏松、通气性，使草坪能更好地生长。

（一）喷灌与排水

草坪草组织含 80%～95%的水。为了保持草坪的生存，灌溉是必要的。然而，当土壤含水量超过持水量 62%时，就应考虑排水，以免闷死草坪的根系，而导致草坪的损伤甚至死亡。缺水导致干旱，淹水导致缺氧。合理灌溉与排水就能协调土壤的水、肥、气、热等土壤肥力因素，促进草坪根系不断地向深广扩展。扎根深广的草坪比扎根浅窄的草坪对灌溉的总需水量要低，但每次灌溉的需水量要大；而浅根草坪需要比深根草坪频繁但强度小的灌溉。因此，合理灌溉与排水能降低草坪地上、地下部的相对湿度，促进草坪蒸腾作用和气体交换，有利于叶片的光合作用和根系的呼吸，减少草坪病害的发生。

1. 灌溉时间

应根据气温高低、水分蒸发快慢来确定具体灌时间。一天之中，喷灌以晨、昏为好，特别是黄昏浇水，能避开阳光暴晒，水的利用率高，草坪生长快。喷灌要做到午夜前草坪地上部茎叶能处于无明水状态为准，防止草坪整夜处于潮湿状态导致病害发生。

2. 灌水量

草坪每次的灌水量与土壤质地、季节、天气情况、排水能力等因素有关。土壤质地为砂土地，每次的灌水量宜少，灌溉次数应增加。球场不同区域不同地点洒水量应不同，如地势较低地区、排水较差地方洒水宜较少，反之则相对较多。

在生长季节一次灌水量以湿润到 6～10 厘米土层为度，冬灌则为 20～25 厘米。实践中，草坪管理人员可在已定的灌溉系统下，测定灌溉水渗入土壤额定深度所需时间，从而用控制灌水时间的长短来控制水量；也可根据渗水速度来确定，当渗水速度明显减缓并轻度出现积水，表明灌水量已够。

灌溉水源均以就近方便、费用节省为原则。但是水量要够，水质要达到灌溉水标准。首先考虑使用地表水，其费用较低。在地表水不够时可使用井水。要观察洒水情况，观察果岭、发球台是否都能洒到水，如浇不到或有的地方因风力影响浇到的水少，则应用手动方式补洒。若场内发现漏水现象，要在积水严重的草坪区域，先定出排水路线及井的中心位置，然后根据原地形情况取下草皮，开挖排水沟和修造锅底形水井，进行修理。修理过程中需要移动草皮的，在修理完成之后要回填并把草皮种好压实压平。插上"修整地"标志桩，浇水保养至草长好，取消标志桩，正常剪草。

（二）打孔、铺沙

如果要使果岭草坪达到平整，有弹性，不板结，草坪草生长旺盛，就必须进行打孔，切根梳草，覆沙滚压，补播及小面积草皮更换和施肥打药的管理。

果岭打孔、铺沙等作业由草坪部根据果岭状况及天气情况而定。果岭作业由已经培训的专业操作人员进行。铺沙之后要用拖网拖 1~2 次，以便沙粒下落而不盖在草叶上，避免影响打球及影响叶片生长。

1. 打孔

打孔的作用是防止草坪板结，促进草坪根系发展，防治地下害虫。

2. 梳草切根

梳草的作用是防止草毡层加厚，阻止匍匐茎生长，控制草坪的密度，增加草坪的透气性，清除草坪根部的害虫。

3. 覆沙、滚压

覆沙、滚压的作用是修复草坪表面的细小的凹凸不平，抑制根茎上窜，促使草毡层的分解，有利于草坪的修剪。

4. 补播、小面积草坪更换

草坪补播及草坪的更换主要是修复损伤的草坪，草坪补播的另一种功能是补播不同品性的草种来增加草坪的绿期。草坪维护人员需要掌握高尔夫球场管理的经验技术，并依循规律办事。

（三）清除杂草

杂草不仅影响球场的美观，更影响球场的品质和客人打球的感觉。杂草适应性广，繁殖力强，能很快蔓延成片。所以，控制杂草是草坪管理的一项基本工作。

1. 人工拔除

组织草坪部专业人士和球童进行人工除草。

2. 化学除草

杂草严重时可以有限制地使用除草剂。化学除草剂是控制杂草最有效的武器。一是可以快速取得效果；二在较短时间内，达到控制杂草，保护草坪的目的。但乱用或滥用除草剂会造成药害、带来环境污染等问题。因此科学地使用除草剂极为重要。

3. 置换草皮

消除大面积成块杂草以换草皮形式进行，换草皮后要压平浇透水，以后保持水分供应，新换上草皮应插桩标明为"修整地"，等草长好可以打球之后再取掉桩。前期施工阶段应注意，换入土壤应尽量采用离地面1米以下的土壤，以防杂草种子带入场地。

三、草坪施肥

草坪生长需要一定的营养，如氮、磷、钾、钙、镁、硫、铁、锰、硼、锌、氯、铝、碳、氢、氧。施肥不均匀会造成颜色的不均一性，施肥是高尔夫球场养护的一项重要手段，同其他护养措施一样，对维护高质量草坪的生长起着极为重要的作用。然而，在给予植物所需的营养元素时，要遵循营养学的基本原理。

（一）草坪与肥料的关系

1. 水与肥料效应

肥料与水分在一定条件下成正相关，即水分越多，肥料效应越大。在无水或较干的情况下，少施氮肥可减少生长，降低蒸发，节约水资源。相反，多施磷肥可抗旱。

2. 草坪种类与肥效应

由于地域性差别等原因，球场草种差异较大。冷季型草坪进入夏季后，当遭受长期的干旱和高温胁迫，温度达到28℃以上时，冷季型草坪草的光合作用降低，碳水化合物合成减少，草坪进入休眠，表现为生命活动明显降低，生长停止。不同的草种对肥料的敏感性不同，北方生长的草坪需肥量少于南方。一般可分为耐肥和耐贫瘠两种。

3. 病害与施肥

由于肥料营养元素的组成和施肥量对诱发草坪病害产生相关性，因此，在制定年度施肥计划前，要对前一年草坪病害发生的原因及其严重的程度进行分析。生理性病害的发生往往是营养失调所引起，出现黄化或白化现象。大多数的草坪病害与偏施氮肥有相关，如：褐斑病、镰刀枯萎病、锈病、霜霉病等。

而果岭草坪生长状况不良，如较稀、根系新根少、草黄等都是缺氮和磷的表现。

4．土壤与施肥

地球上不同地区的土壤，所含的营养成分及含量有所差别，与降雨量、含矿量有密切关系。每年度制定年度施肥计划前要对球场土壤进行全面的化学分析。取得较详细的数据，并与历年的历史资料进行对比。了解土壤中各化学元素的变化，土壤酸碱性的变化，土壤有机质的变化等。根据分析取得的数据决定肥料成分和施肥量。

5．气候与施肥

高尔夫球场草坪对气候变化非常敏感。由于气候条件的差异，各地区球场草坪的绿色期不同，球场的使用期也因此不同。施肥量和施肥次数也应根据球场草坪的绿色期而定。因此，根据气候变化施肥是解决草坪不同时段施肥的依据之一。果岭草坪一年四季均会发生病害，病害发生率与气温、雨水有关。正确使用肥料可减少或避免病害发生。

6．草坪质量与施肥

果岭草坪质量高低体现了球场整体管理水平。果岭草坪质量评价标准包括：年度稳定性和推杆适宜性。即在一年之内不能大起大落，并创造一个平滑、翠绿、适密、匀整的击球面。这就需要对草坪有较高的诊断水平，并且施肥时要把握好用量、比例等。

（二）施肥技术要求

施肥的技术要求见下表：

		果岭	发球台	球道	备草区
施肥种类	氮肥	生长季节时每月以2.5~3.5g/m²施放，高温时不施	生长期以0.13~0.38kg/m²施放	生长季节分2~4次使用（90~180g/m²）	
	磷肥	根据土壤分析确定施量	根据土壤分析确定施量	生长季节分2~4次使用（90~180g/m²）	
	钾肥	生长季节分4~6次施完，施量根据土壤分析确定		常为氮肥施量的50%~70%，一年一次	每年45g/m²
	铁肥	出现铁褪绿症状时，以0.1~0.2L/m²施用	有明显缺铁症状时施用	当缺乏铁症状出现时补施	
	其他	缺乏某种元素时施相应的肥		当缺乏某种元素症状出现时即补施	
频率		每月两次	2~3个月一次	一年2次	2~3个月一次

根据施肥量要求，肥料一般在施肥前进行调整，撒肥时保持直行，以恒定速度推行，中间以交叉30～40厘米为宜。

施肥后进行一定量浇水，保证肥料充分吸收和防止肥料烧伤草坪，一般速效肥料宜分2次浇水，洒水时间以肥料完全溶解为标准，缓释性肥料浇湿即可。

施肥后使用情况记录到《施肥情况登记表》中，该表由领班填写，交部门秘书处存档。

施肥情况登记表

日期 （年，月，日）	施肥范围			肥料名称	施肥量 （kg／100m²）
	果岭	发球台	球道		

四、虫害防治

草坪虫害以预防为主，防止扩散蔓延。具体的措施包括：栽培管理技术、抗虫育种、生物防治、物理和机械防治、化学防治和综合防治。

（一）栽培管理

合理的栽培管理措施能使害虫引起的损失降低到最低，主要措施包括：清理场地（去除害虫的中间寄主，打乱其生活区）、整地、合理施肥、选择适宜的播种期和加强草坪管理，使草坪草健壮生长，提高对害虫的抵御能力。

（二）抗虫育种

抗虫育种是指选育在自然状态下对虫害有抗性的草坪草品种。根据植物抵御虫害的不同途径，将草坪草的抗虫性分为不选择性、抗虫性和耐害性三类。其中，不选择性（排趋性）是植物能够分泌某些化学物质，影响害虫的取食趋向、产卵定位等一系列链锁式的行为反应，如拒斥素、抑制素和刺激素等；抗虫性是指害虫虽然能够采食草坪草，但这类草坪草对害虫的生长发育速度、存活率、寿命、繁殖率等会产生不良影响（如黑麦草的内生真菌）；耐害性植物具有很强的增殖或补偿能力，因此可以忍受害虫的采食。

（三）生物防治

生物防治主要途径有三个方面。第一是控制球场周边的生物群落，即减少害虫的种类和数量，增加天敌的种类与数量。如利用细菌、真菌等病原微生物防治害虫，如：使用芽孢细菌防治日本金龟子的蛴螬（使其得病而死），或者用天敌控制害虫，如：大眼蝽袭击麦长蝽的卵和若虫，并减少麦长蝽的虫口密度。第二是控制主要害虫的种群和数量，使其被抑制在不至于危害草坪的数量水平之内。第三是控制草坪易受虫害侵袭的生育期与害虫发生的相互关系，使草坪能避免或减轻受害。

（四）物理和机械防治

物理防治是利用光、热、温度等对害虫的影响，并根据害虫的反应规律进行防治。机械防治是指应用机械或动力机具的多种防治措施，主要包括直接捕杀、诱集或诱杀（利用害虫的趋性等）。

（五）化学防治

化学防治就是利用化学农药来防治害虫。球场所采用的杀菌剂主要有百菌清、多菌灵、菌毒清、瑞毒霉、田安、井冈霉素等。采用化学防治时应考虑以下几个方面的因素：一是准确识别虫害的种类；二是不同的害虫需要采用不同的农药和防治方法才会有效。洒药宜选择晴天，参照说明书进行，以使杀虫剂保持尽可能长的时间，从而达到最佳防治效果。地面害虫以喷洒药液为主，洒药时均匀透彻，最好让药直接接触虫体，按各种农药说明书进行。地下害虫防治以撒施颗粒剂为主，这种方法简便易行，效果也较好，具体用量参照说明书进行。根据天气情况，晴天果岭在洒杀菌剂后10天左右开始检查病害发展情况，每2~3天一次，雨季洒药后2~3天观察一次病害发展情况，以后每遇雨天即要进行病害观察，发病初期要及时防治，雨水较少的季节，在不发病的情况下，每月也应洒杀菌剂1~2次。

（六）综合防治

综合防治是对害虫进行综合控制的体系，它从生态系统的角度出发，根据害虫种群动态以及害虫与环境间的相互作用，将害虫控制在经济损失允许的水平之下，从而获得最佳的经济、生态和社会效益。综合防治的基本方法是：提高植物的抗虫性；使环境条件不利于虫害的发生；在虫害大发生前预防或及时采取防治措施，以防为主，防治结合。

五、球场营运设施的管理

球场维护是为了使球场在所有可行的时间里开放并处于良好的打球状态。

（一）沙坑维护

为了使沙坑的松软和平整状态，符合高尔夫规则的要求，一般每天早上开球前把沙坑耙平，每天清理沙坑内的脚印及凹凸不平的地方，无论是机械耙沙，还是手工耙沙，耙后沙坑不得留有隆起和直立的波纹，应平整、美观，使沙池纹路清晰、有条理。草坪人员在耙沙后或每次大雨过后，定期将沙推回到沙坑面上。定期清除沙坑边侵入的植被,保持沙坑原状,同时清除沙坑中的石块。

(二) 果岭洞杯移动

果岭洞杯要定期移动,目的是使果岭表面经受均匀的踩踏强度。这样保持果岭的损伤程度(包括打孔疤)、草坪的相对耐磨性、损伤恢复率、土壤坚实度等基本相同。果岭洞杯移动依照洞杯位置图的编号排列移动,如果没有已经编排好的位置图,则应按照本次开洞位置尽量远离上次开洞位置来选位,并且确定的具体位置应选择在果岭面平坦、周围1.5平米的范围内无较大的坡度、无明显起伏、无大块球疤处,且该位置任一方向距离果岭内环至少在一支果岭旗杆的长度以上。移动频率通常1~2天移动一次。

(三) 其他障碍物

车道:及时清除积水及泥土,难以及时清除的应在该障碍区两端设置明显标志,提醒驾车者或行人注意。在果岭、发球台周围区域以及过度践踏的区域设置明显标志,禁止车辆进入。

人工湖:修补草坪打痕,减少泥沙进入湖中的机会,因风吹或其他原因落入湖中的异物应及时清除,保持湖面干净、美观、无异物,湖水清澈。

对球道上的边坡及标码树、码数牌、喷头、阀门、下水井等周边的草坪进行定期修剪,使球道保持整洁。

(四) 垃圾处理

每天早上,清除每个球道发球台、球道、林带、果岭上较明显的垃圾,然后清扫树叶、草末等。清理的垃圾放到场内指定地点堆放,并统一收集经分类后统一处理。

第三节 球场景观管理

一、球场景观类型

高尔夫球场的景观,大致可分为自然景观和人造景观两种。

(一) 自然园林景观

球场有约三分之一的面积属于园林景观。高尔夫球场园林包括乔木、灌木、花卉、竹类等。高尔夫球场上的乔木和灌木,使景观更加美丽,空气更加清新。应保存原有的特殊景物,如古树名木、老石桥、怪石奇岩等。

植物配植原则是:大树构成球场的骨架,花灌木丰富景观的层次,草坪和铺地植物是景观的铺垫，鲜花是点缀色彩，盆栽是画龙点睛的精品。

选择高大的树种，在整个球场栽植，构成球场的立体轮廓，就如同人体的骨骼一样，支撑起球场的立体空间；还能作为屏障，分割球道，阻挡视线，遮掩物体。

花灌木在大树与草坪之间起到了缓冲和过渡的作用，丰富了层次；并与鲜花一起，在满眼绿色的天地中，描绘出色彩丰富的绚丽图画，花香四溢，遍地芬芳。

盆栽则集天地灵气和匠心独具于一体，在重要景点，展现出独特的艺术魅力。

（二）人造景观

通过借助周边的环境素材，如远山、森林、湖海等，营造出特有的景观效果。球场上最多的就是水景，水景的形式很多，如瀑布、溪流、小桥、湖心岛等，为球场增添了灵性和流动的美景。在岸边栽植桃、柳及迎春、黄荆条等临水植物，是最普遍和常用的。在水中、岸边栽种野生水生植物，可使水景变得自然而有野趣。在溪边栽植兰草、菖蒲等，可使溪流变得欢快。在池中布置荷花、睡莲等，则可使水景变得生动而有活力。此外，在水体中放养鱼、虾等水生动物，则更为球场增添了无穷的生机。

球场园林景观既具有独立自然景色，又构成球场障碍、竞技陷阱，起着隔离、界标、背景等功能，是球场整体的一部分。

二、园林的养护

（一）灌溉

水是树木生命活动不可缺少的。若树木短期水分亏缺，会造成树叶下垂、萎蔫等现象，如果长期缺水，超过树木所能忍耐的限度，就会造成缺水死亡。因此，在养护管理中，应随时观察土壤干旱程度，及时浇水，保持树木必需的含水量。树木生长所需的水分，主要是由根部从土壤中吸收的。在土壤中含水量不能满足树根的吸收量、或地上部分的水分消耗过大的情况下，都应设法满足它们的需要，这种措施就叫灌溉。必须根据树木生长的需要，因树、因地、因时制宜合理灌溉，保证树木随时都有足够的水分供应。灌溉一般根据植物叶片内吸收水分的多少决定。灌溉时，如叶片的吸水能力很大，则证明水分不足，就应及时喷水。夏季正是树木生长的旺季，需水量很大，但阳光直射、天气炎热的中午最好不要浇水。灌溉要做到适量，最好采取少灌、勤灌、慢灌的原则。灌溉常用的水源有自来水、井水、河水、湖水、池塘水，采用的方式主要有喷灌、滴灌等。

（二）排水

水是树木生命的基础，但水分太多，会使土壤中空气减少，根系呼吸受阻，严重的还会使根系窒息，造成树木生长不良甚至死亡。不同树木对水涝的抵抗能力会有所不同。常用的排涝方法有：地表径流、明沟排水、暗沟排水。

（三）修剪

通过修剪能调节和均衡树势，使树木生长健壮、树形整齐、树姿美观。整形修剪可改造树木的形态结构，调节平衡树势，调节营养生长，提高树木的观赏和经济价值。修剪的方法包括以下 3 种。

1. 抹芽：树木移植后，经过较大强度大修剪的树干、树枝上，会萌发很多嫩芽、幼芽，影响树木生长，对此，在春季萌发时可用手摘除多余嫩芽。在定干以下的枝芽尚未木质化之前应全部摘除，定干以上的无用芽也应摘除。

2. 修剪：修剪是指对苗木枝条或主干进行的短截。修剪时要根据苗木树形及生长发育的需要而进行。要剪去病虫枝、内膛枝、竞争枝、过密枝及萌蘖枝，剪口必须平滑，不劈不裂。

3. 整形：对于偏冠的或树形不整齐的树木，对一侧生长太强的主枝或侧枝，可去大留小，以向外的侧枝代替。作行道树的松类，在树长大后应提高分枝点，可将一轮几个主枝，隔一个去一个，待伤口初步愈合后再去掉其余几个。

（四）施肥

要及时补充树木生长所需氮肥，开花结果所需的磷、钾肥以及其他微量元素。施肥的方法有土壤施肥和根外施肥两种。基肥多选用有机肥或复合肥，施用的方法有穴施、环施和放射状沟施等。追肥一般用化肥或菌肥，施用的方法有根施法和根外施法。

1. 有机肥料要充分发酵、腐熟，化肥必须完全粉碎成粉状。施肥后必须及时适量灌水，使肥料渗透，否则，土壤溶液浓度过大对树根不利。

2. 根处追肥，最好于傍晚喷施。

（五）病虫害防治

1. 治虫的方法：主要有喷药，使用药剂时应根据病虫的种类、生活习性，对症下药。

2. 治病的方法：首先必须弄清病原、病史，然后采用相应的药剂。树木的病害一般有白粉病、花叶病、溃疡病、锈病等。喷药时应设立警戒区，以免人畜中毒。

3. 保护益虫、益鸟。

（六）季节与树木养护的主要项目

下表是不同季节树木养护项目的例子。

季节	养护工作
冬季（12、1、2月份）	防寒、整形修剪、防治虫病、积肥
春季（3、4、5、6月份）	灌水、施肥、病虫防治、修剪、
夏季（7、8、9月份）	病虫防治、中耕除草、施肥、排水防涝、
秋季（10、11月份）	施底肥、病虫防治

三、花卉养护

球场的会所、进场道路、练习场等附近的花卉景点，要定期对花卉进行施肥、浇水养护。美化球场环境，提升球场品味，让客人所到之处感觉清新、自然。

盆景花卉管理情况登记表　　　年

日期	盆景施肥	会所盆景更换	水石盆景清洗	花卉施肥				会所花卉更换	
				草本花卉	肥料名称	木本花卉	肥料名称	草本花卉	木本花卉

四、水景质量的保护

球场内水塘水体基本上循环使用，随着时间的推移，累积的氮、磷等将会造成水体富营养化。所以，球场池塘水质应当得到保护。

1. 水景布局要合理，多造人工溪流和水池，增加水体流动性，提高水中含氧量。

2. 水域应种植芦苇、菖蒲等适宜的水生植物，既可满足景观要求，又能为水域野生动物营造适宜的生活环境，防止水体富营养化的产生。

3. 须配套污水处理设施。采取措施对含农药和化肥的地表雨水、污水等废水进行处理，处理结果应达标。若符合灌溉要求时，可排入球场蓄水塘回用为灌溉用水。确需外排的，应处理达标方可通过合法排污口排放。

第四节 球场标识物管理

球道草坪养护的再好，如果没有标识物，球场是无法投入使用的。标识物对球场的经营非常重要。高尔夫球场上的标识物，包括从发球台的TEE-MARKER，球道码数牌，到红、黄、白、蓝桩，码数桩，一直到旗杆。这些指示牌，与球场上的各种自然、人工景观，共同构成了完整的、可以运行的实用性的"球场"。所以，这些标识物不仅由专业的草坪部员工来维护，在日常的运行中，球童也要识别和管理。

一、球道码数牌（球洞标志牌）

球洞标志牌和球道码数牌也是高尔夫球场的重要标识物，放置在每个发球台前方，目的是方便球手了解球道的基本情况，并做出恰当的战术决策。球洞标志牌能够标志出球员即将开打的球洞序号。由于高尔夫球场的地形较为错综复杂，一个球洞标志牌可以使球员迅速确定是否依照正确的顺序打球。而球道码数牌，标出了球洞的长度、标准杆数、球洞走势、障碍分布，以及球道难度。它不仅要作为球员规划打球策略的地图，而且与球场周围景观环境相谐调，从视觉上给球员以美感。现在，越来越多的球会选择将两块指示牌的内容合并到一起，更显简洁。高品质的球洞标志牌和球场码数牌对提升球场形象有重要作用。

二、发球台标

发球台标（Tee-Marker）是在发球台上确定发球区域的标识物，以两个发球台标前面和两侧所限定的纵深为两球杆长度的长方形区域，就是本洞的发球区域，也即一个球洞的起始之处。发球台标有红、白、蓝、黄（金）、黑五种颜色，分别代表五个T台，以适应不同球手的需要。发球台标起着界定球员所使用的球是否从"发球区"打出去的作用，这里的"发球区"不再是指整个发球台，而是一个特定的矩形区域。发球台标通常是不固定形状和大小的，依各球会以及各比赛的要求而不同，但都是方便移动的。发球台标放置的位置对球员心理会造成一定的影响。球会每天都要移动发球台标的位置，来引导人们使用指定的发球区域，以维护发球区的草坪。

三、球道障碍物标识桩：红、黄、蓝、白桩

球道是球手击球后的主要落球区。球道一般为27～32米宽，球道越窄要求球的落点越精确。当球偏离目标时，球会进入长草区、树林、水塘等障碍区，

球道上对那些非正常偏离的球设置了处罚标志物，主要是增加打球的趣味性。

黄桩和红桩：作为水障碍区和侧面水障碍区的标识物，使球员从视觉上产生冲击。红桩和黄桩都是用来标定水障碍区域的，但是区别在于球进入两种障碍区后的处置方式的不同。进入黄桩标识的（正面）水障碍区，球员只有三种处置方式：可以照打球（如果可以的话），或罚一杆后回到上一杆的地点再打一颗球，或者是罚一杆后在球洞和最后入水点后方连线的地方抛球。而如果进入了红桩标识的侧面水障碍区域的话，球员还多两种处置方式：罚一杆在最后入水点两杆范围内抛球，或者是罚一杆在入水点对岸的两杆范围内抛球。

红黄桩，那是标示红的一边是测向水障碍，黄的一边是水障碍。

蓝桩：作为整修地的标识物，用来标定被委员会标示为整修地或由委员会授权的代表宣布为整修地的球场的任何部分。整修地，简称"GUR"，位于整修地内的所有地面和任何草、灌木、树或其他生长物均为该整修地的一部分。整修地作为球场设计时不应出现的异常球场状况，对于球员来说应该得到相应的补偿，因此，进入整修地的球可以按照规则接受免罚杆的补救（委员会也可以规定禁止在整修地内或被标示为整修地的准环境保护区域内击球）。

白桩：作为"界外"的标识物，"界外"，简称"OB"，是指球场界线以外的区域或被委员会标定为界线以外的球场的任何部分。当球的整体位于界外时即为界外球。白桩有效的区分了球场内外，一旦球处于界外，那么球员就必须按照规则采取相应的补救措施，而不是继续打位于打界外的这个球。

同样是标定界限的桩，红桩、黄桩、蓝桩是视为妨碍物的，一般是可移动的妨碍物，球员如果受到这些桩的妨碍可以接受补救；而标定界外的物体（包括白桩）不是妨碍物，并被视为是固定的，球员的球受到白桩的妨碍不可以接受补救。

四、球道码数桩

球道的两侧树立的标有数字的彩色桩或种植的小树，用来指示到果岭中间所剩距离的码数，也有的在球道中间地面上放置标识物。通常是在球场建设时用精准的测距仪测量出的距离，方便球友打球过程中便捷地判断出使用哪一支杆，用何种战术进攻。一般来说，三杆洞不设码数桩，四杆洞设 50Y、100Y、150Y 的码数桩，五杆洞较长，则设 50Y、100Y、150Y、200Y、250Y 的码数桩。码数桩通常用各种颜色区分开，球道左右两侧相同距离的码数桩的颜色相同，便于球员识别。

五、果岭，旗杆

果岭上的球洞是每一洞的目标，旗杆指示了球洞的准确位置，使球员即使在较远的地方也能看得到。设置旗杆的主要原因是当球员的球没有上果岭时指示给球员的。旗杆用不同颜色来表示在果岭上的位置，一般红色表示球洞在果岭前方，蓝色表示在果岭后方。但是当球员的球上了果岭区域后，旗杆的作用就不再存在了，这时如果球员的球碰到了旗杆，通常会有处罚。旗杆的横断面必须是圆形的，并且禁止使用可能会对球的运动产生不适当影响的软垫或减震缓冲材料。

六、指示牌

（一）下一洞位置指示牌

下一洞位置指示牌是为了在球员完成一洞之后尽快向下一洞行进，避免出现打错球道，而造成球场滞塞的情况。指示牌基本上是放在前一洞的果岭附近，在去下一洞的路上。一般牌上写着"NEXT TEE"，并以箭头指示方向。在第九洞、第十八洞的果岭附近，指示牌通常指示球会会所的方向。

（二）上下半场指示牌

上下半场指示牌的设置是由于大多数球场的前、后九洞是围绕会所两边分布的，交接的洞相隔较远，有时用 OUT COURSE 表示前九洞，IN COURSE 表示后九洞。当球场球洞数达到 27 洞时，很多球会将 9 个洞编号为一个场，分别为 A、B、C 场，在前往第一洞以及转场时就需要有有效的指示牌，迅速指引方向。这样，球员们根据球会安排的下场顺序，就可以明确自己打球的次序。A、B、C 场的设置对球员进行了有效的分流，提升了球场的承载能力。一些球会对球场的指示物进行个性化的设计，如 F 场表示森林球场，M 场表示山地球场，W 场表示湖滨球场。

七、其他标识物

（一）其他警示牌

球场上特别危险的区域，一般会用警示牌来提醒球手注意，如"小心有蛇"、"小心野猪"、"水深勿入"等，以此来保证球手的安全。

（二）球道上其他物品

发球台的垃圾筒、洗球器、盲果岭的看台或警示铃等，这些都是球场运作必不可少的设施。

高尔夫球场上的标识物，为打球作了基本的规定和约束，保证了球场运行能够顺畅，也使球员更加容易熟悉场地，并最大程度地感受到高尔夫的乐趣以及深含其中的历史底蕴。

第五节 球童的球场维护工作

高尔夫球场草坪质量的提升，归根结底要靠科学的、专业化的草坪养护。但是，球场面积大，球员打球频繁，球道受损面较大，仅靠草坪专业养护人员是不够的，这就需要球场实行全面质量管理。即要求全体员工，特别是球童全过程参与到维护草坪质量管理中。

一、服务中球场质量维护

球手的每一次挥杆都可能刮起草皮、造成凹坑，破坏草坪，球童处在服务一线，她们的参与保证了任何一个环节出现的质量问题都及时得到修复和处理。所以，球童对球场质量管理致关重要。

（一）修补球道打痕

球道上的打痕主要集中在落球区，如果不及时修补，会造成球道的局部破坏。在国外，大多数球员都能主动修复他们将草皮打起所造成的凹洞以及果岭上因球的冲击所造成的任何损害（不论是否由该球员自己所造成）。但我国球员还没有养成这样的习惯，所以，球童就成为修复打痕的关键。

（二）修复果岭上球痕

果岭上的疤痕是由于球落到果岭时对草坪的冲击所致。落球处因速度较快、冲力大造成草坪受损和果岭草坪的凹陷，如果不及时修复将导致局部草坪的坏死，使草坪的光滑度受到影响。果岭草坪的维护需要每个球童主动修理。在果岭上看到其他未修复的球痕时，如果时间允许，也应予以修理。钉鞋对果岭草皮所造成的损害，球童也要在打完这一洞后立刻加以复原。果岭疤痕修复方法如下：

先使用果岭修复叉，将受挤压的草坪拉展开盖住受伤的地方，并疏松下层土壤，让草坪易扎根但不能将草坪撕裂；然后用适当力度向下压，使草坪固定在土壤上，防止被风吹干或被剪草机刮起。

（三）洞杯的维护

球洞上方大约1厘米高为土壤部分，极易因外力的积压受到破坏。为避免对球洞的伤害，球员和球童不应该站得太靠近洞口，并且在处理旗竿以及把球从球洞中取出时应该小心。离开果岭前必须将旗竿放回洞里插好。球童放置旗竿时应小心，以免造成果岭的伤害。球员应该避免将身体倚靠在推杆上，特别是把球从洞里捡起来的时候，小心推杆头对球洞的伤害。有时球员因推杆太差，可能生气而做出一些过激行为，如摔杆等，会对果岭造成极大伤害，应及时制止，如有破坏，要严格按照球会规矩赔偿。

（四）沙坑内救球后修复

为了保持沙坑的松软和水平状态，每天营业前，草坪部员工会用机械耙沙机器耙沙。但草坪部员工不可能随时随地在球场修复沙坑。所以，球员在沙坑里击球后应将自己造成的以及由别人造成的沙坑凹痕及所有脚印使用耙子整理耙平。在我国，球场提供了球童服务，为服务的球手修复沙坑就成为球童的基本职责之一。耙沙坑应从中间往边上进行，沙坑内应不留任何脚印和凹凸不平的痕迹。同时，要随时清理沙坑中的杂草和石块，保持沙坑整体整洁。

（五）对球车行使的要求

所有球员都应该确实遵守球场针对高尔夫球车所规定或限制的行驶路线。对禁止驶入的球道区域应明确告知客人，否则，会造成对球道草坪的破坏和土壤的板结。

二、球道的维护

球道的维护要实行目标管理责任制，将球场的每个球道进行逐级分解，将球道分包到球童班班组，而由班组落实到人，直至形成从部门、班组至个人的梯状的权责结构。一方面，强化了球会球童部管理层的责任，加强了管理力度；另一方面，通过量化目标、规范手段，可以很大程度上解决球场杂草的管理问题。

（一）杂草的识别

一般情况下，杂草生长能力强，在草坪草中很突出，草叶宽、颜色差异大，如牛筋草、马唐、蒲公英、野菊花等，影响草坪的均匀性。如何识别杂草，球会应采用各种方式对员工进行专业培训，提高员工的识别能力和处理的技术水平。

（二）杂草的清除

球道上、果岭上的杂草通常采用除草剂清除，这不仅对草坪的生长不利，而且会对球场环境造成危害。但杂草的适应力、生长和繁殖能力强，大多数情况下很难用除草剂清除。比较有效的方法就是通过人工拔草，特别是对新球场和春季生长季节，经常性的拔草非常重要。人工拔除是最为安全的方法，应每周定期进行一次。杂草拔除、清理以果岭、发球台及球道为主。杂草较多的地方，拔除后要进行铺沙。拔除的杂草应统一放到指定垃圾点。杂草拔除情况由草坪养护班长检查后填写《杂草拔除情况登记表》并存档备查。

（三）球道打痕补沙和垃圾清理

球道打痕如果有漏掉补沙的，应及时补上。球道上的杂物如树枝、塑料纸等对视觉造成影响，应及时清理。

案例：云南第 19 怪："春城球场果岭快"

春城高尔夫湖畔度假村坐落于昆明市阳宗海东岸，占地面积 500 公顷。春城球会现有两个高尔夫球场，其中一个为杰克·尼克劳斯（Jack Nicklaus）设计的山地球场，杆数为 72 杆，球道长度为 7453 码（注：1 码＝0.9114 米），另一个为罗伯特·琼斯Ⅱ（Robert Trent Joness II）设计的湖畔球场，杆数为 72 杆，球道长度为 7204 码。

球道依湖边山坡而建，起伏跌宕，弯曲延伸。银白色的大小沙坑错落有致地布局于万匹绿缎之中，在蓝天的辉映下闪耀出片片银光。

两个球场的发球台及果岭均采用美国进口的 Bent 草；球道则用 Fescue 草种，后更换为 Bent 草。

春城球场一年四季保持草坪质量处在良好状态。尽管，这与昆明得天独厚的气候条件有很大关系，但最关键的还是对球场草坪的精心维护。春城球会聘请了美国草坪顾问，Edward Ethells 亲自把关草坪的质量和培养球会专业草坪人才。发球台、球道和果岭草坪的养护质量标准高，维护精细。春城球场的本特草让挥杆有如在地毯飞出的感觉。

果岭草的长度是 2.79mm，发球台 6mm，球道 9mm。果岭速度在夏季控制在 10～10.5 英尺（1 英尺＝0.3048 米），秋冬要求在 11～13 英尺。每年 11 月到 3 月份，果岭速度会在 13 英尺左右，比赛时一般为 11.5 英尺。"春城球场果岭快"成为云南的第 19 怪。

1996 年 6 月，春城球会的山地球场被美国《高尔夫文摘》评为中国内地及香港排名第一的球场，而尼克劳斯设计的第 18 洞，也在近期被推举为世界最佳 500 洞之一。昆明春城湖畔度假村连续 3 年获得"中国十佳高尔夫球场"称号，并获得最佳草坪奖。

到过春城球场打球的客人，无不夸奖球场的草坪和果岭速度，90%都成为回头客。

案例分析：
1. 春城球场的草坪成为球会的名片，对球会经营有哪些影响？
2. 其他球会草坪管理可以从春城草坪管理中学习什么经验？

思考题：

1. 简述高尔夫草坪的视觉质量和功能质量。
2. 说明草坪修剪的要求。
3. 简述草坪维护的主要内容。
4. 说明草坪与肥料的关系。
5. 虫害防治可采取哪些措施？
6. 简述球会营运设施管理的内容。
7. 球场标识物管理包括哪些方面？
8. 举例说明球童应如何维护球场。
9. 制定一个18洞球场全年的保养计划，说明保养时间顺序及安排理由。

第十二章　安全管理

第一节　高尔夫安全管理范畴

在人们眼中，高尔夫是一项高雅、时尚、健康的运动，但球场充满了各种各样的安全隐患和危险。在《高尔夫球规则》中的第一章便把"安全"放在最前面，足以见高尔夫球场安全的重要性。安全管理是球会一切工作顺利进行的保证，是球会正常经营的前提。任何工作都不得以任何借口违背安全标准和要求。高尔夫球会安全管理强调"安全第一，预防为主"的方针。

一、球会安全工作范畴

（一）人身安全

高尔夫球场人身安全问题主要是由人为因素和自然环境因素造成的。人为因素主要是指球手在打球过程和球会员工服务中，特别是球童的疏忽大意所造成的人身伤亡事故。环境因素是指球场所处的自然环境，如山坡、水塘、湖泊等带来的安全隐患，以及球场周边野生动植物带来的潜在危险。

（二）财产安全（贵重物品）

财产安全主要是指防止顾客的证件、财物，当然，还包括球手的高尔夫球具在球会中遗失、被盗。防盗主要是在球会的更衣室、餐厅、客人球包等处防止客人财物被盗。

（三）饮食安全

食品安全是每个球手最关心的问题。球会要把好食品、饮料卫生安全关。为球手营造一个安全、放心的消费环境。

（四）操作安全

各个环节的服务操作过程中，因出现的差错或失误导致的安全事故。

（五）防火安全

防火主要包括会所和球场的野外防火管理。

二、高尔夫球场的安全隐患

（一）安全设施投入不够

保证安全，需要投入大量的人、财、物，资金投入是安全管理的重要保证。实践证明，通过事先的安全投资，把事故和安全隐患消灭在萌芽之前，是最经济、最可行的安全管理建设之路。特别是高尔夫球场容易发生各种机械故障、被球击伤等事故，事故一旦发生将造成很大的危害。

（二）安全意识淡薄

日复一日的工作，容易使员工产生麻痹心态，安全问题被忽视。如果在观念上不重视安全管理，就不会在加强安全管理上下功夫，这将成为最大的安全隐患。然而，事故往往发生在麻痹大意之时，只有当球会员工真正了解到所在工作环境的危险因素，才可能在日常工作中有意识地进行预防。

（三）安全责任不明确

如果没有明确规定各个部门、岗位的安全责任，就不会对结果负责。在球会内部，不同岗位、不同层次员工对在工作中承担的安全责任认识模糊，没有真正摆正自己在安全工作中的位置，安全主体意识不强。另外，球会对员工的安全培训不够，防护措施不具体，球手安全使用须知不明确。

（四）打球无秩序的安全隐患

高尔夫球场在节假日拥有大规模客流量，如果接待的客流量超过高尔夫球场的最大承载量，不仅会使球场拥挤，草坪负担加重，还会造成极大的安全的隐患。因此，必须考虑节假日大规模客流量与高尔夫球场有限承载量之间的矛盾，控制打球秩序，预防安全事故的发生。

（五）安全管理保证体系未建立

安全防范支出多，成本大，又不产生效益，只有当问题严重到影响球会正常经营时才会引起重视。安全问题容易受到管理层的忽视，导致管理者对安全问题的监督不够得力。保证球会安全，必须建立安全的保证体系，如事前预防制度、应急处理方案等。

三、安全管理环节

（一）安全管理制度

建立、健全各类安全管理制度、安全工作标准是球会安全管理的关键。球会的各项制度的制定都应充分体现为安全生产服务，体现安全文化建设"以人为本"的理念，既包括与安全管理有直接联系的管理制度，也包括劳资、财务等方面制度，因为球会的任何管理制度都是和"人"有关的，都会对安全管理产生直接或间接的影响，不能有任何一方面的偏废。规范化的安全管理，能够最大限度地遏制或避免高尔夫球场安全事故的发生。最根本的还是要依靠全体员工的积极性，并吸收借鉴国内外先进做法，采用"安全、健康、环保"的现代管理方式，推进球会安全制度化和规范化。

高尔夫球场安全保卫制度建设应包括《员工行为规范》、《员工奖罚条例》、《高尔夫球场保卫管理程序》、《对讲机使用规范》、《高尔夫球场安全管理程序》、《停车场管理程序》、《停车场服务规范》、《治安事件处理规范》、《各类灾害防范处理规定》、《夜间清场检查规范》、《各类应急事故处理规范》、《重要客人接待规范》、《安全巡场规范》、《球童管理规范》、《遗拾物品安全管理》、《财产管理制度》等方面。

（二）明确安全责任

无规矩不成方圆，安全规章制度要落实。教育引导员工树立正确的安全责任意识，自觉遵守、执行球会制定的各项安全管理规章制度，切实把制度落实到位。要建立安全管理长效机制，制定安全评估体系。抓安全生产工作，关键是要层层签订安全生产责任制。落实安全责任制，形成良好的安全机制，层层落实责任，建章立制，把安全生产的责任落实到每个环节、每个岗位、每个人。在安全上形成责、权、利的共同体，达到长效管理。

在安全工作上进行严格考核。明确各部门应承担的安保职责，明确各级、各岗位的安全职责，认真落实安保工作。突出工作重点，完善安全管理机构。安全工作是一项长期、艰苦的任务，必须以预防为主。不断完善球会安全管理规章制度，认真落实安全生产责任制。

首先，安全管理制度是保证球场正常运行的前提条件之一。没有一个良好的安全环境，人们就不会踏足高尔夫球场，缺少了顾客，球场就失去了收益的来源。一个没有收益来源的球场，结果是可想而知的。高尔夫安全管理制度也为球场有效管理提供根本的保证。

其次，安全管理制度是人员及球场的安全保证。每一场游戏，每一个企业的运行都需要一定的游戏规则，高尔夫安全管理制度从根本上保证了球员、工作人员的人身安全，也保证了球场的安全，遵循管理制度能保证（起码从认识上）个人及他人的人身安全。

第三，安全管理制度能起到防患未然的作用。每一种制度的形成都是经过提炼的，是从前人的实践中总结出来的，对可能发生的安全隐患起到预防的作用，减少意外的发生，乃至可以在萌芽时期就把事故扼杀掉。

（三）加强安全培训

把安全管理工作的重点转移到预防为主上来的一项基础工作就是安全培训教育。为适应安全管理的需要，球会必须加强安全培训教育工作，特别是要加强对新员工的培训，加强对球童的培训，未经培训的，不得安排下场。培训促使员工心灵深处树立安全意识，以弥补安全管理的不足。通过教育、宣传、奖惩等手段，不断提高球会员工的安全修养，从而使职工从服从管理制度的被动执行状态，转变成主动自觉地按安全要求开展工作，减少因被动接受管理而产生的抵触情绪，形成员工自我管理、自我完善的健康心态。加强培训，明确安全工作要点和标准。定期进行专业驯练与演习，加强安全意识，提高安全水平。借鉴其他球会的安全经验和教训，进行典型教育，制定改进工作措施。

（四）加强检查，处理隐患

安全管理要从日常小事和工作细节抓起，培养职工自觉执行安全行为规范的习惯。把检查、治理不规范行为与遵章守纪结合起来，约束职工的言行，教育员工从身边小事做起，培养良好的操作作风和行为习惯。把处罚与安全整改工作相结合，把事故消灭在萌芽状态，减少事故隐患，使安全管理向深层次发展。

（五）安全与效益相互依存的关系

安全与效益是统一的整体，不能割裂开来，更不能使之对立。忽视安全，单纯追求经济效益，结果会使生产受到很大影响。安全生产需要资金投入，主要包括培训投入和安全装置的投入。发生事故要付出成本，主要包括人身伤亡赔偿，设备事故修理费用和暂停营业损失。球会要想长期稳定发展，必须认真解决好安全生产与经济效益的关系。没有安全，球会就没有效益，球会就无从发展，很难生存。合理安排投入，就能减少和杜绝事故的发生，提高球会效益。

第二节　球场上安全管理

无论是顾客、球童还是球场管理人员都非常关心高尔夫球场的安全。安全问题不仅关系到客人的人身安全，而且会影响球会的正常经营，更为重要的是对球会整体的形象造成很大影响。

一个球会的正常运转需要各环节的协调，而球场的高效率运转是以安全为基础的。安全对一个球会来说，是保证其正常运转的基本环节之一。一个球场打球秩序混乱，经常发生安全事故，球手的安全得不到保证，顾客们就不愿意或不敢到这样的高尔夫球场打球。球场如果失去了顾客，球会的经营便无从谈起。因此，安全的环境是保证高尔夫球场客人顺利打球的基础。

竞技服务的安全应以预防为主，预防的重要一环是要提高球童的安全服务意识。球童在球场服务过程中的每个环节，都要树立牢固的安全意识。球童服务时重视自己身边的安全问题，不仅保证自己和所服务客人的安全，还保护了整个球场其他人员的安全。球场、球童和全体员工都重视安全问题，就相当于形成了一道安全网。预防是为了追求零事故率，安全意识就是要员工养成安全习惯，并使之成为自觉行动。

如果一个高尔夫球场的安全状况不好，就会导致顾客抱怨，甚至会放弃到该高尔夫球场打球。另外，安全漏洞是顾客投诉的主要环节，将直接影响高尔夫球场的服务质量。安全的环境是保证高尔夫球场内顾客顺利打球的基础。

一、球场上常见的安全问题

安全问题是顾客最关注也是主要投诉问题。高尔夫运动挥杆的力量大，速度快，球的飞行距离远，打出球的最初速度可达每小时250公里左右。球的可控性差，右曲、左飞等偏离正常轨道的球经常出现，这样会给球场上的球手、观众或球场的工作人员带来极大的安全隐患。一旦有人被球杆或球击中，就会造成严重伤害。除此而外，球场上也经常发生其他的意外安全事故。根据有关资料统计，高尔夫球场所发生的意外安全事故如下表所示：

手臂、肘、足部扭伤	背部肌肉拉伤	误触有毒植物
机械伤害	滑倒、摔伤	球车造成的伤害
被球击中	昆虫螫伤	眼部受伤（不含被球击中）
踩到蛇	雷击	热浪造成中暑及抽筋
阳光暴晒，患上皮肤癌	天气因素造成心脏病发作	

由此可见，球场安全管理是至关重要的，关系到高尔夫运动员、观众及所有员工的人身安全。

二、运动过程中的安全管理

（一）做好打球前的准备工作

1. 充分做好暖身运动

高尔夫常见的运动伤害部位分布在：上肢的肩膀、手肘、手腕、手指及下背部，下肢的膝盖、小腿、脚踝等处。一般症状有肌肉拉伤，关节扭伤或脱臼。开球前建议球手做5至10分钟的暖身运动，活动身体各部分关节，使身体进入运动前的准备状态。

2. 做伸展运动

暖身后别急于挥杆，需要做伸展运动以放松及缓和肌肉紧张，减少肌肉内部的阻力，使肌肉苏醒。球手应根据高尔夫运动特性做一些相关活动，如水平摆臂，转体转臂等，以完成击球前的准备运动，避免肌肉在突然大力快速运动时造成肌肉拉伤。

3. 做空挥杆准备

用铁杆或木杆做空挥动作，找到挥杆的节奏、速度和整体挥杆的感觉，使挥杆时动作顺畅。不要对着有人的地方练习空挥杆，因为无意间打起的石块、树枝和草皮都有可能击中他人。另外，注意不要在有人走过身旁的时候挥杆。

（二）打球中的安全注意事项

在出场过程中，遇到危险时球童应及时提醒出现安全问题。未提醒球场工作人员及客人（包括另组客人）注意，视为工作疏忽。如因球童疏忽，而导致自身或者客人发生危险，球童应负相关责任。在高尔夫礼仪中就有这么一条，就是球员在击球时一定要等上一组的球员击打后离开至安全距离方能击打，以免击出的球伤到别人。在第136届高尔夫英国公开赛上，泰格·伍兹在比赛的第三轮时有些恍惚——结果一位女观众就"幸运"地被他的小球击中，头破血流的她不得不离场进行医治。连老虎这样的世界级高手都有失手的时候，何况一般人！所以，我们一定要观察清楚球的落点附近确保无人方可以开始击球，多留一下神，就能确保他人的安全。

1. 进入球场后球童和球手要随时注意他人是否有挥杆动作。他人击球时要站在击球方向垂直交叉线之后至少两支木杆远的地方，避免击球失误时，因球侧飞而造成伤害。

2. 在等待开球或击打下一杆前，一定要确认前一组所有球员都已走出自己的最大击球距离范围之外再击球。这既是安全原则，也是高尔夫规则中的礼仪要求。任何侥幸心理都可能带来严重的后果。

3. 高尔夫球杆长，挥动时经常出现因用力的部位不正确，速度快慢不同，击球的角度不确定，造成球飞行的方向不可控。所以挥杆时应请同伴站到安全区，保持安全距离，避免挥杆或击球失误时伤及他人。

4. 击球动作应平顺自然，整体协调，切勿猛然过度用力。高尔夫挥杆越用力就越容易造成肌肉拉伤，或因球杆打到地面的反震力量造成腕肘肩受伤。当球偏离目标方向或球往有人的方向飞去时，要高喊"看球"（FORE），提醒其他球道的球童和球手注意。

5. 在球道上行进时突听有人喊叫"看球"时，最好举两臂护头，脸向下，要特别保护头部避免被球击中受伤。若被球杆或飞球击中头部，严重时可能会导致脑震荡、脑内伤或颅内出血，有可能造成死亡。

6．高尔夫球场内的草丛中可能藏有毒蛇，树林里可能有野蜂、野狗。球入深草区，进去找球前应先用球杆拨动草丛，确定没有蜂、蛇等动物时，方可小心踏入，避免贸然走进草丛被蜇伤或咬伤。在球场上发现有毒蜂，要冷静走向下风处，并注意其动向，不要贸然拍打或惊惶躲避。古龙水或香水可能吸引昆虫，到球场打球避免大量使用。

7．进入树林或深草区，应注意地面不平或隐藏在草里的坑洞，以免脚踩空扭伤足踝。高尔夫球场有诸多水池、水塘，球员有时击球落水，要提醒球手注意安全，不要进池捞球，避免不小心滑入池中发生危险。

8．对不知的植物切勿随意碰触，更不可采摘食用，以免中毒。常引起接触过敏或中毒的植物有毒菇、姑婆芋、尖尾芋、刺茄、金莲花、咬人猫或咬人狗。中毒时症状为皮肤发痒、红块、发疹或有水泡。

9．穿过球车道时，应注意左右，确定无往来球车时才穿越。行走需小心，避免因钉鞋踩硬路面而滑倒。

10．驾驶球车时应确定同乘人和其他球手都坐好后才可开车，身体与脚勿伸出车外，离开车子要踩死刹车。球车必须按球场规定的道路和方向行驶、停靠。在球场，球车造成的安全事故是经常发生的，所以应特别注意。

11．在夏季高温天气打球，最好穿长袖上衣，并撑起防紫外线的伞以防晒伤。天气太热流汗太多时，应多喝水补充水分，以防脱水、中暑。

12．下雨天打球应穿雨衣或撑伞，若全身湿透感觉寒冷不舒服时，应立即停止打球，返回会馆沐浴更衣，并喝热饮，避免体温过低发生危险。

13．遇雷雨天气时，避免手握湿雨伞或湿球杆，雨伞或球杆容易吸引雷电发生危险。应速至凉亭或避雷小屋休息，尤其不可在大树下躲雨。如雷电过强过猛，应遵从球场宣告停止打球的指示，速回会所避雷。

14．在寒冷天打球，应注意保暖，穿着以多件棉质衣为宜。风大时应穿着防风外套，尤其颈部避免受凉，以免引发心脏血管之病变。

15．雾中打球应依球场规定，以打灯号、钟声或呼叫，确定前方无人时才可发球，以免发生危险。

（三）打完球后安全事项

1．不要马上洗冷水浴，洗温水浴较宜，尤其心脏血管机能欠佳者更应注意。

2．不要立即开车赶路，尤其自己开车。因运动后精神放松，驾车开冷气容易打瞌睡，易发生危险。

（四）客人财产安全

球童必须严格按照出发员的安排领取客人的球包。接包时送错客人球包，被视为过失。遗失、混淆客人物品者（如球杆、杆套等），知会巡场人员或回场后及时找回。如有未查找而被证实者，将按遗失物品原价赔偿。凡有任何私拿客人物品的视为偷窃，偷窃他人物品、打架斗殴者，或拾到客人物品隐瞒未上交者，查实后，予以辞退。回场后未交点杆卡，或填写不完备，点杆卡操作不规范而引起客人物品遗失或者混淆，球童负全部责任。球童离开出发台后，若发现球车内有客人物品，要自行送交出发台。损坏客人物品要赔偿。

第三节　设备的安全使用

球会必须对安全设备进行经常性的维护和保养，并进行定期检测，保证其正常运转。设备安全操作规程是操作人员正确操作设备的依据，是保证设备安全运行的规范。对提高可利用率、防止故障和事故发生、延长设备使用寿命等起着重要作用。

一、设备的安全管理

（一）设备选购

球会的草坪、球车等是球会运作管理的基础。购买这些必要的设备首先要符合国家的安全标准和环境保护标准，同时要考虑球场特定的地形条件。所以，需要广泛搜集设备信息，包括技术水平、设备安全可靠程度、价格、售后服务等，经过论证，坚持"安全高于一切"的设备选购原则来采购。同时设备要便于使用和操作。

（二）设备使用

高尔夫设备的种类很多，如高尔夫球、球杆、球车、球场养护设备等，这些设备的使用都需要一定的操作规范和技巧。如果使用或操作不当的话，就容易造成人员受伤或设备的损坏。

1. 员工安全意识培训

正确、规范地操作机械是草坪修剪质量的根本保证，同时也是提高草坪修剪机械使用寿命和降低养护费用的关键。所以，设备使用前要对员工进行专门培训，包括安全注意事项、作业程序和标准、安全知识、设备的实际操作训练等，做到懂用途、懂性能、会使用，最好能进行简单维修。要求受训员工思想集中，穿戴要符合安全要求，将员工训练成一个认真负责，具有正确的操作习惯，且能熟练掌握机械知识的人。

2．设备用前检查

开动设备前应首先检查主要的部件是否完好正常。如油池、油箱中的油量是否充足，油路是否畅通，并按润滑图表卡片进行润滑工作。一定要严格按发动机要求的燃油和润滑油的标号、质量及混合比（二冲程汽油机）进行加注。每次使用前一定要检查汽油、润滑油是否足量，如不足应及时加注，避免因润滑油不足量而引起发动机的报废。

3．设备安全技术要求

这是为明确设备应处于什么样的技术状态所做的规定。检查紧固件的牢固性，如有松动应及时加固；倾听机械的非正常声音，确诊病灶所在并及时检修等。遇到一些可以通过调整、润滑等方法解决或控制的问题，要及时解决，尽量避免机械的大修或解体等大手术，以致影响养护管理，造成养护成本的不必要增加。

如剪草机刀片要保持锋利、平整，尾翼要完好。钝的刀片不仅会影响草坪的景观效果，而且容易为病害的浸染提供环境条件。修剪前应检查刀片切削点是否在同一高度，不平整的刀片修剪不出平整的草坪而且长时间的使用会损坏机械。完好的尾翼能保证倒盘蜗壳内形成足以使草叶直立的上升气流，使切割完成得干净、快捷、有效，同时有足够的气流把碎草送到集草袋里。

4．安全操作规范

机械使用过程中应严格遵守正确的操作规范，避免机械对人体的伤害和违规操作对机械的损害，以及一些不必要的事故和故障发生。操作规程是对操作程序、过程安全要求的规定，具体可根据设备的使用操作说明书，设备工作原理资料，机械设备组成情况、作业性质、操作特点等而定。剪草机的行走速度应限制在剪草机刀盘能有效地剪草和排草，并能保持良好的修剪质量范围内。过快的行走速度会降低草坪机械的工作质量，也容易损坏机械，影响修剪机械的寿命，还容易造成安全事故。

（三）设备存放管理

设备杂乱无章的摆放有可能带来安全隐患，并对正常的工作造成影响或不便。每台设备都应该有其固定的停放位置以及足够的空间，保持库房内的整洁。

从购买设备起，根据实际情况制定常备零配件购买计划，保证库存零件的安全余量，做好零配件管理。

（四）设备维护保养

维护保养是指对设备使用人员和专业技术人员在规定的时间和保养范围内分别对设备进行预防性养护，以保持设备完好，减少修理次数。

1. 日常保养

员工每天对自己所使用的机器做好日常保养工作，发生故障应及时排除。这不仅可以延长设备的使用寿命，并且可以提高设备的工作品质。

2. 定期保养

在员工中始终灌输爱护设备的观念，并且要在工作中严格要求，使这种意识不断增强。员工对设备原理、结构、操作方法、安全注意事项、维护保养知识等的掌握和一定经验及技术积累，将使用最少的成本来达到较高的设备完好率，从而最大限度地保障球场的正常运营。

（五）设备安全检测

由工程技术人员对设备进行定期保养、解体和调整，了解设备运行状况，更换达到磨损限度的零件，以保证经营安全。按时检修，尤其是球手使用的球车，必须严禁设备带故障运转。凡遇恶劣天气或机械故障时，须有应急、应变措施。安全检测是预测设备运行变化趋势的有效手段，其根本目的是避免安全设备故障或事故发生。

（六）设备的报废与淘汰

尽管有良好的保养措施，但是随着使用时间的增加，设备磨损加剧，出现老化现象是不可避免的。使用一定年限后，设备故障率也会相应升高。为了保证草坪养护的正常进行，球场需要对现有的养护设备重新评估，对已磨损、老化、且生产效率、安全性、可靠性不断下降的设备，就应进行报废处理，以避免因设备不安全而引发事故。如：设备已过正常使用年限或经正常磨损后达不到要求；设备发生操作意外事故，造成无法修复或修复不合算；设备使用时间不长，但有更合理更经济先进的设备或在生产使用时需要更换的；从安全、精度、效率等方面，已落后于本行业平均水平的。这对于节省资金、减少浪费是非常重要的。

（七）建立设备安全档案

设备的档案管理是设备管理的基础性工作，可以为设备的安全使用提供信息、资料和数据。设备管理档案，记载每台设备一生全过程的状态。包括每一台设备的编号，设备的购买时间、价格，各项保养的项目，故障和维修情况，以及使用时间等信息，并且定期填写和检查。通过对档案信息资料的整理、分析，可了解设备运行状态，为设备安全检查、检测、故障诊断、隐患整改等提供科学的依据。

二、球车安全操作管理

（一）球车使用的管理

球车出租是球会重要的收入来源，为了保证球场正常营业，提高客人打球效率和使用安全，球会需要对球车使用进行规范管理。

1. 由竞技部统一管理，按球会手续租借给客人打球时使用。球会内部人员因工作需要使用球车的如接待客人参观球场等，需说明用车事由、用车时间等，办理有关手续并得到批准后方可使用。每次用车，将使用成本计入用车部门费用，并做好用车记录。任何人、任何时间不得擅自动用停放在车场的球车。

2. 每辆球车必须按核定载客量乘坐人员，不得超载。所有车载人员必须坐稳站好后才能开车，行车时，头部及手勿伸出车外。球车应按球车道指示方向顺行行使，不得逆行，以免发生车辆碰撞、压坏草坪等事故。两车间应保持车距，以免发生意外。离开车之前，须确保球车制动器已踩到锁住的位置。所有非打球人员驾驶车辆时，如遇客人正在打球，均应停车、静声、勿动。

3. 球车使用者应严格按照有关操作规程驾驶球车，不得把球车转交给不熟悉操作规程和不懂行驶路线的客人驾驶。违规操作，出现事故，由驾驶人负责；如有损坏，则按公司有关规定处理；造成经济损失的，应照价赔偿。

（二）球车安全操作管理

很多球友会对简单易操作的球车不以为然，但就是在这种不以为然的情况下是最容易酿成意外的。为了确保球车正常、安全、高效的服务，每个人必须遵守操作规程。

1. 驾驶球车前，需要进行必要安全检查，包括查看电量表显示电量是否充足，刹车踏板是否正常，轮胎气压是否充足，轮胎外有无划伤、磨损过度或磨偏，螺母有无松动，方向盘自由转角是否正常，左右方向转角是否相等，倒档有无警告蜂鸣声以及车辆的卫生情况。

2. 驾驶中要时刻注意安全。按车辆限定人数载客，严禁超载。确定乘车人员安全坐好后才开车。控制车速，注意路面情况。踩刹车踏板时应缓缓地踩下，避免急刹车。当电量指示表显示电量不足时应立即停止驾驶。

在出发台、发球台区域不允许乱停车，要在停车区域停车，球道上球车要停靠在球道边的安全区域内。凡因驾驶球车时疏忽大意，引致球车事故的，主要责任人须赔偿维修费用。

任何情况下都禁止在球车单行线上逆行。

出发前必须检查球包是否绑好，严禁发生球包从车上摔落的事件。如因球童自己疏忽造成客人物品从球车摔落损坏者，需自行赔偿。

3. 球车使用后要进行保养。用水清洗车体，注意不可使用有腐蚀性的溶液，避免打湿电路板引起短路。每天充电前检查插座内有无异物，电源是否接通，注意充电中不可将插头拔下，以利保护电池。

三、草坪机械安全操作

（一）机械使用前的检查

开机前先检查所驾驶机械的机油、润滑油、水箱、轮胎的气压、刀具的锋利程度等。

机械发动后，检查各类仪表的工作是否正常，发动机是否有异声，检查机械各部件有否松动及损坏。若发现作业机械的装置、零件等不良、不完备、破损等时，马上报告，直到完全修理后再使用。

（二）草坪机械安全使用

根据工作需要，安排有资格者在规定的范围内驾驶草坪机械。驾驶者一定要对自己所驾驶机械的性能、工作注意事项十分地了解，且使用时不能超过该机械的最大荷重量、速度等性能。机械作业一定要遵循球会的法规，在场内的行驶速度不能超过20公里/小时。

机械进入工作状态时，一定要先确认周围的安全状况，确认无误后再开始工作。到达指定的工作地点以后，先检查工作场地上是否有杂物，清除所有会损刀具的杂物后再进行工作。

在工作中如发现机械有异常情况出现，一定要关闭引擎，再调查出异常的原因，要根据其具体情况采取应急措施，无论事故的大小，一定要及时汇报，并及时通知机修班维修，确保机械能够正常运转。剪草时，剪草一个来回应停机检查所剪过的纹路是否平滑，有无漏草、不断草的现象，使剪草质量达到最佳标准。

在有"危险区域"、"禁止入内"标语的区域，未经同意或未接到指示，绝对不可以入内。在不易及时看见飞来的高尔夫球区工作时，要注意球童"提醒"的声音，如果听到此声音要立刻躲避到认为安全的地方，或伏下身体。打雷时，立刻停止工作，且躲避到认为安全的地方。在球场内的一般道路或交叉路，一定要注意车辆以及通行的人员。作业过程中产生的废弃物、土石，以及草屑等，堆集在指定位置统一处理。在工作中应注意安全，如有客人开球，应停机保持安静，等客人离开以后方可继续作业。在离开驾驶席时，要关闭引擎，收起钥匙，或者是把机械进行安全处理。

（三）机械使用后安全管理

机械使用后，将机械器具、器材清洗干净方可入库，按指定位置停放机械，整理整齐。在回库时，应将机械出现的故障向修理人员讲明，以便及时修理。如有人为事故发生，操作手要及时说明，待查明原因及处理后再交给机修班修理。工作完成后，清洗所开的机械，注满燃油、润滑油等，并将机械停回库房指定位置，摆放整齐。

四、肥料、农药安全管理

（一）库存安全管理

1. 农药、肥料，按名称进行清点品种和数量，检查包装、商标、登记号、厂商、有效期等情况。检查合格后填写入库单，办理入库手续。

2. 货品入库后要分类摆放整齐，粉剂农药、肥料要注意防潮，液体农药要挂牌或贴标签注明型号品名。搬运时轻拿轻放，防止损坏包装，避免漏料。

3. 农药、肥料出库需分别填写《出库登记表》，要注明日期、品种、单位、数量、用途、领用人签名等项目，出库单按规定填写。要把农药的库存量以及出入库量清楚地记录下来。库房的钥匙放在规定的场所管理。

4. 每月进行库存品状况检查，每月盘点一次。

（二）施肥喷药作业的安全

1. 施肥喷药前首先要考虑天气，对未来几天的天气预报要有所了解。避免施肥喷药后遇上大雨，否则不仅效果差，而且会造成环境污染。另外，在施肥喷药前，要了解其品名、喷洒的注意事项和使用说明。

2. 长时间的连续施肥喷药，会对健康有一定的影响，所以要对施药时间进行合理的调配。在作业中，如果出现头痛、恶心等异常反应时，应及时停止作业。

3. 在刮强风时进行施药作业比较危险，也容易造成浪费，应予避开。在进行施肥喷药作业时，一定要留意风速和风向，并且要确认附近是否有打球的客人、工人或球童。

4. 施药作业完了后，一定要漱口，并将皮肤、衣服、保护类器具等粘着的药剂清洗干净。一定要将使用过的施撒器具上残留的药剂清洗干净。

第四节　餐饮服务安全

餐厅和厨房是最容易发生安全事故的地方，各球会要采取一系列的安全操作规范措施来防止安全事故的发生。

一、服务过程中的安全管理

（一）防止跌伤

为防止跌伤事故发生，在服务中员工要穿平底鞋，鞋带要系紧，以防滑跤。行走的路线要明确，避免交叉，禁止在厨房和餐厅里跑跳。始终要求保持地面清洁和干燥，室内的地面不得有障碍物，保证安全畅通。地面不得有积水、积渣，发现地面的砖块松动，应立即修埋。

（二）防止扭伤

扭伤通常是因为搬运超负荷的物品和搬运方法不正确引起。因此，员工要采用正确的搬运方法搬运重物，搬物时不要超负荷。当物品超重时，尽量使用推车搬运。

（三）防止烫伤

员工在使用任何烹调设备或点燃煤气设备时，必须遵守操作规程。在开启烤箱门、蒸锅盖时，严禁人的面部直接面对。容器中盛装热油或热汤要适量，端起时要用干垫布，潮湿的垫布能产生蒸汽烫伤。锅、壶等餐具的手柄不得放置在繁忙拥挤的通道、走廊方向。开启热水龙头要非常小心。清洁设备时要冷却后再进行，拿取放在热源附近的金属用具时应用干垫布。

（四）防止刀伤

刀伤是厨房和餐厅服务过程中经常遇到的，主要是由于对一些锋利的工具使用保管不当所造成的。要按照用途和安全操作程序使用。保持刀刃的锋利，刀刃越钝，越容易引起事故。刀具要妥善保管。不使用时应挂放在餐具架上或专用的抽屉内，不能随意放置。在清洗玻璃器皿时，要注意防止碎玻璃划手。

二、设备操作安全管理

（一）电击伤的防止

厨房中的电器设备极易造成事故。所有电源设备必须有安全的接地线，未经许可，不得任意加粗保险丝，避免电路过载。要求在使用前对设备的安全状况进行检查，使用中如果发现故障，应立即切断电源，不得带故障使用。手潮湿或人站在水中时不要去接触电源开关，清洁设备要切断电源。厨房人员不得对电源和设备进行擅自拆卸维修，对设备故障要及时提出申请专业维修。

（二）厨房设备的安全操作

设备的使用是为了提高工作效率，但不恰当地使用或使用不符合要求的设备，将会直接影响财产和员工的人身安全。严格按安全要求操作各种机器设备、服务操作工具、水电煤气等。

点燃炉灶前要检查是否漏气漏油，再划燃火柴，火柴由内向外划。设备按使用要求开启和关上，机器工作时不要试图接触里面的食品。当火警铃响时，应关掉所有煤气、电源开关。

食品要沥干后再放进热油里炸，并从靠近身体一侧将食品慢慢滑下油锅，避免油溅到身上。用金属托盘装盘碟时，先放上垫布或纸，防止托起时滑落。

灭火用的盐、苏打放在煤气灶头附近，灭火用布放在油锅附近，以防万一。安全门要畅通无阻、无障碍物。

餐饮安全卫生操作的关键是提高员工的素质。因此要对员工进行定期的培训，从而确保餐饮企业的安全符合标准，保证员工有一个安全的工作环境，使顾客享受优质的安全满意的餐饮服务。

案例：球车事故频发的思考

球车是我国高尔夫球场客人使用频率最高的基本设施之一。球车简单易操作，很多球手租用球车后，对其不以为然，常常不按照有关操作规程驾驶，频繁酿成意外事故。

某球场一位韩国客人，非常高兴想开球车绕球场一圈。球车开出去不到20分钟，在18号洞果岭附近有一个水塘，球车道非常窄并且又是下坡加拐弯，水面距地面约有3米高。那位韩国人见了有些害怕，就想刹车减速慢行，不料，他一只脚踩刹车一只脚踩"油门"，一紧张，刹车没有踩下去，车没减速，结果球车翻进池塘了。造成这位韩国客人一支胳膊骨折。

北京某高尔夫俱乐部，当时一名打球的客人在第14洞附近将球击出后，因高尔夫球落下的地点较远，便试图驾驶球车前去找球，作为客人的球童——34岁的巩某也必须随客人前往。但在她试图上车时，客人已将车开动，巩某被电瓶车带倒，重重地摔在地上。随即，驾车的客人打电话叫来急救车，结果在送往医院途中，巩某就被宣布抢救无效死亡。

所以，球车虽是帮助客人完成打球的很好的工具，但一个不留神，就会酿成意外。因此，球车速度虽然不很快，但一定要特别小心，并留意球场上人们的一举一动，不能急速驾车，要考虑自己和他人的安全。

案例分析：
1. 哪些措施能有效保证客人在球场驾驶球车的安全？
2. 球童在服务过程中，如何做到既保护自己，又保护客人安全？

3. 客人驾驶球车造成人员伤亡的安全事故后,应当承担哪些责任?

思考题:

1. 在高尔夫球场,因"球车"操作不当,常引发人员伤亡安全事故,球会管理人员应从哪些方面来加强球车安全管理?
2. 球场上常听到球童喊"看球"(FORE),请从安全角度解释其作用。
3. 球场上常发生各类安全问题,请列举几种并提出具体防范措施。
4. 阐述安全与球会效益的关系。

参考文献

1. Geoff Shackelford, The Future of golf. Sasquatch Books, 2005
2. Hawtree. F. W.《The Golf Course-Planning Design Construction》，Spon Ltd. London,1983
3. Menzies．G. The World of Golf, BBC Publications. London, 1983
4. Robert Price，Golf Business Management in Scotland, Research Report，Copy Pres,2003. 1
5．Price. R. J, Golf Course Provision, Usage and Revenues Scotland, Preceedings, 1998. 1
6. 吴克祥，文化认同与高尔夫发展历程，《特区经济》，2004. 11
7. 吴克祥，略论高尔夫产业发展的文化支持，《商业时代》，2005. 2
8. 吴克祥，营造中国高尔夫产业发展的外部环境，《特区经济》，2005. 1
9. 郁小平，夏洪胜，中外高尔夫球俱乐部发展条例比较及中国高尔夫球俱乐部发展预测，《体育周刊》，2004. 7
10. 陈静，高尔夫运动经营模式与创新研究，《商业经济》，2004. 8
11. 王鑫伟，浅谈经营理念在企业文化建设中的作用，《北方经贸》，2007. 6
12. 罗宏杰，管理的制度化与制度化管理，《科技信息》，2007. 5
13. 施青年，会员制及其法律问题的研究，《广播电视大学学报》，1999. 9
14. 张红波，企业制度化管理研究，《技术经济》，2003. 3
15. 程 军，高尔夫用品分析，《高尔夫》，2006. 3
16. 张文英，高尔夫运动与风景园林纵横谈，《中国园林》，1997. 13（3）
17. 郁小平，《高尔夫俱乐部投资管理运营》，人民体育出版社，2005
18. 吴克祥，《饭店康乐经营管理》，中国旅游大学出版社，2004.4
19. 马宗仁，《现代高尔夫草坪科学》，三联书店上海分店，2007.7
20. 胡 林，《草坪科学与管理》，中国农业大学出版社，2001.4
21. 韩烈保，《高尔夫球场草坪总监手册》，中国农业出版社，2004.10
22. 罗伯特·克里斯蒂·米尔，《度假村管理与运营》，大连理工大学出版社，2002.9

23. 威廉·播依斯，《新管理经济学》，中国市场出版社，2007.7
24. （美）罗伯特·穆尔·格雷夫斯，《高尔夫球场设计》，中国建筑工业出版社，2006.1
25. （美）亚瑟.W.肖舍曼，《人力资源管理》，东北财经大学出版社，2001
26. www.golftime.com.cn
27. www.golfmagazine.com.cn
28. www.newgolf.cn
29. www.golf.org.cn
30. www.golfeurope.com
31. www.worldgolf.com
32. www.golfonline.com
33. www.scottishgolf society.com

后 记

随着人们生活水平的提高，参与高尔夫休闲运动的人越来越多，与此同时，高尔夫球会数量也随之得到较快的发展。为了适应中国高尔夫球会发展需要，我们从行业需要和高尔夫专业教育的实际出发，编写了本书。

本书是由吴克祥、袁铁坚、张驰在英国留学时提出设想，回国后经过几年的实践总结和理论探索，几经修改，共同完成。书中作者之一的袁铁坚曾担任华侨城高尔夫俱乐部董事长、总经理，并以业主方代表主持了云海谷高尔夫球会的整个筹建、规划、施工和管理过程。邵莹莹曾担任大连金石高尔夫球会运作总监，现任天津帝景高尔夫球会的执行总经理。作者丰富的实践经验使本书具有很强的操作性，书中的案例和资料由袁铁坚、邵莹莹提供。作者通过调研和总结球会成功的管理经验，使本书具有较强的理论指导作用。本书由张弛收集外文资料和文字整理，吴克祥负责全书的总撰、定稿。

本书分十二章，按照球会的基本业务内容展开，对球会各个环节管理进行系统全面的阐述。每章后的案例分析和思考，有助于利用理论来解决实际的管理问题，真正做到将高尔夫球会的管理知识运用自如。

本书能够最终付梓，要感谢原国务院侨办副主任、中国高尔夫球协会副主席刘泽澎老领导对开办高尔夫管理专业方向的战略眼光和长期关心。感谢原深圳旅游学院张整魁院长长期以来的关心、支持和厚爱。张院长在担任华侨城集团党委书记、常务副总裁时，使深圳旅游学院与华侨城著名的旅游企业建立稳定的校企合作关系，特别是为高尔夫专业与华侨城高尔夫俱乐部的长期合作奠定了基础。感谢名商高尔夫球会常向前、深圳高尔夫球会郁小平、朝向集团陈朝行，一直以来给予的支持。因各种原因本书拖延了两年多，给南开大学出版社孙淑兰老师带来很多不便，在此表示歉意和由衷的感谢。还要感谢李佳、曾婷婷、卢娜、蒋燕、刘天祺、钱艳萍、唐萌萌等同学在本书编写过程中的资料收集与整理工作。

由于本书专业术语较多，加之时间仓促，书中疏漏和错误之处难免，敬请广大读者批评、指正。任何意见或建议都可直接通过电子邮件（wu_kexiang@163.com）直接与作者联系，便于我们及时修正和完善。

吴克祥

2008 年 9 月于深圳华侨城

深圳旅游学院